O ofício da liberdade

Trabalhadores libertandos em
São Paulo e Campinas (1830-1888)

Marília Bueno de Araújo Ariza

O ofício da liberdade
Trabalhadores libertandos em
São Paulo e Campinas (1830-1888)

Copyright © 2014 Marília Bueno de Araújo Ariza

Grafia atualizada segundo o Acordo Ortográfico da Língua Portuguesa de 1990, que entrou em vigor no Brasil em 2009.

Edição: Joana Monteleone/Haroldo Ceravolo Sereza
Editor assistente: João Paulo Putini
Assistente acadêmica: Danuza Vallim
Projeto gráfico, capa e diagramação: Gabriel Patez Silva
Revisão: Maria da Glória Galante de Carvalho
Imagem de capa: Marc Ferrez/Coleção Gilberto Ferrez/Acervo Instituto Moreira Salles.

Este livro foi publicado com o apoio da Fapesp.

CIP-BRASIL. CATALOGAÇÃO-NA-FONTE
SINDICATO NACIONAL DOS EDITORES DE LIVROS, RJ

A750

Ariza, Marília Bueno de Araújo
O OFÍCIO DA LIBERDADE: TRABALHADORES LIBERTANDOS EM SÃO PAULO E CAMPINAS (1830-1888)
Marília Bueno de Araújo Ariza.
São Paulo : Alameda, 2014.
280p. ; 21cm.

Inclui bibliografia
ISBN 978-85-7939-254-2

1. Escravos - Emancipação - São Paulo (SP) - História - Séc. XIX. 2. Escravos libertos - São Paulo (SP) - História - Séc. XIX. 3. Escravidão - São Paulo (SP) - História - Séc. XIX. I. Título.

14-10907   CDD: 981.61
                      CDU: 94(815.6)

ALAMEDA CASA EDITORIAL
Rua Conselheiro Ramalho, 694 – Bela Vista
CEP 01325-000 – São Paulo – SP
Tel. (11) 3012-2400
www.alamedaeditorial.com.br

Para os Bitas, que moram em todas as minhas histórias.

"(...) tudo quanto é nome de homem vai aqui, tudo quanto é vida também, sobretudo se atribulada, principalmente se miserável, já que não podemos falar-lhes das vidas, por tantas serem, ao menos deixemos os nomes escritos, é essa a nossa obrigação, só para isso escrevemos, torná-los imortais, pois aí ficam, se de nós depende, Alcino, Brás, Cristóvão, Daniel, Egas, Firmino, Geraldo, Horácio, Isidro, Juvino, Luis, Marcolino, Nicanor, Onofre, Paulo, Quitério, Rufino, Sebastião, Tadeu, Ubaldo, Valério, Xavier, Zacarias, uma letra de cada um para ficarem todos representados, porventura nem todos estes nomes serão os próprios do tempo e do lugar, menos ainda da gente, mas, enquanto não se acabar quem trabalhe, não se acabarão os trabalhos, e alguns deste serão o futuro de alguns daqueles, à espera de quem vier a ter o nome e a profissão".

José Saramago, *Memorial do Convento*

"*A história é objeto de uma construção cujo lugar não é o tempo homogêneo e vazio, mas um tempo saturado de 'agoras'*".

Walter Benjamin, *Sobre o Conceito da História*

Sumário

Prefácio 15

Introdução 21

Capítulo 1. Liberdade e trabalho: uma discussão teórica 27

Trabalho, escravidão e liberdade na historiografia 29

Liberdades possíveis: mobilidade, solidariedade, racialização e trabalho 48

Capítulo 2. Contratos de trabalho e seus significados 73

A documentação 96

As leis de locação de serviços 103

A lei 2040: o peso da lei e a força da prática 110

Capítulo 3. O ofício da liberdade 127

Fronteiras de liberdade: problematizando o cenário da locação de serviços 130

Ossos do ofício: examinando contratos de liberdade 162

Capítulo 4. Cativeiros de fato 203
Lidas, fainas e negócios no caminho da liberdade 205
As locações e a politização da prática 230
Comprando brigas e liberdade 242

Considerações finais 255

Fontes e bibliografia 259

Agradecimentos 275

Índice de tabelas

Tabela 1. Número de contratos localizados em Campinas e São Paulo (1830-1888) — 97

Tabela 2. Contratos de locação de serviços por década em São Paulo (1830-1888) — 98

Tabela 3. Contratos de locação de serviços por década em Campinas (1830-1888) — 98

Tabela 4. Outras fontes coligidas no Primeiro Cartório de Notas da Capital (1833-1886) — 100

Tabela 5. Outras fontes coligidas no Primeiro Tabelionato de Campinas (1845-1887) — 101

Tabela 6. Documentação coligida no Aesp (1869-1881) — 102

Tabela 7. Documentação coligida no CMU – Unicamp (1875-1884) — 103

Tabela 8. Referências à legislação de locação de serviços nos contratos de locação associados a alforrias (São Paulo, 1830-1888) — 112

Tabela 9. Referências à legislação de locação de serviços nos contratos de locação associados a alforrias (Campinas, 1830-1888) — 112

Tabela 10. Contratos registrados entre a aprovação das leis de locação de serviços em São Paulo (1830-1888) — 113

Tabela 11. Proporção geral de contratos de locação de serviços firmados antes e após a lei 2040 em São Paulo (1830-1888) — 114

Tabela 12. Proporção geral de contratos de locação de serviços firmados antes e após a lei 2040 em Campinas (1830-1888) — 114

Tabela 13. Distribuição de contratos com menção à alforria por década (1830-1888) — 115

Tabela 14. Proporção de contratos com menção à alforria antes e após lei 2040 em São Paulo (1830-1888) — 116

Tabela 15. Proporção de contratos com menção à alforria antes e após lei 2040 em Campinas (1830-1888) — 116

Tabela 16. Contratos com e sem menção à alforria em São Paulo (1830-1888) — 138

Tabela 17. Contratos de locação de serviços por década em São Paulo (1830-1888) — 140

Tabela 18. Contratos sem menção à alforria por década em São Paulo (1830-1888) — 140

Tabela 19. Contratos com menção à alforria por década em São Paulo (1830-1888) — 141

Tabela 20. Contratos de locação de serviços por década em Campinas (1830-1888) — 141

Tabela 21. Proporção de locadores homens e mulheres nos contratos em São Paulo (1830-1888) — 143

Tabela 22. Proporção de locadores homens e mulheres entre os contratos "Dúvidas" em São Paulo (1830-1888) — 144

Tabela 23. Tipos de serviços contratados em São Paulo (1830-1888) — 146

Tabela 24. Valor mensal dos serviços prestados nos contratos sem menção à alforria do tipo "Livres/Forros" em São Paulo (1830-1888) — 149

Tabela 25. Valor mensal dos serviços prestados nos contratos sem menção à alforria do tipo "Dúvidas" em São Paulo (1830-1888) — 150

Tabela 26. Valor mensal dos serviços prestados nos contratos com menção à alforria do tipo "Alforrias" em São Paulo (1830-1888) — 151

Tabela 27. Relação valor/mês nos contratos de locação de serviços em São Paulo (1830-1888) — 154

Tabela 28. Duração dos contratos de locação de serviços em São Paulo (1830-1888) — 155

Tabela 29. Contratos com locadores homens e mulheres por década em São Paulo (1830-1888) — 173

Tabela 30. Proporção de locadores por sexo e década em São Paulo (1830-1888) — 173

Tabela 31. Relação valor/mês para libertandos do sexo masculino em São Paulo (1830-1888) — 176

Tabela 32. Relação valor/mês para libertandos do sexo feminino em São Paulo (1830-1888) — 177

Tabela 33. Relação valor/mês nos contratos de locação de serviços em São Paulo (1830-1888) — 179

Tabela 34. Duração dos contratos de locação de serviços em São Paulo (1830-1888) — 181

Tabela 35. Tipos de serviços contratados em São Paulo (1830-1888) — 184

Tabela 36. Tipos de serviços por sexo de locadores em São Paulo (1830-1888) — 185

Tabela 37. Caracterização geral dos contratos em São Paulo – cláusulas recorrentes (1830-1888) — 189

Prefácio

Uma das questões historiográficas mais interessantes entre as que surgiram nos últimos anos na área da história social da escravidão e da abolição no Brasil refere-se ao problema do "tornar-se livre", entendido como processo social multifacetado, cuja periodicidade ampliada, alarga-se para além das últimas décadas de vigência da escravidão. Em termos teóricos, a superação da tradicional abordagem da transição do trabalho escravo para o livre no Brasil, a qual, por seu turno, inspirava-se no debate a respeito da transição do feudalismo para o capitalismo das décadas de 1960 e 1970, com seu corolário de etapas direcionadas para a implantação do trabalho assalariado, permitiu que os historiadores passassem a fazer uma série de perguntas sobre as peculiaridades do longo e contraditório caminho do libertar-se da escravidão em uma sociedade como a brasileira, que envolvia tanto homens e mulheres escravos, quanto egressos da escravidão, em laços pessoais de subordinação e dependência. Libertos da camisa-de-força da abordagem da transição, os historiadores da escravidão e do processo de abolição têm, com muito êxito, mergulhado no universo desnorteante do "tornar-se livre" em uma sociedade escravista que havia, desde cedo, implementado uma política de alforria que estimulava a indenização dos senhores pelo próprio libertando, por meio da aquisição parcelada da liberdade.

Da segunda metade do XIX em diante, e sobretudo após 1871, se fazem notar, com mais clareza, as consequências deste contexto escravista de longo prazo. A partir daí, se enredaram políticas senhoriais paternalistas, voltadas para o controle social de escravos, libertos e livres, com inserção subsidiária dos egressos da escravidão em relações de subalternidade, com políticas estatais que impunham a indenização dos senhores pelos próprios libertandos e o acesso controlado à liberdade, fazendo emergir formas variadas, e quase sempre incompletas, de aquisição e acesso à vida livre. Como falar em uma transição linear do trabalho escravo para o livre em um contexto tão complexo e contraditório?

Os estudos sobre este mesmo processo também já demonstraram cabalmente que homens e mulheres escravizados buscaram ativamente se valer das políticas senhoriais e emancipacionistas com vistas a concretizar perseverantes projetos de liberar-se do domínio escravista, embora caiba questionar como tais ensejos, legítimos como eram, foram duramente manipulados por senhores, patrões, empregadores e pelo próprio estado.

É neste complexo quadro social no qual projetos de vida livre, individuais e familiares, se entrecruzavam e se esgrimiam com políticas dos senhores e do estado, que visavam a eternização de formas dependentes de trabalho, controle social e precarização da liberdade, que se insere o livro de Marília Ariza, *O Ofício da Liberdade*. Trabalho de fôlego desta jovem historiadora, a pesquisa na qual se baseia este livro se refere aos contratos de trabalho estabelecidos na cidade de São Paulo e de Campinas entre libertandos e patrões desde a década de 1830, com ênfase, sobretudo, no período posterior a lei de 1871, a qual consolidou legalmente a compra da alforria em parcelas, realizada por meio de terceirização do contrato de trabalho.

Como mostra a análise minuciosa contida neste livro, desde 1830, com a primeira lei de locação de serviços editada no país, que tinha como objetivo regulamentar o trabalho livre de imigrantes, libertandos começaram a se fazer presentes nos livros de notas cartoriais, sob a égide da contratação de serviços. Portanto, *O Ofício da Liberdade* apresenta uma pesquisa que se inicia na década de

1830, atravessa os pesados anos de expansão da escravidão paulista e ganha seu foco principal com a análise casada dos contratos de trabalho *vis a vis* a regulamentação imposta pela Lei do Ventre Livre, sempre buscando documentar, de maneira muito minuciosa, as condições de trabalho às quais libertandos – e sobretudo libertandas – tinham que se submeter para alcançar a liberdade.

Das páginas destes livros, surgem homens e mulheres – na verdade, sobretudo mulheres libertandas – inseridos no contexto da pequena escravidão urbana paulista, que se contrataram com terceiros como forma de indenizar seus senhores e senhoras, sendo compelidos a se submeter a condições de trabalho, se não similares as da escravidão, ainda piores. Este é o caso, por exemplo, de Bárbara, detalhadamente analisado por Marília Ariza. Embora legalmente liberta, se viu esta compelida a permanecer prestando serviços a seu contratante, mesmo tendo provado que vinha sofrendo graves abusos físicos.

De fato, o caso é exemplar e vem discutido neste livro com minúcias de uma historiadora atenta aos embates da vida cotidiana, encetados por aqueles que almejavam a liberdade, mas que pouco ou nada dispunham em termos de proteção legal. A análise de Marília Ariza documenta como, embora liberta, Bárbara havia caído, em nome da aquisição da sonhada liberdade, em uma armadilha jurídico-legal, que de chofre a havia colocado em uma situação de precarização absoluta de sua liberdade de ir-e-vir. De fato, na Campinas da década de 1880, Bárbara havia sido alforriada por seus senhores sob condição de prestar 4 anos de serviço. Como forma de indenizá-los de uma só vez do valor dos serviços devidos e assim garantir imediatamente sua carta de alforria, ela havia contraído uma dívida com um terceiro, a ser paga com trabalhos. A partir deste momento, isto é, desde quando o patrão que contratara Bárbara havia indenizado os senhores legais da escrava, ela se tornara legalmente liberta, em todos os sentidos da lei. No entanto, passara a liberta a estar presa a uma nova forma de dependência, momentaneamente ainda mais cruel do que aquela que ela havia experimentado na casa de seus senhores, os quais, pelo que se denota da situação, haviam adotado políticas paternalistas de alforria. Presa a um contrato de trabalho, Bárbara passara a servir em outra casa, na qual se viu sobrecarregada de trabalhos, privada da liberdade de se locomover e maltratada verbal e fisicamente. Em uma noite qualquer, seu empregador, convencido de que Bárbara o havia sevido mal à mesa, jogara um prato em seu rosto, causando-lhe sérios ferimentos.

Gravemente machucada, a liberta havia sido trancada em um quarto, impedida de procurar socorro médico. Apenas na madrugada conseguira ela fugir de seu algoz, indo buscar refúgio na casa de seus antigos senhores, que a acolheram, providenciaram tratamento médico e assistência legal. Apesar da longa discussão que se desenrola após o ocorrido, tendo por um lado o patrão e do outro, Bárbara – secundada por seus antigos senhores –, que argumenta que sendo ela liberta, não devia mais ser submetida a um tratamento de escrava, o juiz dá ganho de causa ao patrão, obrigando-a a retornar à casa onde ela se via submetida a todo o tipo de maltrato.

Casos como este, profusamente documentados neste livro por Marília Ariza, conduzem o leitor a questionar seriamente relatos idealizados a respeito do processo de libertação, os quais, em seu afã de – muito justamente, por sinal –, sublinharem a capacidade do fazer histórico dos libertandos, pouco atinaram para os aspectos cruéis e manipulados aos quais estes haviam que se submeter em busca da sonhada liberdade. Dedicando anos de alentados trabalhos, mostrando constante fidelidade aos desígnos de seus mandatários, transferindo suas suadas popupanças para senhores gananciosos, se submetendo a todo o tipo de desamparo social e legal, libertandos/as e libertos/as dedicavam os melhores anos de suas vidas produtivas para indenizar a classe senhorial. A liberdade de ir-e-vir, de escolher moradia e parceiros, de tratar da própria vida, vinha, quando muito, ao final de um atilado processo no qual o libertando/a e o liberto/a haviam que ter investido as melhores energias de suas vidas.

Como demonstra *O Ofício da Liberdade,* depois disso, a vida em liberdade – isto é, após a alforria legal – podia ainda se manter perigosamente desprovida dela, situação consubistanciada na forma de uma exploração continuada daqueles que entravam na liberdade desprovidos de recursos, de poupança ou de outras modalidades de autonomia econômica, ou pior ainda, atados a contratos de trabalho. E ainda assim, foi este o processo que milhares de homens e mulheres libertos e libertandos enfrentaram – e sobreviveram a ele – resurgindo, aos olhos dos historiadores, em famílias, grupos de apoio, vizinhanças, associações profissionais e de luta contra o racismo e em partidos políticos.

O Ofício da Liberdade mergulha na documentação para, por meio da análise dos contratos de trabalho a que se submeteram libertandos e libertos na Província de São Paulo no século XIX, recuperar aspectos muito concretos do processo do "tornar-se livre", nuances estes que já estavam colocados de maneira muito clara para os coevos, que sabiam bem como virar a seu favor o desejo de tornar-se livre abrigado por cada libertando/a. Como bem expressaram o casal Francisco e Anna Helena Krueger que, em 1883, passavam carta de liberdade a sua escrava Diamigia, mas tomavam o cuidado de garantir que sua libertanda não caísse de novo no cativeiro do contrato de trabalho:

> Os abaixo assinados senhores da escrava Diamigia, crioula, tendo em attenção os serviços prestados por essa escrava rezolverão dar-lhe por esse facto plena e ampla liberdade, somente com uma clauzula, a condição especial de não assignar contracto com quem quer que seja sob pena

de nullidade, isto para o fim de evitar que venha a cahir em novo Captiveiro de facto ...

Se alguns senhores chegaram descrever tal situação de forma tão direta, o agir de libertandos e libertos documenta uma resiliência infindável na busca de libertar-se de todas as armadilhas e entraves.

Enfocando temas difíceis e processos sociais tortuosos, este livro consolida a análise do processo de alforria, por meio de uma nova documentação e uma abordagem renovada. Com a argúcia da historiadora das dinâmicas sociais, sempre voltada para decifrar a complexidade das relações sociais de poder e dominação, com fins de melhor sublinhar a real capacidade de agenciar daqueles para os quais o domínio da lei sempre foi avesso, Marília Ariza nos brinda com seu primeiro livro. Escrito com rigor e elegância, a leitura do *O Ofício da Liberdade* deixa-nos ansiosos pelos próximos trabalhos de Marília Ariza, que certamente virão a aclarar aspectos movediços e obscuros, e por isso mesmo essenciais, do processo de construção da liberdade na sociedade brasileira.

Maria Helena Pereira Toledo Machado
Professora Titular
Departamento de História
Universidade de São Paulo
Junho de 2013

Introdução

Dilemas e indefinições entre os mundos da escravidão e da liberdade estiveram presentes ao longo de todo o século XIX no Brasil, marcando as experiências vividas por homens e mulheres dos estratos populares. Escravos, forros e livres pobres misturavam-se nos cenários do campo e das cidades, dividindo espaços sociais, solidariedades, a difícil sobrevivência e o trabalho, construindo cotidianamente sentidos para a vida em liberdade.

Nesse contexto, as locações de serviços compuseram uma estratégia largamente utilizada no correr do século para a arregimentação e exploração de trabalho barato e desvalorizado das camadas populares. Apesar de terem se destinado ao agenciamento de trabalho livre, estes contratos cumpriram um papel determinante no processamento de alforrias compensatórias a partir do aliciamento de trabalhadores determinados a abandonar a vida em escravidão.

Homens e mulheres cativos locaram seus serviços ao longo do século XIX como forma de pagar por adiantamentos recebidos de terceiros para a aquisição de suas alforrias. A lei 2040, também chamada lei do Ventre Livre, dispôs, em 1871, sobre a locação de serviços de cativos como forma de financiar liberdades, normatizando, às portas da abolição, uma prática que remontava à primeira metade do século. Outras leis dispuseram sobre a locação de serviços e, embora se referissem predominantemente ao universo do trabalho livre, compuseram um arsenal normativo para a regulação das práticas de locação com vistas à aquisição de alforrias.

A locação de serviços de libertandos constituiu-se como uma prática eminentemente urbana. Esteve condicionada a uma série de cláusulas que restringiam a fruição das liberdades destes homens e mulheres, proporcionando a continuada exploração de seu trabalho e a extensão dos vínculos de dominação escravista, agora reelaborados na chave da tutela. Assim, engajados no projeto de conquistar suas manumissões, libertandos locadores de serviços viam-se enredados em arranjos de trabalho que determinavam um ingresso extremamente precário nos quadros da liberdade, tensionando a delimitação dos contornos do trabalho livre no XIX. Contudo, apesar de operarem a continuidade de formas de expropriação de trabalho associadas à escravidão, esses contratos tiveram seus significados contestados por libertandos e esgrimidos em negociações cotidianas que problematizavam a formalidade da lei e desafiavam a norma.

É por meio dos contratos de locação de serviços registrados nos Primeiros Cartórios de Notas das cidades de São Paulo e Campinas que pretendemos perscrutar a situação intermediária e as experiências de trabalho e liberdade vividas por estes libertandos. O recorte adotado para nossa pesquisa diz respeito ao intervalo transcorrido entre a aprovação da primeira lei de locação de serviços em 1830, destinada à regulação e ao fomento do trabalho de imigrantes nas áreas de lavoura, e a realização da abolição em 1888. Ao longo destas quase seis décadas, contratos desse tipo foram registrados nas notas dos cartórios pesquisados, afirmando a importância desse expediente para o cenário das alforrias e do trabalho das camadas populares.

Dedicamos o primeiro capítulo deste livro, intitulado "Liberdade e trabalho: uma discussão teórica", a uma discussão bibliográfica acerca dos desenvolvimentos da história social do trabalho e da forma como os trabalhadores cativos e egressos da escravidão foram tratados por esta literatura nas últimas décadas. Para qualificar esse cenário teórico, recorremos a autores que afirmam a necessidade de produzir uma abordagem mais inclusiva, que supere os paradigmas de transição da escravidão à liberdade e de substituição do trabalho escravo pelo trabalho livre. Estes paradigmas terminaram por alijar trabalhadores afrodescendentes dos quadros ampliados da história do trabalho. No mesmo capítulo, procedemos também a uma exploração bibliográfica acerca dos sentidos cotidianos e transigentes da liberdade construída por trabalhadores escravos, forros e livres pobres ao longo do século XIX no Brasil, de forma a delimitar o contexto amplo em que se inseriam as trajetórias dos libertandos locadores de serviços.

No segundo capítulo, chamado "Contratos de trabalho e seus significados", situamos o cenário das alforrias compensatórias em que se instalam as práticas de locação de serviços no século XIX, procurando demonstrar a maneira como os contratos de locação compuseram estratégias para o encaminhamento de emancipações indenizatórias, ao mesmo tempo em que significaram ferramentas para a luta por liberdades entre trabalhadores escravizados. Nessa esteira de raciocínio, apresentamos a documentação utilizada na pesquisa pontuando o caráter multíplice de nossas fontes, que colocam os arranjos de locação de serviços na fronteira entre trabalho livre precário, processamento de alforrias e disputas judiciais em torno da liberdade. Ainda neste capítulo, apresentamos um histórico da legislação de locação de serviços produzida entre as décadas de 30 e 70 do século XIX, ressaltando sua importância para a conformação de um repertório de controle e normatização das práticas de aluguel de trabalho como pagamento a alforrias. A importância e os significados da formalização do expediente das locações de serviços de libertandos na lei de 1871 são também discutidos, levando-se em conta os contratos localizados e estudados nesta pesquisa.

No terceiro capítulo, chamado "O ofício da liberdade", apresentamos um mapeamento mais detalhado dos arranjos de trabalho e das condições impostas aos trabalhadores nos contratos para a fruição de sua liberdade, estabelecendo um cenário qualificado do trabalho agenciado por meio dos contratos de locação de serviços. Para tanto, procedemos à quantificação e comparação de dados extraídos das mesmas escrituras, de modo a delinear tendências de agenciamento de trabalho entre livres, forros e libertandos. O objetivo deste capítulo é observar as similaridades e diferenças apresentadas por contratos associados e dissociados da aquisição de alforrias, de modo a melhor caracterizar as particularidades dos arranjos de trabalho envolvidos em processos manumissórios. É também objetivo deste segmento da dissertação avaliar as características específicas dos contratos de liberdade como as condições impostas à prestação dos serviços locados, as durações dos contratos, a valoração do trabalho neles embutida e as diferenças entre o agenciamento de trabalho de homens e mulheres libertandos.

No quarto e último capítulo, intitulado "Cativeiros de fato", ampliamos a análise dos contratos de locação de serviços, comparando-os a outros expedientes de agenciamento de trabalho com vistas à consecução de alforrias. Assim, recorremos às cartas de liberdade, registros de venda de serviços de cativos e recibos de quitação de dívidas, entre outros documentos, de modo a reconhecer as coincidências e singularidades entre estes expedientes de alforrias compensatórias e os contratos de locação de serviços. Abordamos também a utilização das locações como instrumentos para a realização de negócios e de circulação de capitais nas cidades. Ainda neste capítulo, apresentamos, por meio da análise de Ações de Liberdade, contendas judiciais em torno de contratos de locação de serviços que revelam os limites da normatização almejada pela formalização dos arranjos de trabalho, contestada por libertandos e seus curadores. Essas disputas importam também para descortinar cenários mais amplos e complexos de relações sociais em que os trabalhadores locadores de serviços e a camada proprietária estavam envolvidos.

Procuramos, assim, oferecer nesta pesquisa uma abordagem que dê conta da natureza complexa e limítrofe dos contratos, que se inserem num cenário de generalizada precarização do trabalho de homens e mulheres forros, cativos, libertandos e livres pobres, ao mesmo tempo em que consistem em instrumentos importantes para o desenvolvimento de um processo de emancipações indenizatórias que adia o momento de abolição da escravidão no Brasil do XIX. Além disso, é nosso objetivo extrapolar os limites impostos pela formalidade dos contratos, buscando investigar não apenas como arranjos de trabalho e liberdade foram definidos, mas também como foram vividos na prática social.

Capítulo 1
Liberdade e trabalho: uma discussão teórica

A historiografia social da escravidão brasileira tem se incumbido nas últimas décadas da árdua tarefa de buscar, de um lado, novas fontes e, de outro, novas abordagens para fontes conhecidas, no intuito de reconstruir o sujeito escravo e seu universo social. Compreendendo-o como nexo fundamental das experiências sociais da escravidão, pesquisadores buscam desvendar os sujeitos históricos escamoteados sob tantos estigmas. Nas palavras de Maria Helena P. T. Machado, "situá-los no tempo transcorrido, focalizá-los em sua dimensão histórica tornaram-se, pois, tarefas necessárias para a compreensão da sociedade escravista em sua globalidade".[1]

No correr do século, a preocupação das elites com a massa de sujeitos libertos e também libertandos, personagens principais dessa pesquisa, acentua-se na medida do crescimento dessa população.[2]

---

1 Machado, Maria Helena P. T. *Crime e escravidão: trabalho, luta e resistência nas lavouras paulistas (1830-1888)*. São Paulo: Brasiliense, 1987, p. 13.

2 O termo "libertandos" não é o único, tampouco o mais frequente, empregado nos contratos de locação de serviços – que constituem nossa documentação primordial – para qualificar os trabalhadores neles implicados. Foram chamados libertandos, além destes trabalhadores, os sujeitos envolvidos em disputas pela liberdade em instâncias judiciais, como as Ações de Liberdade, aqueles a "agraciados" com alforrias condicionais e tantos outros que construíram suas vidas no terreno pantanoso da indefinição entre as circunstâncias e incertezas de ser livre ou ser escravo. Entretanto, acreditamos que o termo, usado como uma categoria analítica fluida e permeável, possa abarcar a ambiguidade fundamental que estrutura a vida destes trabalhadores e sua busca pela liberdade, materializando os

Espalhando-se pelas cidades que crescem especialmente na segunda metade do XIX, imiscuídos a escravos e livres pobres, ou nas áreas rurais de grande e pequena lavoura, engrossando o número de jornaleiros e camaradas, libertos e libertandos compõem uma face determinante da escravidão e acentuam preocupações da camada proprietária. Concomitantemente, o Estado nacional que consolida e aparelha suas instituições define políticas e projetos de nacionalidade que, se não incorporam de fato os sujeitos em questão como cidadãos, não podem ignorá-los como personagens ativos nas dinâmicas sociais. Paulatinamente, e acentuadamente no final do século, é o estado quem assume as rédeas do controle social das camadas subalternas integradas por escravos, libertos e libertandos.[3]

Os estudos produzidos nas últimas décadas a respeito dos caminhos da escravidão e da abolição no Brasil na segunda metade do XIX têm mostrado que a tarefa de refletir sobre as disputas políticas formais e informais em torno da escravidão está inescapavelmente atrelada à compreensão dos limites frágeis entre os domínios

---

limites difusos entre os mundos da escravidão e da liberdade no XIX. Sendo assim, aplicaremos ao longo dessa pesquisa a categoria "libertandos" para designar os sujeitos escravizados que, por meio do endividamento pessoal, avalizado por sua própria força de trabalho, adquiriam fundos (eventualmente somados a um pecúlio do próprio escravo) para o pagamento de sua manumissão. Os valores das manumissões poderiam ser fruto de acordos entre escravos e senhores ou de arbitramentos judiciais. De maneira geral, o pagamento das dívidas implicava o aluguel dos serviços dos escravos a seus credores, em condições e circunstâncias variadas e não regulamentadas até a lei 2040 de 1871.

3   A respeito de políticas de controle social encampadas pelo estado, ver os trabalhos de Lorena Telles e Maria Helena Machado a respeito: "Corpo, gênero e identidade no limiar da Abolição: a história de Benedicta Maria Albina da Ilha ou Ovídia, escrava (sudeste, 1880)". *Revista Afro-Ásia*, nº 42, 2011. No prelo. Telles, Lorena Féres da Silva. *Libertas entre sobrados: cotidiano e trabalho doméstico (1880-1900)*. Dissertação (mestrado) – FFLCH-USP, São Paulo, 2011.

da escravidão e da liberdade, invariavelmente mediados pelo trabalho.[4] Esses campos amplos de enquadramento jurídico de homens e mulheres no século XIX confundiram-se na prática social tornando-se categorias plásticas, moldadas por disputas entre demandas de trabalhadores, poder senhorial e a intervenção crescente do Estado na gerência dos negócios da escravidão. Começamos nossa discussão, então, embrenhando-nos pelos caminhos truncados que ligam, no tecido das relações de trabalho, mundos a princípio tão distantes: o mundo da liberdade e o mundo da escravidão.

Trabalho, escravidão e liberdade na historiografia

Os limites frágeis que separam as experiências de escravidão e liberdade no XIX vêm, especialmente nas duas últimas décadas, sendo colocados em pauta por historiadores que ressaltam a necessidade de atentar para o exercício cotidiano dessas formas de existir na sociedade escravista, mesmo quando em diálogo com as legislações emancipacionistas produzidas na segunda metade do século. É um denominador comum entre os trabalhos referidos, porém, a observação aguda de que as experiências vividas de escravidão e liberdade estão inescapavelmente alicerçadas no mundo do trabalho.

---

4   Diferentes autores têm mostrado em estudos com diversos vieses como a liberdade se construía na experiência cotidiana de homens e mulheres, dependendo de prerrogativas como mobilidade e estabelecimento de redes de solidariedade. Esse tema será tratado ao longo do capítulo, e citamos aqui alguns exemplos dos autores abordados: Castro, Hebe Maria Mattos de. *Das cores do silêncio: significados da liberdade no sudeste escravista, séc. XIX*. Rio de Janeiro: Editora do Arquivo Nacional, 1995; Lima, Henrique Espada. "Sob o domínio da precariedade: escravidão e os significados da liberdade no século XIX". *Topoi*, v. 6, nº 11, jul-dez, 2005, p. 289-326; Wissenbach, Maria Cristina Cortez. *Sonhos africanos, vivências ladinas: escravos e forros em São Paulo (1850-1880)*. São Paulo: Hucitec, 1998.

Em outras palavras, o trabalho, e a instituição da escravidão em particular, persistem sendo uma dimensão definitiva para a compreensão de toda e qualquer relação social que se queira observar na sociedade do XIX.[5] As tentativas diversas de desatar os nós que amarram leituras limitadas dos significados de liberdade no XIX esbarram constantemente, porém, numa literatura da história social do trabalho que esteve por décadas amarrada a compreensões hoje aparentemente superadas de "transição" do trabalho escravo para o trabalho assalariado livre, bem como assombrada pela obliteração de seus personagens principais: escravos e libertos.

Silvia Hunold Lara aponta a exclusão do negro e a identificação com a história do trabalho livre e assalariado como práticas recorrentes na historiografia produzida até a década de 80 do século passado.[6] Esses trabalhos, concentrando suas análises sobre o final século XIX

---

[5] Embora tenha se tornado proposição corrente na historiografia das duas últimas décadas, é importante pontuar que a noção "Thompsoniana" de experiência é fundamental para a compreensão da categoria ampla de camadas subalternas ou populares que aqui utilizamos. De acordo com Thompson, é no mundo material e nas vivências cotidianas que se delineiam formas variadas de consciência e reconhecimento social. A noção de pertencimento a um grupo social, assim, não seria produzida como reflexão abstrata, mas como experiência vivida. A historiografia ainda discute a possibilidade de observar-se no Brasil do XIX um movimento amplo e consistente a envolver escravos, libertos e libertandos em torno de um objetivo explícito e comum que enunciasse uma compreensão clara de categoria social por parte de seus sujeitos antes das movimentações pela abolição. De qualquer forma, certamente a prática social e o cotidiano partilhado por estes homens e mulheres estiveram marcados por diversas coincidências que lhes proporcionavam em momentos variados o reconhecimento mútuo como partícipes dos mesmos grupos sociais. Thompson, E. P. *A formação da classe operário inglesa*. Rio de Janeiro: Paz e Terra, 2010; Thompson, E. P. *Costumes em Comum*. São Paulo: Companhia das Letras, 2010.

[6] Lara, Silvia Hunold. "Escravidão, cidadania e história do trabalho no Brasil". *Projeto História*, São Paulo (16), fev. 1999. p. 25-38.

e as décadas iniciais do XX, seriam expressões de uma compreensão fragmentária da história do trabalho e dos trabalhadores, cindida entre os estudos acerca da escravidão e aqueles sobre o trabalho livre. Dessa forma, seriam portadores de discursos sobre a

> "passagem" do mundo da escravidão (aquele no qual o trabalho foi realizado por seres coisificados, destituídos de tradições pelo mecanismo do tráfico, seres aniquilados pela compulsão violenta da escravidão, para os quais só resta a fuga ou a morte) para o universo do trabalho livre, assalariado (no qual, finalmente, poderíamos encontrar sujeitos históricos).[7]

Flávio Gomes e Antonio Luigi Negro igualmente apontam um lapso consolidado no âmbito da historia social do trabalho, compartimentada em perspectivas divergentes e desarticuladas.[8] De um lado, segundo os autores, produziram-se estudos interessados na recomposição de experiências de lutas dos trabalhadores escravizados, diretamente influenciados por uma renovada historiografia britânica e sua ampliação dos usos do conceito de classe social. De outro, produziram-se estudos a respeito da formação de sindicatos, partidos e da composição de uma classe operária homogênea, fundados numa apreensão rigorosamente marxista do mesmo conceito de classe social e "que não faziam do 'embranquecimento' um problema de pesquisa".[9]

---

7   Lara, S. H. H. "Escravidão, cidadania e história...", p. 27
8   Negro, Antonio Luigi; Gomes, Flávio. "Além das senzalas e fábricas: uma história social do trabalho". *Tempo Social – revista de sociologia da USP*, v. 18, n.1, 2006, p. 217-240.
9   Negro, A. L.; Gomes, F. "Além das senzalas e fábricas...", p. 222.

A literatura produzida no bojo dessas premissas, cada vez mais distanciada da experiência histórica e apegada a discussões conceituais e teóricas não historicizadas, estabeleceu-se no solo de dicotomias persistentes no pensamento historiográfico sobre o Brasil. Oposições duradouras, como as dicotomias "rural/urbano", "arcaico/moderno", "liberdade/escravidão", apontadas por Antonio Negro, Flávio Gomes e Silvia Lara, estabelecem a hierarquização de mundos distintos, espelhando uma oposição ampliada entre escravidão e capitalismo.[10] Nas palavras de Negro e Gomes, "no segundo pólo reina a necessidade; não há opções nem sujeitos históricos e iniciativa. No primeiro pólo, o protagonismo é a marca".[11] De acordo com Silvia Lara, essa é a natureza da distinção que fez antípodas os mundos do trabalho escravo e do trabalho livre e assalariado, delimitados pelas ideias de substituição e transição.[12]

---

10   Esse pares dicotômicos estão colados à discussão igualmente ampla acerca das (in)viabilidades da convivência de liberalismo e escravidão no Império, polêmica que teve como expoentes os debates entre Stuart Schwarcz e Maria Sylvia Carvalho Franco. Schwarcz, Stuart. "As ideias fora do lugar". In: *Ao vencedor as batatas*. 4ª ed. São Paulo: Duas Cidades, 1992, p. 13-28, e Franco, Maria Sylvia Carvalho. "As ideias estão em seu lugar". *Cadernos de Debate*, nº 1, 1976.

11   Negro, A. L.; Gomes, F. "Além das senzalas e fábricas...", p. 218.

12   Marcelo Badaró Mattos tem importantes contribuições para a reflexão sobre uma história social do trabalho mais inclusiva. Tratando da formação da classe trabalhadora no Rio de Janeiro ao longo do século XIX e nas primeiras décadas do século XX, Mattos aponta que sujeitos escravizados, libertos e livres costumeiramente compartilharam postos de trabalho nas ruas e manufaturas da cidade. As formas de associação de trabalhadores livres e assalariados, que sinalizam sua conformação como classe, seriam tributárias, de acordo com o autor, das experiências de associação e lutas vividas pioneiramente pelos trabalhadores escravizados. Diz o autor: "Os valores, discursos e referências culturais que articulam tal consciência (...) desenvolvem-se a partir da experiência da exploração e das lutas de classe anteriores. Ou seja, numa sociedade como a brasileira, marcada por quase quatro séculos de escravidão, não seria possível pensar o surgimento

Comentando os estudos sociológicos a respeito de relações raciais produzidos nas décadas de 1940 e 1950, Flávio Gomes e Antonio Negro demonstram as implicações desta antinomia entre escravidão e modernização na produção de uma literatura que elidiu o sujeito escravo da história da formação da classe trabalhadora. De acordo com os autores, a proposição teórica de uma modernidade em curso afrontada pelo atraso de uma sociedade profundamente escravista resultou em interpretações que apartaram a história do trabalho da história da escravidão.[13] Nas palavras dos autores:

> Desenhada como um mundo homogêneo e sem transformações, a escravidão seria produto e produtora de um atávico atraso tecnológico, social e econômico. A experiência proletária de libertos e seus descendentes teria essa marca.[14]

Segundo Silvia Lara, desde as décadas de 50 e 60, e ao longo do século XX, os estudos acerca do tema do trabalho ampliaram seus recortes temáticos e periodizações, surgindo mais obras acerca da formação do proletariado e dos movimentos operários no Brasil. Essa ampliação, contudo, não providenciou para que a figura do

---

de uma classe trabalhadora assalariada sem levar em conta as lutas de classe – e os valores e referências – que se desenrolaram entre os trabalhadores escravizados e seus senhores, particularmente no período final da vigência da escravidão, quando a luta pela liberdade envolve contingentes cada vez mais significativos de pessoas" (Mattos, Marcelo Badaró. "Trabalhadores escravizados e livres na cidade do Rio de Janeiro na segunda metade do século XIX". *Revista Rio de Janeiro*, nº 12, jan.-abr. 2004, p. 229-251; *Idem*. "Experiências comuns: escravizados e livres no processo de formação da classe trabalhadora no Brasil". *XXIV Simpósio Nacional de História*, 2007. Disponível em: <http://snh2007.anpuh.org/resources/content/anais>. Acesso em: 31 maio 2013).

13   Negro, A. L. "Além das senzalas e fábricas...", p. 224-225.
14   Negro, A. L. "Além das senzalas e fábricas...", p. 225.

negro fosse associada aos sujeitos brancos e imigrantes considerados protagonistas dessa história. A historiografia que até meados dos anos 1980 se ocupou das dinâmicas de "substituição" e "transição" de mão de obra – remontando a estudos pioneiros de Caio Prado Júnior e dedicando-se especialmente ao sudeste brasileiro – da mesma maneira foi portadora de um discurso que raras vezes incluiu o negro como sujeito de suas problematizações, fosse pensando suas relações com trabalhadores livres, fosse pensando seu acesso a esse status diferenciado de trabalho. A esse respeito, diz a autora que:

> (...) a historiografia sobre a transição, apesar de sua diversidade, efetua um procedimento comum: pretende estabelecer uma teoria explicativa para a "passagem" do mundo da escravidão (aquele no qual o trabalho foi realizado por seres coisificados, destituídos de tradições pelo mecanismo do tráfico, seres aniquilados pela compulsão violenta da escravidão, para os quais só resta a fuga ou a morte) para o universo do trabalho livre, assalariado (no qual, finalmente, poderíamos encontrar sujeitos históricos).[15]

A produção de uma literatura da "transição", de acordo com a autora, fundamenta-se na "ruptura radical" entre escravidão e liberdade que inviabiliza a leitura mais ampla e profunda dos temas da história social do trabalho e favorece, em seu lugar, a afirmação de uma história cujos personagens fundamentais, os trabalhadores escravos, são descarnados e reificados. Mais agudamente, segundo Sílvia Lara, tais leituras escamoteiam a adesão a um projeto político

---

15 Lara, S. H. "Escravidão, cidadania e história...", p. 27.

do "reino da liberdade" em contraposição aos horrores do trabalho servil, o cancro enfim extirpado de nossa história, que começa a ser produzido como ideologia no final do XIX e é encampado por movimentos intelectuais "de emancipação dos oprimidos no século XX" em diversas áreas das ciências humanas, sedimentando-se em reflexões cada vez mais distanciadas da experiência histórica do trabalho.[16] Produziu-se, dessa forma, uma série de interpretações comprometidas com a ideia do despreparo da mão de obra nacional para as vagas de trabalho assalariado, assumindo-se como "explicação histórica uma série de ideias e concepções que, quase cem anos antes, faziam parte de um intenso jogo político" e que adentraram com vigor o século XX.[17]

Antonio Negro e Flávio Gomes igualmente identificam na perspectiva da "transição" das formas de exploração do trabalho a persistência de um projeto elitista de nação, que distanciava o mundo estanque da escravidão, habitado por trabalhadores despreparados, do mundo da modernidade, industrialização e urbanização, em que o trabalhador imigrante era o portador dos germes do progresso. Segundo os autores, a produção de uma literatura sociológica marcada pela ideia da natural evolução do trabalho escravo ao trabalho livre colaborou para acachapar a variedade das experiências sociais vividas na formação de uma classe trabalhadora que imiscuía escravizados e livres, negros e imigrantes. Dizem os autores:

> Experiências, processo histórico, costumes e tradição nos conflitos sociais e na formação

---

16 Lara, S. H. "Escravidão, cidadania e história...", p. 28.
17 Lara, S. H. "Escravidão, cidadania e história...", p. 29. Sobre a literatura acerca do despreparo da mão de obra nacional, ver: Fernandes, Florestan. *A integração do negro na sociedade de classes*. 5ª ed. São Paulo: Globo, 2008. Ianni, Octavio Ianni. *Raças e Classes Sociais no Brasil*. 3ª ed. São Paulo: Brasiliense, 2004.

da classe foram esmagados pelo determinismo econômico nas análises que enfatizaram a transição. A suposta *inexorabilidade* na passagem do trabalho escravo para o trabalho livre no Brasil foi mais projeção das elites, numa ideologia – a da construção da nação – que produzia discursos sobre a substituição da mão-de-obra. Escravos, africanos e crioulos seriam substituídos por trabalhadores livres, imigrantes, europeus. Indolência e atraso por tecnologia e aptidão; forjava-se a ideologia do trabalho livre no Brasil criada sob os símbolos da *civilização* e do *progresso*.[18]

No que tange aos estudos das experiências de "transição" para as formas "livres" de trabalho, a produção historiográfica tradicionalmente focou suas pesquisas no universo do trabalho rural, abordando a dita transição como um processo de mudanças no sentido da formação de uma reserva de mão de obra e um mercado de trabalho livres, aptos a atender às necessidades do projeto liberal de nação em gestação em finais do século XIX. O resultado desse processo seria o encaminhamento da massa da população liberta para os postos de trabalho livre de menor prestígio social. Esses estudos, de forma geral, dão conta de uma transição mecânica e sistêmica do emprego da mão-de-obra escrava para a força de trabalho livre, deixando de observar na experiência cotidiana do trabalho de escravos e libertos, as contradições e ambiguidades definidoras dos limites entre escravidão, liberdade e controle senhorial.

---

18   Negro, A. L.; Gomes, F. "Além das senzalas e fábricas...". p. 227. Grifos meus.

Tomamos como exemplo da historiografia influenciada pelos preceitos da "transição" o importante estudo de Ademir Gebara.[19] Já na introdução de seu livro, Gebara esclarece a perspectiva que orienta a obra: a compreensão de que a lei Rio Branco de 1871 teria sido um elemento fundamental na "organização da disciplina do mercado de trabalho livre no Brasil", tendo sido responsável pela elaboração de uma estratégia para a abolição da escravidão e consolidação do trabalho livre. De acordo com o autor, a lei estaria incluída no processo gradual de transição em curso no Brasil desde 1850, quando se efetivou a proibição ao tráfico negreiro e passou-se a visualizar, segundo Gebara, o efetivo fim da escravidão.[20] Dessa forma, Gebara refere-se a um conjunto jurídico (de que fariam parte a lei de 1850 acerca da proibição do tráfico negreiro, a lei de 1869 que proibia a venda em separado de membros de famílias escravas, a lei Rio Branco de 1871, a lei de Locação de Serviços de 1879 e a lei dos Sexagenários de 1885) elaborado com vistas à consecução de um projeto amplo de transição para o mercado de trabalho livre que, por sua vez, sofreria abalos apenas com as agitações abolicionistas da década de 80.[21]

Maria Lúcia Lamounier, tratando mais detidamente da lei de locação de serviços de 1879, concorda com Gebara ao inserir a dita lei num quadro mais amplo de extinção gradual da escravidão e

---

19 Gebara, Ademir. *O mercado de trabalho livre no Brasil (1871-1888)*. São Paulo: Brasiliense, 1986.
20 Gebara, A. *O mercado de trabalho livre...*, p. 23.
21 A respeito da lei de 1871, diz o autor: "A execução dessa lei só pode ser compreendida quando vista na perspectiva da proposição de efetuar a transição para o mercado de trabalho livre. Se é verdade que o plano se cria para o escravo, tanto mais o é que é para o liberto que ele foi desenvolvido". Gebara, A. *O mercado de trabalho livre...*, p. 58.

criação de um mercado de trabalho livre e assalariado.[22] A lei de 1879, nesse contexto, surgiria como resposta ao adensamento das tensões sociais nas décadas finais da abolição que levavam, de acordo com a autora, à necessidade de reforçar o oferecimento de mão de obra livre e disciplinada. Lamounier delineia, assim, um campo de negociações em torno do trabalho agrícola em que os personagens principais são sempre imigrantes e fazendeiros. Embora aponte para o liberto como parte integrante da massa de trabalhadores agrícolas, a figura do trabalhador egresso da escravidão está, em sua obra, esvaziada de significado ou protagonismo histórico.

Ainda que aponte a necessidade de repensar as dinâmicas do trabalho livre do ponto de vista de relações sociais negociadas e mediadas pela lei, e embora ainda mencione a importância da desagregação do sistema escravista para o encaminhamento do trabalho livre, a obra sugere que o papel desempenhado por trabalhadores escravizados e libertos nesse contexto teria sido justamente o de ampliar a demanda por mão de obra livre e imigrante. Parece, assim, reafirmar o caráter de "transição" associado ao desmonte da escravidão, estabelecendo antecipadamente uma tendência de "substituição de mão de obra".

Apesar de sinalizar a necessidade surgida com a lei Rio Branco de incorporar libertos e escravos à lei de 1879, estes trabalhadores são apenas marginalmente tratados no estudo de Lamounier. É possível que tal ausência deva-se, em parte, ao relativo desconhecimento de fontes que tornassem possível à autora atentar para o fato de que mesmo antes da lei de 1871, libertos e escravos já locavam seus serviços corriqueiramente.

---

22   Lamounier, Maria Lucia. *Da escravidão ao trabalho livre: a lei de locação de serviços de 1879*. Campinas: Papirus, 1988.

Há exemplos da adesão à noção de "transição" entre formas de trabalho compulsório e livre também no campo da Sociologia. Procurando analisar a formação do mercado de trabalho livre em São Paulo, Lúcio Kowarick orienta-se por esta perspectiva, concentrando atenções nas formas de trabalho alocadas no ambiente das grandes propriedades cafeeiras do Oeste Paulista ao longo do XIX.[23] Para o autor, a formação de um mercado de trabalho livre no Brasil concorreu com a produção de uma ampla camada de sujeitos marginalizados, ao mesmo tempo alijados da camada senhorial e do conjunto dos trabalhadores escravizados.

Excluídos do sistema produtivo da *plantation*, estes sujeitos formavam um conjunto de trabalhadores nacionais que não havia passado pelo processo de disciplinarização e "educação para o trabalho ordenado", como o chama o autor, sendo considerados pelos senhores escravistas uma "corja inútil que prefere a vagabundagem, o vício ou o crime à disciplina do trabalho".[24]

A incorporação marginal destes sujeitos ao processo produtivo dava-se também em função da recusa do trabalhador nacional em ocupar os postos do "trabalho ordenado", considerado degradante por estar intimamente associado à exploração e subalternação características do trabalho escravo. A necessidade de distanciar-se do trabalho manual, identificado ao aviltamento do cativeiro, afastava o trabalhador nacional do trabalho na grande lavoura, a qual ele acedia apenas quando formas de trabalho mais autônomas não estivessem disponíveis.[25]

---

23   Kowarick, Lucio. *Trabalho e vadiagem – a origem do trabalho livre no Brasil*. São Paulo: Brasiliense, 1987.

24   Kowarick, L. *Trabalho e vadiagem...*, p. 47.

25   Kowarick, L. *Trabalho e vadiagem...*, p. 46-47.

Embora os apontamentos de Kowarick sejam bastante oportunos para a problematização das noções de trabalho livre no século XIX, indicando continuidades entre formas de exploração do trabalho escravo e do trabalho livre e disciplinarizado, sua intenção não parece ser a de avaliar os limites difusos estabelecidos entre ambos. Para o autor, a formação de um mercado de trabalho livre no Brasil deve ser compreendida como a superação da escravidão, entendida como "modalidade produtiva" que atravancava o pleno desenvolvimento da empresa capitalista cafeeira. Nesse sentido, acentua-se em seu estudo o traço da "transição" das formas de exploração do trabalho, de modo que as permeabilidades entre mundos do trabalho livre e do trabalho escravizado ganham menor destaque.

A assunção de uma ruptura entre momentos historicamente distintos – o "tempo do trabalho livre" e "o tempo do trabalho escravo" – e a predição de um sentido disciplinador das décadas finais da escravidão, encaminhando a formação de uma reserva de mão de obra habilitada ao trabalho livre assalariado, são posturas que se evidenciam nestas obras. Embora não se trate de estudos interessados em questões específicas do imaginário e do cotidiano da escravidão, a própria noção de liberdade colocada em jogo nas obras de Gebara, Lamounier e Kowarick, fortemente atrelada à ideia da capitalização da força de trabalho, denuncia uma compreensão estrita a respeito dos múltiplos sentidos de ser livre ou escravo naqueles contextos.

O perigo desse tipo de interpretação histórica, portanto, estende-se em duas direções, que da mesma maneira compõem um imaginário fértil e discriminatório vivo ainda em nossos dias. Por um lado, promovem o que chamamos de obliteração do trabalhador afro-descente, apagando suas trajetórias de luta e trabalho na construção de liberdades e vivências possíveis. Por outro, projeta a imagem da incompetência e despreparo destes trabalhadores no ingresso no mundo da liberdade e da capitalização do trabalho. A elaboração desse cenário retoma a lógica esquemática que opõe as duplas escravidão/arcaísmo e capitalismo/modernidade, afastando o legado da escravidão da agenda política encampada por intelectuais das ciências humanas. Está claro, portanto, que a leitura crítica dessa bibliografia deve ensejar questionamentos que procurem não apenas rever o sentido datado de "transição" entre escravidão e liberdade, como também localizar o trabalhador afro-descendente como sujeito de sua história. A passagem seguinte, extraída do artigo de Lara, resume exemplarmente o argumento:

> Assim, se o escravo não foi considerado parte do universo dos trabalhadores, também o ex-escravo foi excluído. Passaram a ser vistos como uma massa de "trabalhadores" nacionais indolentes e apáticos (na visão dos teóricos do final do século XIX) ou de anômicos e desajustados à modernidade do capitalismo, despreparados para o trabalho livre devido á experiência da escravidão: "trabalhadores" que não trabalham ou então "trabalhadores que são incapazes" de trabalhar. (...) a literatura sobre a transição não conseguiu, até hoje, dar foros de cidadania a milhares de homens e mulheres de pele escura que construíram suas vidas sob o signo da escravidão e, principalmente, de uma liberdade que, embora conquistada, nunca conseguiu ser completa.[26]

Embora não houvesse fôlego suficiente para encampar também as questões do pós-abolição em nossa pesquisa documental, é

---

26 Lara, S. H. "Escravidão, cidadania e história...", p. 38

fundamental apontar as relações íntimas que se estabelecem entre essas problemáticas e aquelas das dinâmicas do trabalho durante a escravidão. Nesse sentido, parece possível, como sugere John French, argumentar em favor de uma forte intermediação entre escravidão e trabalho livre no Brasil que proporcionaria a formação de um *habitus* de poder, hierarquia e repressão, característico da sociedade escravista e de que as dinâmicas de trabalho livre pós-1888 seriam legatárias.[27]

French sugere que a Lei Áurea não teria representado um impacto ruptural com o passado de escravidão, haja vista a continuidade de aspectos estruturantes da sociedade escravista. O trabalho de George Reid Andrews é primoroso ao reconhecer os laços que ligam as realidades de trabalho escravizado e de libertos no XIX aos desdobramentos no pós-abolição, apontando para uma dinâmica que remete às lógicas de exploração e discriminação sem, contudo, afirmar uma leitura de anomia social dos egressos da escravidão ou uma perspectiva teleológica do processo de abolição. A grande contribuição de Reid, entretanto, está em reconhecer a íntima relação estabelecida entre a trajetória de luta de escravos e libertos por autonomia, negociando os termos de sua liberdade, e

---

27 French, John. "As falsas dicotomias entre escravidão e liberdade: continuidades e rupturas na formação política e social do Brasil moderno". In: Libby, Douglas C. & Furtado, Júnia Ferreira (orgs.). *Trabalho livre, trabalho escravo: Brasil e Europa, séculos XVIII e XIX*. São Paulo: Annablume, 2006. Empregamos o conceito de *habitus* definido por Pierre Bourdieu como o "primado da razão prática", no sentido de que os indivíduos, como agentes, incorporam e concomitantemente produzem estruturas sociais mais amplas por meio de suas disposições para agir, refletir, sentir, relacionar-se e atuar sobre a realidade. Uma abordagem mais profunda e detalhada do conceito pode ser encontrada em: Bourdieu, Pierre. *Outline of a theory of practice*. Cambridge: Cambridge University Press, 2007.

as experiências desses sujeitos no pós-emancipação, reavaliando o espaço ocupado por estes sujeitos no mundo do trabalho.[28]

As circunstâncias e formas variadas de viver sob a escravidão em busca da liberdade, elaboradas na negociação cotidiana entre escravos, libertos e senhores em torno do trabalho, abriram caminhos à incorporação de prerrogativas e lutas desses trabalhadores que informaram suas práticas políticas no universo do trabalho do pós-abolição. O que sugerimos, de nossa parte, é que as experiências de vivências de liberdades precárias ensejam a delimitação de cidadanias também precárias para os afro-descendentes quando terminada a escravidão.

John French discute "a significância causal a ser atribuída à escravidão e à liberdade em nossa compreensão da história social e do trabalho no Brasil", apontando para a identificação da dicotomia enunciada por Lara (escravidão x capitalismo) a ideias valorativas de atraso e modernidade.[29] De acordo com French, a oposição entre liberdade e escravidão, produzida e reiterada pelo discurso acadêmico, assenta-se sobre três pilares fundamentais: a noção de trabalho escravo estabelecido por meio do monopólio da violência versus trabalho livre estabelecido por demandas de mercado; a valorização da oposição entre *status* legal dos sujeitos livres e escravos; e a valorização de remuneração versus não remuneração. Seriam essas, de acordo com o autor, as bases que sustentariam uma compreensão artificiosa de uma dicotomia que é fundamental no discurso, porém inverificável na prática. A assunção da noção de liberdade como uma categoria absoluta, e não como uma condição circunstancial (um "termo contrastivo", como quer o autor), está no cerne dessa

---

28 Andrews, George Reid. *Negros e Brancos em São Paulo (1888-1988)*. Bauru: Edusc, 1998.
29 French, J. "As falsas dicotomias entre escravidão e liberdade...", p. 76.

simplificação binária do que foram de fato as experiências variadas de liberdade vividas no século XIX.[30] Desse modo, o autor sugere que se torna necessário balizar toda reflexão acerca dos sentidos de ser livre na materialidade da experiência histórica. Nas palavras de French, "em vez de falar em termos dicotômicos, deveríamos discutir formas mais ou menos livres de trabalho, conforme definidas dentro de histórias locais, regionais e nacionais específicas".[31]

Na mesma esteira de raciocínio, Lara esclarece a necessidade de ampliar os significados de liberdade para além da possibilidade de capitalizar forças de trabalho que está subsumida na literatura que tradicionalmente consagrou a transição entre os mundos da escravidão e do trabalho livre:

> No entanto, noções diferentes de liberdade e de trabalho livre estiveram em luta no final do século XIX e início do XX. As ações de escravos e libertos ao longo dos séculos revelam alguns desses diferentes significados de liberdade. Às vezes, ser livre significou poder viver longe da tutela e do teto senhorial ou poder ir e vir sem controle ou restrições; outras vezes, significou poder reconstituir laços familiares e mantê-los sem o perigo de ver um membro da família ser comercializado pelo senhor. Muitas vezes, a liberdade significou a possibilidade de não servir a mais ninguém, e aqui, a palavra liberdade adquire dimensões econômicas, conectando-se à luta pelo acesso à terra: durante a escravidão e depois da abolição,

---

30 French, J. "As falsas dicotomias entre escravidão e liberdade...", p. 87.
31 French, J. "As falsas dicotomias entre escravidão e liberdade...", p. 87.

muitos ex-escravos lutaram para manter suas condições de acesso à terra conquistadas durante o cativeiro. Como se pode ver, estamos bem longe de entender a liberdade como a possibilidade de vender "livremente" a força de trabalho em troca de um salário.[32]

De acordo com French, o desafio de produzir uma história social do trabalho mais inclusiva foi lançado como tarefa aos historiadores na década de 90 do século XX. Compete a essa tarefa a revisão crítica de uma historiografia descarnada de experiências humanas, notadamente daquela que tem por sujeito os trabalhadores negros. Para isso, faz-se necessário retomar as experiências históricas vividas por estes trabalhadores e a partir delas, decifrar os múltiplos significados de liberdade experimentados, colocando em cheque a validade da oposição "livre" versus "não livre" que alimenta a delimitação excludente dos mundos do trabalho livre e escravo.

Resta ainda, no que diz respeito à abordagem teórica da produção de uma nova história social do trabalho, ressaltar a importância ímpar das dimensões cotidianas das experiências de liberdade vividas pelos trabalhadores de que tratamos. Como afirmam os autores citados, as dimensões de liberdade e cativeiro impressas às vidas de homens e mulheres trabalhadores construíram-se todos os dias e diuturnamente, de modo que as circunstâncias e condições de liberdade experimentadas não se tornam apenas variáveis como também precárias. Tornar-se livre significava, em muitas medidas, cultivar uma autonomia que não se enunciava como estatuto jurídico, mas que se materializava no dia-a-dia dos trabalhadores, de modo que a liberdade tornava-se também um ofício cotidiano.

---

32 Lara, S. H. "Escravidão, cidadania e história...", p. 28.

Maria Odila Leite da Silva Dias reflete acerca do que chama de hermenêutica do cotidiano e sua tarefa essencial de buscar no diálogo com as fontes as possibilidades de leitura sobre a experiência vivida em lugar da reiteração dos papéis normativos tradicionalmente tratados pela historiografia. Trata-se de um trabalho rigoroso que mobiliza temporalidades diversas expressas e articuladas num mesmo contexto histórico, testemunhos da experiência do particular, do que não é macroscópico, mas é próprio das subjetividades, e nem por isso deixa, em diversas medidas, de ser estruturante.[33]

Essa hermenêutica de que fala Dias não pode prescindir da compreensão das temporalidades do próprio conceito de cotidiano, que precisa para esses fins ser entendido não como o espaço de manifestação da rotina impregnada dos signos da cultura de massa, mas como espaço de "mudanças, rupturas, dissolução de culturas e possibilidades de novos modos de ser".[34] A tarefa de interpretar as fontes e desconstruir os discursos de poder oficiais realiza-se na politização do cotidiano e no estabelecimento de correspondências entre o global e o pormenorizado por meio da narrativa histórica, reinserindo sujeitos que foram alijados de sua própria história. Nas palavras da autora:

> Ao documentar a inserção dos sujeitos históricos no conjunto das relações de poder, essa vertente de pesquisa contribui para historicizar estereótipos e desmistificá-los, pois através

---

33 Diz Maria Odila Leite da Silva Dias em seu artigo sobre a hermenêutica do cotidiano: "O interesse pelo particular, entretanto, não restringe a amplitude do tema, pois focalizar as experiências de vida de homens e mulheres, ainda que de ângulos particularizados, significa um espraiar de olhares sobre paisagens a perder de vista". Dias, Maria Odila Leite da Silva. "Hermenêutica do quotidiano na historiografia contemporânea". *Pro História*, São Paulo (17), nov. 1998, p. 237.

34 Dias, M. O. L. S. "Hermenêutica do quotidiano na historiografia...", p. 226.

do esmiuçar das mediações sociais, pode trabalhar a inserção de sujeitos históricos concretos, homens ou mulheres, no contexto mais amplo da sociedade em que viveram.[35]

Temos assim, diante deste pequeno preâmbulo teórico, questões prementes a serem abordadas: de que forma a liberdade foi vivida por estes sujeitos trabalhadores que apontamos? Quais eram as formas de liberdade experimentadas e construídas no cotidiano do XIX por homens e mulheres marcados pela experiência da escravidão?

Um dos intuitos dessa pesquisa é justamente aprofundar-se na discussão acerca dos sentidos possíveis de liberdade a partir da experiência de homens e mulheres libertandos, que experimentaram uma condição intermediária – embora nem sempre transitória – de liberdade ao locar seus serviços sob condições variadas como forma de custear sua alforria. Além disso, é também meta deste estudo mapear os arranjos de trabalho por eles negociados, que celebraram sua entrada formal no mundo do trabalho livre. Para tanto, partimos da compreensão de que maneiras variadas de viver entre a condição imposta da escravidão e os desejos de liberdade desenharam trajetórias de vida singulares. Dessa forma, noções variadas e negociadas de liberdade estiveram em jogo nos arranjos sociais alinhavados no cotidiano de homens e mulheres trabalhadores nas camadas populares do oitocentos, tecendo o que Enidelce Bertin chama de "liberdades possíveis".[36]

---

35   Dias, M. O. L. S. "Hermenêutica do quotidiano na historiografia...", p. 232.
36   Bertin, Enidelce. *Alforrias na São Paulo do século XIX: liberdade e dominação*. Dissertação (mestrado) – FFLCH-USP, São Paulo, 2004.

Liberdades possíveis: mobilidade, solidariedade, racialização e trabalho

Documentar e reconstruir trajetórias de vida marcadas pela precariedade e informalidade, frente as quais estatutos rígidos de liberdade ou escravidão entram em choque com a prática social, requer compreender um campo de imbricações e coincidências forjado na experiência vivida por sujeitos das camadas "subalternas" ou populares. Estes sujeitos existiam, ao mesmo tempo, como uma categoria ampla, partilhando sociabilidades, e como um grupo matizado cujos partícipes poderiam, de forma e em circunstâncias variadas, ser socialmente classificados como livres pobres, libertos, libertandos ou escravos. Os limites da escravidão e os significados múltiplos da liberdade produzidos no cotidiano desses sujeitos e na negociação com os poderes paternalistas senhorias ganhou contornos diferentes com o avançar do XIX, delineando um contexto em que o poder senhorial perdia força na gerência dos assuntos da escravidão, enquanto o Estado encampava políticas de controle social amparadas em projetos de tutela e racialização.

O tema das disputas em torno da liberdade não é de interesse exclusivo da historiografia brasileira ou daquela produzida sobre o Brasil. Entre autores que produziram estudos fundamentais acerca das disputas pela liberdade no XIX, citamos os estudos de Eric Foner e Rebeca Scott.[37] A discussão acerca dos limites difusos entre escravidão e liberdade, como argumentamos a respeito da historiografia nacional, tem, também para esses autores, raízes fincadas na questão do

---

37 Foner, Eric. *Nada além da liberdade: a emancipação e seu legado*. Rio de Janeiro: Paz e Terra, 1988; Scott, Rebecca J. *Emancipação escrava em Cuba: a transição para o trabalho livre, 1860-1899*. Rio de Janeiro: Paz e Terra, 1987.

trabalho, que persiste sendo um eixo fundamental para compreender as relações sociais estabelecidas em sociedades escravistas.

Tratando da emancipação escrava em Cuba, Rebecca Scott aborda a acomodação do trabalho escravo a formas precárias de trabalho livre ao longo do XIX. Assim, demonstra que de maneira muito similar ao que ocorreu no Brasil, as propostas de criação de espaços para a mão de obra livre não incluíam um projeto deliberado de abandono da mão de obra escrava. Segundo a autora, mesmo diante de uma crise moral que se abateu sobre a instituição da escravidão (crise essa que tem dimensões atlânticas, impactando os debates acerca da "questão servil" no Caribe e nos EUA, como nos mostra Eric Foner, e também no Brasil) e do agravamento de conflitos internos entre senhores, escravos e libertos, observa-se nas décadas finais do XIX o aumento do emprego do braço escravo nas áreas de grande lavoura cubanas associada à mão de obra livre variada, arregimentada sob condições muito similares às restrições da escravidão.

Foner, de maneira similar, aponta para as diversas disputas em torno da liberdade vividas nas áreas de grande lavoura no Caribe inglês, em que os anseios dos libertos por vidas autônomas e camponesas no pós-emancipação colidiram diretamente com os interesses de grandes plantadores pela manutenção de uma mão de obra dependente e disciplinada. Ambos concordam que nas áreas de *plantation* no Caribe britânico e em Cuba desenvolveram-se formas de trabalho precário com vistas a uma entrada no mundo do trabalho livre em consonância com as demandas de sistemas produtivos comprometidos com a lógica da escravidão.

No tocante à historiografia produzida a respeito do Brasil, diversos autores procuraram abordar o caráter variável e cotidiano da liberdade entre os sujeitos libertos marcados pelo estigma da escravidão no XIX. Embora trabalhos que tratem especificamente de libertos não sobejem na literatura – muito em parte por conta da dificuldade de localizar esses sujeitos nas fontes, exceção feita aos registros policiais – não são poucos os estudos que se debruçam sobre esse limiar móvel e inconstante desenhado entre os mundos da escravidão e da liberdade.

Hebe Maria Mattos de Castro, estudando o sudeste cafeeiro do XIX, demonstra o paradoxo essencial de acepções de liberdade que são produzidas no interior da escravidão e, ao mesmo tempo, em oposição a ela.[38] De acordo com Hebe Mattos, o reconhecimento de homens e mulheres como livres ancorou-se em alguns patamares fundamentais até a extinção da escravidão. A compreensão social do que significava ser livre esteve profundamente ancorada no reconhecimento da brancura, da propriedade de escravos e daquilo que a autora chama de "potência do não trabalho". Esses padrões de reconhecimento de liberdade identificados pela autora espelhariam a compreensão das camadas dominantes a respeito das prerrogativas dos sujeitos livres, precisando ser incorporados por homens e mulheres que buscassem ser vistos como tal.[39]

---

38   Castro, Hebe Maria Mattos de. *Das cores do silêncio: significados da liberdade no sudeste escravista, séc. XIX*. Rio de Janeiro: Editora do Arquivo Nacional, 1995.

39   Embora a chamada crise da escravidão urbana tenha de fato esvaziado os contingentes escravos urbanos, encaminhados às áreas de *plantation*, e contribuído determinantemente para o declínio do uso da escravidão urbana, Castro demonstra que a propriedade de cativos manteve-se um elemento importante nas delimitações simbólicas de liberdade, mesmo entre libertos. De forma semelhante, Maria Inês Côrtes de Oliveira diz: "A integração do ex-escravo na sociedade livre comportava a escravização de outra pessoa, por mais paradoxal que possa parecer tal fato. A vida de cativeiro ensinara ao liberto que ser livre era ser senhor e ser senhor era possuir escravos que trabalhassem para si". Oliveira, Maria Inês Côrtes de. *O Liberto: o seu mundo e os outros. Salvador 1790-1890*. São Paulo: Corrupio, 1998.

Para além dessa classificação, outras experiências foram vividas pela população egressa da escravidão como esferas fundamentais da vida em liberdade. O recurso à mobilidade espacial, ampliado significativamente ao longo do XIX conforme cresciam os números da população liberta, e as possibilidades de deslocamento pelo território foram, de acordo com a autora, aspectos essenciais do exercício da liberdade. Apesar disso, a tentativa de fixação desses sujeitos em trânsito foi para eles uma preocupação constante. Somente diante do enraizamento em realidades locais e da consolidação do que chamamos de redes de solidariedade e de reconhecimento social, estreitamente vinculadas à formação de família, vizinhança e ao advento de uma ocupação estável, seria possível assegurar e legitimar uma liberdade construída cotidianamente.

As tensões entre mobilidade e tentativas de fixação descortinam uma dimensão vital das relações sociais construídas no período: o jogo de ambiguidades e contradições definidor da escravidão. Nessas circunstâncias, é importante ressaltar, o estatuto jurídico dos sujeitos parecia importar menos do que a afirmação de sua condição social no cotidiano. Nas palavras de Castro:

> Numa sociedade marcada pelas relações pessoais, estabelecer laços era essencial para a obtenção de um lugar, por mais obscuro que fosse, no mundo dos livres. Os reiterados processos de desenraizamento faziam, entretanto, parte estrutural desse mundo e seus indivíduos possuíam recursos culturais suficientes (...) para conviverem com esta realidade e se reinserirem na ordem social sem que se tornassem socialmente anômicos ou desclassificados. E

os cativos que buscavam aproximar-se da liberdade sabiam disto.[40]

A mobilidade de sujeitos egressos da escravidão era, como aponta Hebe Castro, um aspecto contingente das vidas desses homens e mulheres, sendo-lhes necessário estabelecer vínculos locais que legitimassem sua inserção no mundo da liberdade. No entanto, a mesma autora indica que o crescimento do comércio interno de escravos e a concentração da população escrava em grandes plantéis agrícolas na segunda metade do XIX, como decorrência da proibição do tráfico, proporcionou o deslocamento forçado de cativos por diversas áreas escravistas e acarretou abalos à própria estrutura do reconhecimento da liberdade.

Castro argumenta que a extinção do tráfico negreiro e a articulação de um mercado interno de escravos representaram uma alteração profunda nas experiências do cativeiro e da gestão senhorial de cativos. A decorrente mobilidade (mesmo que forçada) de escravos por diversas regiões teve como consequência a aprendizagem, por parte dos escravos, de várias formas de ser cativo nas diversas paragens a que chegavam. Além disso, as relações familiares de cativos de grandes plantéis formados antes da extinção do tráfico ampliaram-se, reforçando-se um processo de crioulização e criação de uma cultura africana nesses ambientes.[41] Essas circunstâncias formam o eixo básico de sociabilidade que ensejará as expectativas

---

40 Castro, H. M. M. *Das cores do silêncio...*, p. 58.

41 Historiadores debatem há algum tempo se as sociabilidades específicas geradas nessas circunstâncias deveriam ser compreendidas como "cultura escrava" ou "cultura negra". Não sendo esse um dos fulcros de nosso trabalho, utilizamos como referência para as questões relativas à família escrava e à formação de laços identitários o trabalho de Robert Slenes. Slenes, Robert W. *Na senzala, uma flor: esperanças e recordações da família escrava – Brasil, sudeste, século XIX*. Rio de Janeiro: Nova Fronteira, 1999.

de liberdade da população escravizada, expressa nos muitos crimes e processos cíveis envolvendo escravos.

Entre pequenos proprietários observa-se uma reordenação das políticas de venda, hipoteca ou partilha da propriedade de escravos a partir de 1850, o que implicou maiores possibilidades de transferência para áreas de grande lavoura para os cativos de pequenos e médios plantéis. Entretanto, tendo desfrutado de experiências de trabalho diferentes daquelas do eito, em que maior autonomia e proximidade dos senhores proporcionavam um trânsito mais desenvolto pelo mundo da liberdade, estes escravos trazidos ao sudeste pelo comércio interno, precisando se enquadrar em novas formas de disciplina e controle do trabalho, tentavam por diversas formas influir nas condições de fruição de liberdade e nas "condições de cativeiro que iriam vivenciar".[42]

Aproximando-se mais diretamente da escravidão urbana, o artigo de Maria Helena P. T. Machado a respeito da escrava Ovídia, que se fez passar por sua irmã liberta Benedita Maria da Ilha, oferece um exemplo muito claro de como experiências de liberdade poderiam ser tensionadas pelos conflitos entre mobilidade e fixação.[43] Numa intrincada história transcorrida no início da década de 1880, na região do Vale do Paraíba, a escrava Ovídia assumiu a identidade de sua irmã Benedicta, esta sim liberta. Ovídia, sob a pele de Benedicta, passou então a viver como liberta, desfrutando do reconhecimento de vizinhos e de seu patrão que validava seu

---

42 O caso do escravo Roque, que enfrenta seu feitor e o denuncia às autoridades por não aceitar acatar ordens que não partissem diretamente de seu senhor, é exemplar dessa disputa dos cativos pelas condições de liberdade e escravidão que viviam. Castro, H. M M. *Das cores do silêncio...*, p. 129-131.

43 Machado, Maria Helena P. T. "Corpo, Gênero e Identidade no Limiar da Abolição: a história de Benedicta Maria Albina da Ilha ou Ovídia, escrava (sudeste, 1880)". *Revista Afro-Ásia*, nº 42, 2011. No prelo.

status de liberdade. Porém, sempre que se deslocava, saindo do ambiente restrito onde era socialmente reconhecida como liberta, partindo em viagens e fazendo uso da prerrogativa de mobilidade dos sujeitos livres, Ovídia via seu estatuto de liberdade ser ameaçado, sendo interpelada pela polícia até terminar por ser reconhecida como escrava fugida.

Longe do diminuto círculo em que poderia ser reconhecida como pessoa livre, e assim distante de sua rede de reconhecimento social, Ovídia foi presa e se tornou protagonista de um longo processo judicial em que acusações de falseamento de liberdade e redução de pessoa livre à escravidão foram trocadas entre ela e aquele que alega ser seu senhor. Sua história nos mostra que, ao mesmo tempo em que a possibilidade de se deslocar sem admoestações era uma prerrogativa somente conquistada com a liberdade, mesmo os sujeitos livres, como Ovídia dizia ser, estavam constantemente ameaçados por formas variadas de controle social.

A história de Benedita/Ovídia recontada por Maria Helena Machado ilustra dois aspectos fundamentais que parecem consonantes nas experiências vividas de liberdade que vêm sendo discutidas por historiadores: os laços de sociabilidades que agregam livres pobres, libertos, libertandos e escravos; e a confluência de diferenciações de gênero e raça imputadas aos sujeitos dessas experiências de liberdade, que competiram para o adensamento e conversão do que chamamos de "redes de reconhecimento social" em "identidades sociais".[44]

---

44 Maria Odila L. S. Dias aponta para a importância de uma "vertente de vanguarda" de historiadores, "polêmica e engajada, que estuda o cotidiano problematizando conceitos herdados do pensamento tradicional e mostrando o impasse em que se encontram. Nesse sentido vem trabalhando tensões e conflitos que clamam por uma hermenêutica radical: a politização do privado, das relações de gênero, de uma pluralidade de sujeitos e de diferentes processos históricos de

O trânsito entre escravidão e liberdade, fluindo em direções diversas, estava em muitas medidas consubstanciado na formação de laços de identificação e reconhecimento entre libertandos, escravos, libertos, e livres pobres na formação de um universo comum de solidariedades alinhavado pelo fio grosso do trabalho.

A formação de redes de sociabilidade foi fundamental no processo de fixação dos trabalhadores rurais, uma vez que a produção de sociabilidades locais (proporcionando a forja de redes de reconhecimento social) alicerçava a vida de livres, libertos e escravizados.[45] Para os livres e libertos, essas relações encerravam condições de sobrevivência em liberdade; para os cativos, significavam a aproximação com experiências de liberdade. Aproximar-se do mundo da liberdade, tanto quanto nele permanecer e resistir à sua precarização, implicava inserir-se em sociabilidades locais, produzidas no cotidiano, reorganizando relações comunitárias fragmentadas pela transitoriedade das condições de liberdade. Tratava-se de romper com o desenraizamento característico do "homem móvel", como chamou Castro aos sujeitos libertos nesse contexto.[46] O estabelecimento de relações familiares e pessoais sólidas proporcionava um rompimento com a mobilidade forçada que colocava o estatuto da liberdade sob suspeita.

A autora é precisa ao definir os parâmetros dentro dos quais escravos e libertos das áreas rurais construíam suas expectativas de liberdade ao longo do XIX:

---

construção de subjetividades". Dias, M. O. L. S. Hermenêutica do Cotidiano..., p. 231.

45 Hebe Castro demonstra a importância das redes de sociabilidades especificamente no processo de fixação de libertos ao longo do sudeste cafeeiro. Para maior aprofundamento, ver a obra citada: Castro, H. M. M. *Das cores do silêncio*...

46 Castro, H. M. M. *Das cores do silêncio*..., p. 137.

> Por mais que a potência da propriedade continuasse a afastar os homens livres do mundo dos escravos, a crescente convivência entre livres pobres, forros e cativos, próprios ou de outrem, aliada às crescentes pressões sobre as possibilidades de ascensão social dos homens livres, na segunda metade do século XIX, acabou por determinar uma intensa interação cultural dos dois grupos, sobreposta, de fato, à identidade senhorial que até então se procurara emprestar à liberdade.[47]

Assim, a produção de sociabilidades ocupava papel central na legitimação das liberdades vividas por estes trabalhadores, bem como criava condições para que modos de vida próprios se delineassem para além do controle senhorial. A formação familiar, que nos contextos rurais ocupa um papel central no processo de enraizamento e fixação do homem móvel, foi importante também nas cidades, onde viúvas, mães solteiras, forros e escravos empregados ao ganho ou jornal compunham com maior frequência os cenários sociais.[48]

Maria Odila Leite da Silva Dias abriu espaços para essas reflexões em seu estudo sobre mulheres pobres trabalhadoras – brancas, negras e mulatas, livres, libertas e escravas – e seu universo de trabalho na cidade de São Paulo. Tratando deste universo marcado pela informalidade e improviso, situado numa cidade em processo

---

47   Castro, H. M. M. *Das cores do silêncio...*, p. 114.

48   Cumpre reforçar aqui a importância fundamental dos desdobramentos de gênero na análise da escravidão urbana. A esse respeito, os trabalhos de Maria Odila L. S. Dias são fundamentais: Dias, Maria Odila da Silva. "Nas Fímbrias da Escravidão Urbana: negras de tabuleiro e de ganho". *Estudos Econômicos,* São Paulo, nº 15 (nº especial), p. 89-109, 1992; Dias, Maria Odila Leite da Silva. *Quotidiano e poder em São Paulo no século XIX*. 2ª ed. São Paulo: Brasiliense, 2001.

de urbanização intermitente, com ritmos instáveis de desenvolvimento econômico, a autora lança luzes sobre as relações tecidas por essas mulheres entre si e com os poderes e os mecanismos de controle senhoriais.[49]

De forma similar, e alinhavando também a história da escravidão urbana ao tema do trabalho, a historiadora Sandra Lauderdale Graham debruçou-se sobre as vidas de criadas domésticas, mulheres pobres, libertas, livres e escravas, seus universos próprios de trabalho e sua relação com seus patrões na cidade do Rio de Janeiro do final do século XIX, oferecendo detalhes sobre a intimidade das relações domésticas e a contraposição essencial entre o que chama de mundo da casa e mundo da rua.[50]

Embora navegando por contextos diversos, os trabalhos de ambas as autoras evidenciam um cenário comum às realidades urbanas – um rico universo habitado pelas camadas populares nas cidades, em que o improviso e o trabalho árduo mediavam as relações sociais vividas à margem do controle paternalista senhorial. As autoras falam, assim, de um mundo compartilhado por trabalhadores forros e escravizados e também pelos livres pobres, em que a

---

49 Dias, M. O. L. S. *Quotidiano e poder...*
50 Graham, Sandra Lauderdale. *Proteção e obediência: criadas e seus patrões no Rio de Janeiro (1880-1910)*. São Paulo: Companhia Das Letras, 1992. A acentuada importância do gênero na compreensão desse contexto pode ser exemplificada pelas tensões no seio das famílias de libertos abordadas por Wissenbach. De acordo com a autora, o desempenho de papéis da instituição familiar era entremeado por atritos entre homens e mulheres libertos, divididos entre a validação do estatuto de liberdade conquistado – que pressupunha a reprodução de um lugar social feminino de dependência e tutela – e a própria experiência vivida das mulheres forras e cativas no mundo do trabalho urbano, que estabelecera um campo ampliado de agência e autonomia. Wissenbach, Maria Cristina Cortez. *Sonhos africanos, vivências ladinas: escravos e forros em São Paulo (1850-1880)*. São Paulo: Hucitec, 1998, especialmente capítulo 4.

forja cotidiana de novos vínculos em substituição às sociabilidades fracionadas por deslocamentos, separações e pela precarização dos modos de vida compõe um universo variado de liberdades possíveis. Neste contexto, a delimitação formal de estatutos jurídicos acerca da liberdade tem um peso muito menor do que a materialidade das realidades vividas.

Maria Helena Machado, num outro artigo intitulado "Sendo cativo nas ruas", se entranha nas ruelas e praças da cidade demonstrando a natureza limítrofe dos mundos da liberdade e da escravidão na cidade de São Paulo, onde pequenas proprietárias de escravos trabalhavam lado a lado com cativos (recorrentemente no comércio de gênero de primeira necessidade) numa luta cotidiana pela sobrevivência de ambos.[51] Esse era um contexto privilegiado para a afirmação de formas diferenciadas de escravidão, como a escravidão ao ganho ou aluguel, ou ainda o trabalho a jornal, em que o controle senhorial estava relaxado pela própria natureza do trabalho prestado, e em que os cativos gozavam de uma autonomia ampliada pela livre circulação na cidade.[52]

---

51 Dias, M. O. L. S. *Quotidiano e poder...*; Machado, M. H. P. T. "Sendo cativo nas ruas: a escravidão urbana na cidade de São Paulo". In: PORTA, Paula (org.). *História da Cidade de São Paulo*. São Paulo: Paz e Terra, 2004, p. 59-99.

52 Hebe Castro comenta também a realidade de cativos que viviam gozando de relativa autonomia nas áreas rurais, prestando pagamento de jornais a seus senhores, indicando que essa poderia ser, para a camada proprietária, uma alternativa rentável à insubordinação de escravos contrariados em suas expectativas de autonomia. "Para eles, usufruir das rendas que estes escravos produziam, enquanto economizavam para comprar suas alforrias, permitindo-lhes, guardadas estas condições, que vivessem como se efetivamente pertencessem ao mundo dos livres, talvez fosse a forma mais racional e produtiva de explorar as prerrogativas da propriedade escrava, diante de cativos que, de outra forma, se mostrariam constantemente insubordinados". Castro, H. M. M. *Das cores do silêncio...*, p. 112.

Estes cativos, forros e libertandos, circulando pelas ruas da cidade, cumpriram papéis fundamentais no provimento de serviços nos espaços urbanos, ao mesmo tempo em que eram vistos como sujeitos de um mundo degradado e espúrio, vivido longe da ingerência senhorial. A situação de "marginalidade" social experimentada por estes cativos e compartilhada por seus pares nos espaços da cidade foi definida por Maria Odila como o conjunto de vidas construídas nas "fímbrias da escravidão".[53] Nessas circunstâncias, viver nos limites das relações escravistas implicava não apenas a precarização de formas de vida, mas também a diluição dos limites entre liberdade e escravidão. Maria Cristina Wissenbach, abordando uma historiografia preocupada com o tema das sociabilidades populares urbanas, assim o resume:

> Uma das características da historiografia social mais recente é a de encontrar os escravos congregados e mesclados a um setor maior das sociedades citadinas, interseccionados a grupos sociais heterogêneos que compunham os despossuídos, os dominados, os que se mostravam alijados do poder social, econômico e político. Seja pela percepção da qualidade social de tais indivíduos, seja pela avaliação do tratamento político a eles destinado, mas sobretudo analisando-os nas dimensões do dia-a-dia e na luta pelo sobreviver, a tendência foi de aglutinação.[54]

A coerência das sociabilidades populares forjadas nas "fímbrias da escravidão" não se desfez com a abolição em 1888. Tratando dos

---

53 Dias, M. O. S. "Nas Fímbrias da Escravidão Urbana...".
54 Wissenbach, M. C. C. *Sonhos africanos, vivências ladinas...*, p. 19.

trabalhadores forros em São Paulo no pós-abolição, e procurando estabelecer a bases da precariedade de sua situação social, a autora Maria Inez Machado Borges Pinto afirma a continuidade dos vínculos de identificação entre os sujeitos das camadas populares, agora num contexto em que o controle social é levado a cabo pelo estado:

> A vila de São Paulo (...) assistira ao surto de uma população bastante instável de forros, ao movimento de seu pequeno comércio clandestino de mulheres vendedoras e ex-escravos ocupados no transporte de mercadorias. Esse pequeno mundo de moradores pobres sofrera as tensões da época final da desagregação da escravidão. Cada vez mais empobrecidos, sempre perseguidos pelas autoridades municipais, conviviam com quilombos no Anhangabaú, no Bexiga, em Pinheiros; lutaram por formas de sobrevivência apropriadas à mentalidade de recém-egressos da disciplina do trabalho feitorizado e suportaram o assédio da polícia repressora.[55]

Embora se referindo aos trabalhadores libertos oriundos da grande lavoura e então chegados à cidade, a autora aponta para o mesmo universo de precariedade vivenciado pelas camadas subalternas que reportamos anteriormente, indicando o lugar de "marginalização" social que continuaria a ser ocupado pelos mesmos personagens após a abolição. Aponta também para a ampliação da participação do estado nos mecanismos de controle social que atingem diretamente esse conjunto de populares e suas sociabilidades, num cenário de desagregação da escravidão e dos poderes

---

55 Pinto, Maria Inez Machado Borges. *Cotidiano e sobrevivência: a vida do trabalhador pobre na cidade de São Paulo (1890-1914)*. São Paulo: Edusp, 1994, p. 39.

senhoriais, bem como de fortalecimento de um projeto politicamente orientado de nação. Estes mecanismos de controle social, antes operados nos domínios privados do poder paternalista, são encampados e reelaborados como tarefa do estado, preservando-se, entretanto, seus alvos preferenciais – os egressos da escravidão. Machado refere-se diretamente ao empreendimento estatal de desenvolvimento de mecanismos de identificação social e controle do ir e vir das camadas populares que apontamos ao tratar da história de Ovídia/Benedicta.[56]

Conquanto estudos tenham conseguido desenhar até o momento os cenários transitados por libertos e libertandos, especialmente nos ambientes urbanos, pouco se sabe sobre a especificidade de suas vivências e as singularidades de suas condições de fruição da liberdade, especialmente no que diz respeito àquela que era a medida de sua inserção no mundo da liberdade – o trabalho.

Estão claramente estabelecidos, como viemos afirmando, os vínculos desses sujeitos com um contexto maior integrado por outros personagens das camadas populares, bem como a medida da importância do trabalho como elemento por meio do qual livres pobres, escravos, libertandos e libertos construíram modos de vida e sociabilidades próprios e ainda inseridos nas dinâmicas estruturais da sociedade escravista. Entretanto, persiste ainda a necessidade de delimitar as características dos arranjos de trabalho firmados por libertos e especialmente libertandos que permitam observar com maior profundidade os passos de sua inserção no mundo do trabalho livre e os diálogos frequentemente travados com formas de trabalho muito próximas à escravidão, de forma a definir com maior clareza a condição intermediária desses sujeitos.

---

56 Machado, M. H. P. T. "Corpo, Gênero e Identidade...".

Maria Odila aponta o emprego da mão de obra de livres pobres e libertos no comércio interno miúdo e intermitente que se dinamiza ao longo do século em consonância com os processos de urbanização que se acentuam ao final do XIX:

> A proliferação de botequins, de lojas de molhados e de carne seca, logo depois concentrados nas mãos de grandes monopolistas, é um aspecto da sobrevivência dos roceiros, parceiros e agregados, que diz respeito ao estudo do processo incipiente de urbanização, seja junto às localidades e vila próximas às fazendas de café ou próximo aos centros urbanos como São Paulo e a Corte. Cuidar de tavernas e pequenos armazéns era atividade preferida pela população forra e mulata, que compunha a extrema diversidade dos setores livres (caipiras, libertos, imigrantes) (...).[57]

Maria Cristina Wissenbach destaca, na cidade de São Paulo, um universo de ocupações arranjadas entre o trabalho livre e o trabalho compulsório em que se empregavam uma gama diversa de trabalhadores. Além das ocupações domésticas, do desempenho de ofícios especializados, do emprego variado no trabalho braçal sem especialização e do abastecimento de gêneros de primeira necessidade, populares empregavam-se também no trabalho agrícola nas adjacências rurais do núcleo urbano.[58] Da mesma forma, nas áre-

---

57 Dias, Maria Odila Leite da Silva. "Sociabilidades sem história: Votantes pobres no império, 1824-1881". In: Freitas, Marcos Cezar de Freitas (org.). *Historiografia brasileira em perspectiva*. São Paulo: Contexto, 1992, p. 67.

58 Dias aborda detida e ricamente a importância das mulheres e da pequena propriedade escrava nessa modalidade de trabalho urbano nos trabalhos supracitados:

as de *plantation*, grande parte da mão de obra escrava destinava-se ao desempenho de tarefas fora do eito, entre roças de subsistência, ocupações domésticas, e transporte de mercadorias. A respeito das relações de trabalho na capital da província, diz a autora:

> Expressavam-se na coexistência de formas de trabalho compulsório com formas de trabalho remunerado e, entre elas, deixava-se espaço para outras que combinavam elementos de ambas. Conviviam assim agregados, diaristas e assalariados, e faziam-se presentes, igualmente, formas mistas: africanos livres agenciados pelas instituições públicas, colonos imigrantes presos a contratos, escravos que se empregavam como autônomos. (...) Multiplicavam-se, acompanhando os avanços abolicionistas da segunda metade do século, tipos sociais intermediários, nos quais os limites entre a liberdade e a escravidão mostravam-se móveis e pouco definidos.[59]

A importância do trabalho de escravos de ganho ou aluguel no preenchimento de toda a sorte de ocupações urbanas relativas ao abastecimento de gêneros de primeira necessidade e na prestação de serviços especializados nas cidades vem sendo apontada e discutida por diversos historiadores há algum tempo. Para além

---

Dias, M. O. S. Nas fímbrias da escravidão urbana...; Dias, M. O. L. S. *Quotidiano e poder...*

59 Wissenbach, M. C. C. *Sonhos africanos, vivências ladinas...*, p. 75. É fundamental compreender que, como aponta a autora, a multiplicação das ocupações urbanas assumidas por cativos e libertos implicou o tensionamento da disciplina social do trabalho, que desembocará no correr do século em políticas de controle social dos trabalhadores cada vez mais institucionalizadas.

dessa face determinante da mão de obra popular nas cidades, Mary Karasch e Maria Inês Côrtes de Oliveira identificam padrões de trabalho semelhantes entre os libertos na Corte e na região de Salvador até a primeira metade do XIX, apontando uma gama variada de ocupações masculinas – entre o trabalho nas lavouras e roças de subsistência, ocupações no comércio ambulante e em serviços especializados – e uma destacada presença de mulheres libertas no pequeno comércio.[60] Além disso, as autoras indicam que uma significativa parcela da população liberta vivia de rendas obtidas com seus próprios escravos, empregados a aluguel, ganho ou jornal.

Tratando de áreas de *plantation* no sudeste, Hebe Mattos torna ainda mais complexo o cenário do trabalho das camadas populares ao apresentar um quadro em que livres pobres e libertos ocupavam, ombro a ombro com escravos, postos de trabalho mais ou menos provisórios nos campos e nas vilas. A autora reconstrói um contexto em que prevaleceram dois tipos fundamentais de trabalhadores rurais: os trabalhadores assalariados eventuais, que se empregavam como camaradas e jornaleiros e cujo trabalho e fruição de liberdade eram marcados pela precariedade e mobilidade; e os lavradores de roças, que desfrutavam de maior enraizamento e estabilidade. Assomava-se a isso um pequeno leque de ocupações especializadas nas fazendas e vilas, majoritariamente desempenhadas por livres migrantes e forros. Estes trabalhadores, embora não podendo ser facilmente substituídos, viviam também no limiar da precariedade uma vez que não podiam desfrutar da estabilidade do trabalhador roceiro.

Todos esses espaços sociais delimitados pelo trabalho eram ocupados de forma pouco rígida alternativamente por escravos,

---

60   Karasch, Mary. *Slave Life in Rio de Janeiro (1808-1850)*. Princeton: Princeton University Press, 1985; Oliveira, Maria Inês Côrtes de. *O Liberto: o seu mundo e os outros. Salvador 1790-1890*. São Paulo: Corrupio, 1998.

libertos e livres pobres, cada vez mais próximos e indiferenciados em suas condições de vida.⁶¹ Esse quadro, entretanto, ao mesmo tempo em que proporcionava uma aproximação dos mundos de escravidão e liberdade, mediada pelo trabalho e legitimada pelas sociabilidades e reconhecimentos mútuos, forçava a reformulação de disciplinas de trabalho que acomodassem demandas de trabalhadores e a necessidade de controle da camada proprietária.⁶²

Ser reconhecido como pessoa livre, como argumentamos, era um desafio que ultrapassava a formalização do estatuto civil de sujeitos libertos. Esse pilar fundamental da identificação do sujeito escravo foi assomado, com o correr do século, a instrumentos de controle social geridos pelo Estado e intimamente associados à racialização e ao desenvolvimento de políticas higienistas e de controle do trabalho no ambiente urbano.⁶³ O advento desses novos mecanismos de discriminação dos sujeitos egressos da escravidão,

---

61 É emblemático dessa crescente confusão de espaços e prerrogativas o caso de Francolino, escravo e alfaiate, que vivia sob seu próprio sustento, com dois aprendizes, numa casa distante de seu senhor, pagando-lhe jornais e economizando para o pagamento de sua alforria já acordada. Francolino, dono de autonomia incomum para muitos trabalhadores livres pobres à época, procurava reforçar o desenho de sua liberdade afastando-se do contato com demais escravos (Castro, H. M. M. *Das cores do silêncio...*, p. 55-57).

62 As observações de Stanley Stein, abordadas por Wissencbach, dando conta de uma relativização das condições de empregabilidade e trabalho entre escravos urbanos e rurais, e apontando a variação nos graus de controle senhorial sobre o trabalho escravo nas áreas rurais, nos são particularmente interessantes, uma vez que estendemos nossa área de pesquisa para dois contextos distintos, Campinas e São Paulo, em que em proporções diversas, áreas rurais e urbanas coexistem (Wissenbach, M. C. C. *Sonhos africanos, vivências ladinas...*, p. 87).

63 A respeito da elaboração de fórmulas de controle social fundadas na racialização e no higienismo, ver o artigo citado de Maria Helena Machado: Machado, Maria Helena P. T. "Corpo, Gênero e Identidade...". A respeito de formas de controle do trabalho feminino de criadas domésticas nos anos finais da

porém, não implicou uma ruptura completa com a fórmula contrastiva de reconhecimento de liberdade indicada por Hebe Castro, fundada na brancura, na propriedade escrava e no "não trabalho". A combinação dessas várias lentes de reconhecimento e validação da liberdade se manteve vigorosa até o fim da escravidão, deixando um pesado legado aos trabalhadores do pós-abolição.

Ao discutir a trajetória que Ovídia/Benedita descreve em direção à conquista de sua liberdade, Maria Helena P. T. Machado demonstra como a aproximação da abolição é acompanhada pela construção de identidades sociais ancoradas na raça e no gênero. Desse modo, embora Ovídia fosse reconhecida como livre em círculos locais, a legitimidade de sua liberdade era, a todo o momento, questionada pelo Estado e pela camada proprietária. Tratava-se de uma mulher negra, pobre, que se deslocava de maneira desimpedida e temerária por espaços distintos.

O acréscimo de diferenciações de gênero e raça à limitação das identidades sociais de escravos, libertos, e libertandos parece ter sido fundamental para a promoção de políticas de estado destinadas ao controle social dessa população crescente diante da desagregação da escravidão ao longo do XIX.[64] Hebe Mattos, retomando o contexto

---

escravidão e no pós-abolição, ver o trabalho de Telles, Lorena Féres da Silva. *Libertas entre sobrados...*

64 No mesmo artigo sobre Ovídia/Benedita, Machado aponta a importância de compreender a década da abolição da escravidão como um momento em que espaços são abertos para o reconhecimento de demandas de liberdade por parte da população escravizada, ao mesmo tempo em que emergem o que a autora chama de "instâncias decisórias técnicas e cientificizantes", renovando-se formas de controle social do paternalismo agora encampadas pelo estado. Esta viragem política consolidará no final do XIX e início do XX prática e discursos médicos e científicos, portadores de conteúdos moralizantes e valorativos que serão ressignificados no corpo feminino racializado e nas prerrogativas variadas de intervenção sobre ele.

das lavouras cafeeiras do sudeste, demonstra como, mesmo antes das décadas finais da abolição, a racialização de escravos, libertos e libertandos já era empregada como forma de delimitar grupos socialmente distintos. Acompanhando o emprego de categorizações raciais na identificação de escravos e libertos envolvidos nos processos criminais analisados, a autora acrescenta que, a partir da segunda metade do XIX, o crescimento da população de negros e mestiços livres ou libertos dificultou o uso da classificação de "cor da pele" como marca distintiva da condição de escravização.[65]

Esse decurso, de acordo com a autora, desembocaria no "desaparecimento da cor" como critério de classificação social aplicado de maneira ampla. Ao analisar os processos criminais, Hebe Castro nota que o critério "cor" resistiu, nessas circunstâncias, apenas como medida para a classificação de homens e mulheres libertos (e "recém-libertos" em especial). Desconhecidos nas localidades onde corriam os processos, eles passaram a ser as únicas testemunhas racialmente identificadas nos documentos.

No cenário descrito por Hebe Castro, a ausência da discriminação da cor de pele acaba por indicar a condição de "não-branco" – uma racialização negativa a partir da brancura positivada – que se acentuava como critério classificatório desses sujeitos egressos da escravidão.

De acordo ainda com Castro, a noção de cor, herança do período colonial, indicava mais do que a tonalidade de pele, sendo responsável por delimitar os lugares ocupados pelos sujeitos nos arranjos sociais da época. Assim, além de apontar para um processo de branqueamento, a classificação de cor indicava "a identificação da 'condição cativa', presente ou pretérita, e a marca que essa

---

65 De acordo com o censo de 1872, negros e mestiços livres ou libertos correspondiam a 72% da população, segundo a própria autora. Castro, H. M. M. *Das cores do silêncio...*, p. 104.

impunha à descendência". A produção assim de uma "cor inexistente" condicionava as possibilidades de participação dos sujeitos cidadãos na sociedade imperial, uma vez que a prerrogativa para a inclusão na cidadania imperial era o status jurídico de liberdade.[66]

Para Castro, a indiferenciação entre brancos pobres, negros e mestiços livres corresponderia, nesse contexto, a um processo de silenciamento da inclusão dos sujeitos afro-descendentes e egressos da escravidão no mundo dos livres pobres, como um desdobramento da compreensão de liberdade herdada da colônia e fundada na cor branca e na potência da propriedade escrava. As ideias de liberdade e escravidão continuavam, entretanto, a ser definidas na prática a partir de uma oposição mútua – "a liberdade não era mais necessariamente branca, mas os escravos, bem como grande parte dos forros recentes, continuavam negros".[67]

A autora fala, assim, da constituição de um mundo de liberdades precárias, carente da legitimação das redes de reconhecimento social e aninhado nas sociabilidades populares – um "mundo pardo" em que a racialização negativa estava colada às liberdades possíveis:

> A representação social, que separava homens bons e escravos dos "outros", tendia, assim, a se superpor, pelo menos em termos ideais, a

---

[66] "Deste modo, se as designações de pardo e preto continuam a ser utilizadas como marca do recém-liberto, o desaparecimento dos qualificativos branco e pardo livre é praticamente absoluto. O crescimento demográfico de negros e mestiços livres e também de brancos empobrecidos, no conjunto das áreas analisadas, tendeu a esvaziar os significados da cor branca como designador isolado de status social. Até mesmo os registros paroquiais de livres, em Campos, deixam de mencionar a cor, na segunda metade do século. Cria-se a ausência da cor". Castro, H. M. M. *Das cores do silêncio...*, p. 109.

[67] Castro, H. M. M. *Das cores do silêncio...*, p. 110.

uma hierarquia racial que reservava aos pardos livres, fossem ou não efetivamente mestiços, esta inserção intermediária. Desta forma, o qualificativo "pardo" sintetizava, como nenhum outro, a conjunção entre classificação racial e social no mundo escravista. Para tornarem-se simplesmente pardos, os homens livres descendentes de africanos dependiam de um reconhecimento social da sua condição de livres, construído com base nas relações pessoais e comunitárias que estabeleciam.[68]

Dessa forma, parece-nos que a imprecisão das delimitações raciais determinada pelo trânsito cada vez maior de afro-descendentes entre os mundos da escravidão e da liberdade contribui fundamentalmente para a elaboração do que chamamos de "liberdade racializada". Trata-se de uma ideia de liberdade crescentemente qualificada ao longo do XIX por indicadores de origem e espaços sociais, ancorada justamente na natureza impermanente, embora resiliente, da própria ideia de raça.

Nessas circunstâncias de disputas complexas em torno dos significados da liberdade, a justiça formal tornou-se um expediente cada vez mais recorrente para os escravos no decorrer do século XIX.

De acordo com Sidney Chalhoub e Keila Grinberg, as disputas em torno da liberdade tornaram-se gradualmente mais politizadas com o correr do século. Para estes autores, o Direito e as esferas da Justiça tornaram-se, ao longo do XIX, campos de enfretamento em que as lutas e a agência escravas se viram amplificadas.[69] A diversida-

---

68 Castro, H. M. M. *Das cores do silêncio...*, p. 35.
69 Chalhoub, Sidney. *Visões da liberdade: uma história das últimas décadas da escravidão na corte*. São Paulo: Companhia das Letras, 2003 e Grinberg, Keila.

de dos casos que apresentam em seus estudos, mostrando variadas razões para a queixa por liberdade, aponta para o que poderíamos compreender como uma dilatação do emprego de recursos formais de libertação entre os cativos. Mesmo que essas queixas tivessem de ser apresentadas por curadores, era certamente uma demanda gerada entre a população escravizada que motivava o recurso aos tribunais.[70]

Entretanto, é necessário apontar que o encaminhamento de soluções jurídicas para as disputas em torno da liberdade correspondeu, ao mesmo tempo, a estratégias de acomodação de pressões sociais, assegurando a continuidade do domínio escravista. A consolidação tardia do direito a alforria, garantida pela Lei do Ventre Livre em 1871, num momento em que as pressões pelo fim da escravidão começam a recrudescer, é um exemplo que secunda esse argumento. Sendo assim, é importante repensar as relações entre as experiências práticas de liberdade, vivenciadas e negociadas no cotidiano, e as instâncias formalizadas de sua afirmação.

A tônica dominante das disputas judiciais em torno da liberdade foi estabelecida pela polêmica da prevalência do direito à propriedade em oposição ao direito à liberdade, que definia uma tensão fundamental dos debates acerca da questão servil na segunda metade do XIX. A tensão expressa nas idas e vindas dos processos movidos por libertandos contra seus senhores está inextricavelmente atrelada às possibilidades e significados de liberdade que

---

Liberata: a lei da ambiguidade – as ações da Corte de Apelação no Rio de Janeiro no século XIX. Rio de Janeiro: Relume Dumará, 1994.

70   O procedimento de representação legal contra patrões ou senhores em ações de liberdade obrigava o escravo ou libertando solicitante a ser representado por um curador, vez que não era portador do direito de solicitação jurídica. Keila Grinberg aprofunda-se no tema e também demonstra as etapas enfrentadas por escravos e seus curadores na interposição de ações de liberdade no seu artigo anteriormente citado: Grinberg, K. *Liberata, a lei da ambiguidade...*, p. 9-11; 35-40.

discutimos. Considerando-se as competências do poder judiciário numa uma sociedade profundamente enraizada na escravidão, quais seriam as possibilidades reais de vitória do direito positivo de primazia da liberdade sobre o direito costumeiro definido pelo "espaço das relações privadas de dependência e poder"?[71]

Segundo Grinberg, o caráter essencialmente ambíguo dos direitos em disputa nessas contendas judiciais (bem como das leis que os regulavam) fazia com que fosse possível interpor recursos legais contra o direito de propriedade profundamente arraigado nas estruturas sociais e no costume.[72] Assim, liberdades transigentes e precárias puderam adquirir definições formais que ofereciam aos egressos da escravidão condições de viver de forma mais emancipada e independente do controle senhorial.

É evidente que esse processo, adensado nas décadas finais da escravidão, acompanha o desmonte do sistema escravista e o fortalecimento de instituições e mecanismos de controle social do estado. Conquanto estivessem ampliadas as formas de acesso à liberdade

---

[71] Cunha, Maria Manuela Carneiro da. "Sobre os silêncios da lei: lei costumeira e lei positiva nas alforrias de escravos no Brasil do século XIX". In: *Antropologia do Brasil: mito, história, etnicidade*. São Paulo: Brasiliense/Edusp, 1986, p. 123-144.

[72] Grinberg, K. *Liberata: a lei da ambiguidade...*, p. 48. O estudo clássico de E. P. Thompson acerca da Lei Negra na Inglaterra no século XVIII estabeleceu bases fundamentais para o debate das leis na história social. Thompson demonstra a necessidade de extrapolar a compreensão das leis como parte da superestrutura de dominação de classe para avançar a uma compreensão da prática da lei como um campo de disputas e negociações entre os diversos agentes sociais. Tal proposição não invalida, certamente, a verticalidade dos poderes em disputa – como os camponeses e a nobreza no estudo de Thompson, ou a massa de cativos e o estado como gestor da escravidão no Brasil do XIX – mas obriga ao reconhecimento da importância das camadas subalternas na elaboração de estruturas reguladoras institucionalizadas. Thompson, E. P. *Senhores e Caçadores: a origem da lei negra*. Rio de Janeiro: Paz e Terra, 1987.

formal e juridicamente estabelecida, as práticas de diferenciação social dos egressos da escravidão não se encerraram com a abolição – e a raça, a elaboração de discursos de diferenciação social e a continuada exploração do trabalho de libertos e libertandos desempenhou um papel crescentemente importante nessa lógica.

Um cenário tão multíplice como esse nos obriga à perturbadora e elementar desconstrução de noções de liberdade ancoradas nas prerrogativas da propriedade escrava, da restrição da mobilidade ou da diferenciação jurídica de *status* civil, e nos forçam a repensar as diferenças que esclarecem nesse contexto as delimitações entre sujeitos libertos, escravos e livres pobres. Numa conjuntura em que as experiências vividas de liberdade assumiam um caráter em muitas medidas pessoal e negociado, elementos variados exerciam papel fundamental na qualificação e reconhecimento dos sujeitos libertos e escravos.

Capítulo 2
Contratos de trabalho e seus significados

No dia 04 de agosto de 1879 o tabelião Elias Machado lavrava em seu cartório de notas na cidade de São Paulo um documento dizendo o seguinte:

> Nós, José da Costa Ribeiro, portuguez, e Antonia, parda, natural de Itapeceryca, ambos moradores nesta capital, de accordo e jutos a respeito, contractamos o seguinte: O primeiro, por adiantamento, forneceo por empréstimo para a liberdade da segunda, até então escrava do Doutor Paulo Egydio D'Oliveira Carvalho a quantia de um conto e trescentos mil reis, liberdade que efectivamente foi dada, conforme carta datada de trinta e um de julho do corrente anno, com obrigação da mesma pagar-me em serviços essa quantia, na rasão de vinte e seis mil reis mensaes e por espaço de cinco annos, a contar da data, com a obrigação do primeiro alimental-a e vestil-a, e cural-a, quando doente, fornecendo medico e botica; podendo alugal-a quando dos seos serviços não necessitar, descontando-se no tempo de contracto e interrupção por molestia, fuga ou qualquer outra rasão pela qual a segunda deixar de prestar [serviços]. A segunda contractante declara, tudo em presença das testemunhas abaixo assignadas, que aceita e se sujeita a condições supra,

sujeitando-se as leis do contrato de locação de serviços de nacionaes (...).¹

A escritura, que selava os vínculos de trabalho e de prestação dos serviços de Antonia ao português José como forma de ressarcimento pela dívida contraída com sua manumissão, levava, no livro de notas, o título de contrato de locação de serviços.

A locação de serviços, porém, não surgiu como um expediente para a consecução de alforrias compensatórias. As primeiras determinações legais a respeito da prática de aluguel de serviços no início do século XIX tratavam do trabalho livre e especialmente do trabalho nas lavouras. Contratos deste tipo, entretanto, foram utilizados de forma recorrente ao longo do século XIX para a compra de alforrias condicionais e onerosas por meio do agenciamento de trabalho de homens e mulheres dispostos a deixar para trás a escravidão.

O estudo das alforrias insere-se num quadro de diversificação de fontes e interpretações para a história da escravidão que vem se delineando desde o centenário da abolição.² A historiografia destas últimas décadas tem se empenhado na redefinição da experiência da escravidão como uma tessitura complexa de camadas variadas

---

1   Primeiro Cartório de Notas da Capital, livro 88, folha 70, no dia 04 de agosto de 1879. Os contratos de locação de serviços localizados neste cartório serão daqui em diante referidos da seguinte maneira: 1º CNC, L, F (data). De forma semelhante, contratos localizados no Primeiro Tabelionato de Notas de Campinas serão indicados como segue: 1º TNC, L F (data).

2   Um tratamento mais detalhado do tema das mudanças na historiografia da escravidão pode ser encontrado no seguinte artigo de Maria Helena Machado: Machado, Maria Helena P. T. "História e Historiografia da Escravidão e da Abolição em São Paulo". In: Ferreira, Antonio Celso; Luca, Tania Regina de; Iokoi, Zilda Grícoli (orgs.). *Encontros com a História: percursos históricos e historiográficos de São Paulo*. São Paulo: Editora Unesp, 1999.

da realidade em que dimensões econômicas, políticas, culturais e sociais estão emaranhadas. Nesse sentido, os sujeitos escravos têm cada vez mais emergido dos estudos históricos como agentes fundamentais para a compreensão da experiência total da escravidão, superando-se a perspectiva da passividade ou da rebeldia indômita de escravos em favor de interpretações históricas mais complexas, em que homens e mulheres são personagens ativos que agenciam para si modos de viver sob o cativeiro ao mesmo tempo em que buscam saídas para a liberdade.

Assim, estudos acerca da autonomia escrava têm demonstrado como a sobrevivência da instituição escravista construiu-se em meio a disputas entre o poder senhorial e a agência escrava e dependeu da acomodação de tensões geradas por demandas dos cativos. No artigo intitulado "Em torno da autonomia escrava", Maria Helena Machado aborda uma série de estudos que já na década de 1980 vinham se debruçando sobre as pressões e lutas escravas para a afirmação de modos de viver mais autônomos, redundando, por exemplo, na abertura de brechas camponesas no regime escravista e em arranjos de trabalho de cativos ao ganho ou a jornal nas ruas das cidades.[3]

A produção de alforrias financiadas por escravos e condicionadas à prestação de serviços, ou a entrada destes trabalhadores em disputas judiciais como as ações de liberdade, podem também ser compreendidas como situações em que a determinação de escravos de abandonar a condição cativa e gerir suas próprias vidas impôs à camada senhorial a necessidade de negociar com interesses contrários

---

[3] Machado, Maria Helena P. T. "Em torno da autonomia escrava: uma nova direção para a história social da escravidão". *Revista Brasileira de História*, São Paulo, v. 8, nº 16, mar./ago. 1988, p. 143-160.

aos seus.⁴ No caso das ações de liberdade, a pertinácia da luta de escravos levou às últimas consequências as disputas com senhores proprietários, envolvendo-os em processos judiciais longos e intrincados que por vezes resultavam deferidos a favor dos cativos.

Estudos dedicados a esses temas descortinaram campos de agência escrava que por muito tempo ficaram desconhecidos. A afirmação das lutas e conquistas escravas a caminho da liberdade tornou-se matéria importante de estudos historiográficos que cumpriram papel fundamental na superação dos paradigmas de anomia escrava e do despreparo do trabalhador cativo para ocupar postos de trabalho livre e assalariado, afirmados por décadas em obras tributárias do que se convencionou chamar de Escola Paulista de Sociologia.⁵

---

4   Podemos cita entre trabalhos recentes dedicados à temática das alforrias os seguintes estudos: Bertin, Enidelce. *Alforrias em São Paulo do século XIX: liberdade e dominação*. Dissertação (mestrado) – FFLCH-USP, São Paulo, 2004; Damásio, Adauto. *Alforrias e ações de liberdade em Campinas na primeira metade do século XIX*. Dissertação(mestrado) – IFCH-Unicamp, Campinas, 1995; Grinberg, Keila. "Alforria, direito e direitos no Brasil e nos Estados Unidos". *Estudos Históricos*, Rio de Janeiro, n° 28, 2001; Monti, Carlo Guimarães. *O processo da Alforria: Mariana (1750-1779)*. Dissertação (mestrado) – FFLCH-USP, São Paulo, 2001; Paiva, Eduardo França. *Escravos e Libertos nas Minas Gerais do séc. XVIII: estratégias de resistência através dos testamentos*. São Paulo: Annablume/Faculdades Integradas Newton Paiva, 1995; Silva, Patrícia Garcia Ernando da. *Últimos desejos e promessas de liberdade, os processos de alforrias em São Paulo (1850-1888)*. Dissertação (mestrado) – FFLCH-USP, São Paulo, 2010. Entre os trabalhos sobre ações de liberdade, além do estudo de Damásio citado acima, reiteramos a importância dos trabalhos de Sidney Chalhoub e Keila Grinberg já mencionados: Chalhoub, Sidney. *Visões da liberdade: uma história das últimas décadas da escravidão na corte*. São Paulo: Companhia das Letras, 2003 e Grinberg, Keila. *Liberata: a lei da ambiguidade – as ações da Corte de Apelação no Rio de Janeiro no século XIX*. Rio de Janeiro: Relume Dumará, 1994.

5   Nos referimos aqui a trabalhos de autores como Florestan Fernandes e Otavio Ianni, tais como: Fernandes, Florestan. *A integração do negro na sociedade de*

Embora não se respalde em legislação específica até sua afirmação jurídica em 1871 com a lei do Ventre Livre (como veremos adiante nesse mesmo capítulo), a prática de alforrias, e especialmente de alforrias compensadas, consistiu num importante e recorrente recurso de formalização da liberdade ao longo do XIX, instrumentalizando a vocação indenizatória do processo de emancipação encaminhado no Brasil. A natureza compensatória das práticas de manumissão as insere num programa de erradicação "lenta, gradual e segura" da escravidão. Se por um lado homens e mulheres escravizados puderam alcançar às suas próprias custas a liberdade, por outro o fizeram indenizando seus senhores num processo amplo de transferência de rendas dos mais pobres para os mais ricos que cimentaria o solo da subcidadania experimentada por libertos no pós-emancipação.

O estudo de Enidelce Bertin acerca das cartas de liberdade registradas no Primeiro e no Segundo Cartórios de Notas de São Paulo entre os anos de 1800 e 1888 insere-se nessa perspectiva teórica, evidenciando o jogo complexo estabelecido entre a agência escrava e o poder senhorial na dinâmica das alforrias.[6] Enidelce agrupa as cartas localizadas em dois blocos: o das alforrias gratuitas, que não impunham condições aos escravos, e o das alforrias onerosas, condicionadas, por exemplo, à prestação de serviços ou ao pagamento do valor em que fora avaliado o cativo.

Segundo a autora, cartas de liberdade foram documentos identificados aos interesses da camada proprietária, frequentemente escamoteando o empenho de escravos na negociação e na consecução de suas alforrias. Assim, embora a leitura a contrapelo das

---

classes. 5ª ed. São Paulo: Globo, 2008; Ianni, Octavio. *Raças e Classes Sociais no Brasil*. 3ª ed. São Paulo: Brasiliense, 2004.

6 Bertin, E. *Alforrias em São Paulo do século XIX...*

cartas permita depreender a ação e determinação dos escravos sobre a aquisição de sua liberdade, as fontes revelam uma perspectiva senhorial de concessão da manumissão, operando como representação simbólica do domínio senhorial sobre o escravo mesmo após este tornar-se livre.

Bertin, assim, esclarece que apesar da inegável importância da participação escrava nos processos de aquisição de alforrias, bem como da importância da agência escrava nas lutas por emancipação, as cartas registram discursos paternalistas de atenção aos desejos de liberdade do escravo, definindo "os limites da liberdade demarcados pelo poder senhorial".[7] O incremento da concessão de alforrias gratuitas verificado por Bertin após a publicação da lei do Ventre Livre responderia ao intuito de reforçar simbolicamente a autoridade moral dos proprietários sobre escravos e libertos num período de agravamento da crise da escravidão.[8]

Patrícia Garcia Ernando da Silva aborda em sua dissertação de mestrado alforrias legadas a cativos nos testamentos e inventários de seus senhores na cidade de São Paulo entre 1850 e 1888.[9] A autora demonstra que as promessas de libertação contidas nos testamento de proprietários de escravos eram constantemente condicionadas à prestação de serviços, espelhando a extensão da exploração do trabalho escravo e do domínio senhorial, e promovendo a obediência de cativos a quem se acenava com a possibilidade da manumissão.

Segundo Patrícia, a maior parte das alforrias legadas em testamento era de tipo gratuito e condicional, de modo que a restituição

---

7   Bertin, E. *Alforrias em São Paulo do século XIX...*, p. 135.
8   Bertin, E. *Alforrias em São Paulo do século XIX...*, p. 180.
9   Silva, Patrícia Garcia Ernando da. *Últimos desejos e promessas de liberdade, os processos de alforrias em São Paulo (1850-1888)*. Dissertação (mestrado) – FFLCH-USP, São Paulo, 2010.

do valor investido por senhores na propriedade escrava não seria o objetivo primordial desta prática manumissória. Entretanto, ao serem obrigados a acompanhar seus senhores até sua morte ou a prestar serviços a terceiros após o falecimento dos mesmos, cativos acabavam por indenizar na prática por meio de seu trabalho o valor de suas alforrias a senhores e seus inventariantes.[10]

Essa interpretação encontra consonância no trabalho de Maria Cristina Wissenbach, que argumenta que "sob a fórmula da liberdade condicional" repousava uma estratégia para extensão do domínio senhorial paternalista que oblitera a agência escrava na luta pela liberdade:

> A prática da manumissão nas cidades decorria dos esforços dos trabalhadores cativos, do valor atingido por seu trabalho nos mercados locais ou, ainda, expressando as fórmulas veiculadas pelos senhores para manter, com outras roupagens, o usufruto da propriedade escrava.[11]

A prática de alforrias com vistas à fidelização dos escravos ou à indenização de senhores produziu resultados significativos também no pós-emancipação. Sidney Chalhoub demonstra que o processamento de alforrias condicionais redundou tanto na ampliação das tensões da "relação senhor-escravo" diante da insatisfação de homens e mulheres forros com a extensão do domínio senhorial sobre suas vidas, como na persistente dedicação de libertos que seguiram vivendo em "companhia" de seus senhores, prestando-lhe serviços e obediência. De acordo com o autor, a formação destes

---

10 Interessa para essa discussão particularmente o capítulo 3 da mesma dissertação, intitulado "Os significados da liberdade e o processo de alforria".

11 Wissenbach, Maria Cristina Cortez. *Sonhos africanos, vivências ladinas: escravos e forros em São Paulo (1850-1880)*. São Paulo: Hucitec, 1998, p. 70.

laços de fidelização que atavam ex-escravos a seus senhores era em grande parte tributária da generalizada precarização das condições de vida enfrentada pelas camadas populares em que se alocavam os libertos, obrigando-os a permanecer "apadrinhados" por seus ex--senhores para garantir condições de sobrevivência que a hostilidade do mundo livre muitas vezes lhes negava.[12]

As reflexões de Enidelce Bertin, Patrícia Silva e Sidney Chalhoub apontam no sentido de uma interpretação que favorece o caráter multíplice das alforrias, compreendendo-as como expedientes de liberdade duplamente vocacionados. Por um lado, destacam sua importância para as lutas cotidianas de homens e mulheres escravizados e determinados a conquistar sua liberdade. Por outro, salientam sua orientação conservadora, uma vez que foram expedientes frequentemente utilizados para a extensão do domínio senhorial e a produção de uma ampla camada de sujeitos dependentes.

O significado precípuo destes processos de manumissão tem sido disputado por estudos que contribuem para delinear tendências divergentes no que diz respeito à interpretação das alforrias como produto de benemerência senhorial, atuando como um instrumento de controle da camada proprietária, ou como resultado da atuação política e de estratégias desenvolvidas por cativos para a consecução de sua liberdade.

Em artigo acerca das alforrias no Rio de Janeiro entre 1840 e 1871, Manolo Florentino refere-se a uma "cultura de manumissão"

---

12 Citamos um trecho do trabalho de Chalhoub: "havia em torno da alforria uma forte expectativa de continuidade de relações pessoais anteriores, de renovação do papel do negro como dependente e do senhor como patrono ou protetor. É muito difícil avaliar o quanto os escravos e libertos efetivamente compartilhavam dessa ideologia da alforria (...). Seria fácil enumerar casos de libertos que (...) não concebiam a vida em liberdade como a velha vida de roupa nova" (Chalhoub, S. *Visões do Paraíso*..., p. 149-150).

em que a revogação das alforrias, embora consistindo numa possibilidade legal, concretizava-se apenas com pequena frequência, pairando como ameaça constante à liberdade de forros e operando como uma virtualidade útil à extensão do domínio escravista no pós-emancipação.[13] De acordo com o autor, as manumissões eram instrumentos que eliminavam a propriedade senhorial sem elidir a dominação senhorial, que se estendia à vida em liberdade. Proporcionando pequenos espaços cotidianos de autonomia e a possibilidade de "dispor de si" por alguns momentos, as alforrias forjavam, para Florentino, o espectro de uma emancipação limitada e conservadora.[14]

Florentino argumenta que a única modalidade de manumissões que escapava à lógica reacionária do domínio senhorial era aquela das alforrias pagas pelos próprios escravos, também chamadas de alforrias onerosas. Esta seria a única circunstância em que o caráter concessionário das alforrias poderia ser superado pela conquista de homens e mulheres escravizados, que arregimentavam por conta própria os recursos necessários à compra de suas liberdades. Neste caso, senhores e escravos desempenhariam papéis de vendedores e compradores, respectivamente, inserindo-se numa dinâmica de mercado capaz de amenizar os vínculos sociais de "mando e obediência" que os atavam.[15]

As demais formas de obtenção de manumissões, fossem mediadas pela prestação de serviços ou gratuitas e incondicionais, estariam indelevelmente atreladas à prerrogativa senhorial de alforriar. Somando-se à vontade senhorial, de acordo com o autor, as circunstâncias de retração ou expansão econômica determinavam

---

13 Florentino, Manolo. "De escravos, forros e fujões no Rio de Janeiro Imperial". *Revista USP*, São Paulo, nº 58, jul-ago 2003, p. 104-116.
14 Florentino, M. "De escravos, forros e fujões...", p. 109.
15 Florentino, M. "De escravos, forros e fujões...", p. 114.

a frequência com que as alforrias eram concedidas por senhores. Inclinando-se a uma abordagem sistêmica da escravidão, Florentino associa a política das alforrias a fluxos econômicos ampliados da sociedade escravista, reconhecendo nas manumissões um papel estruturante para a manutenção do escravismo. As alforrias não integrariam, deste modo, um conjunto amplo de formas de resistência escrava, entendidas pelo autor como manifestações etéreas de rebeldia de escravos prioritariamente africanos, violentados pelo tráfico e pelo distanciamento forçado de suas matrizes culturais.[16]

De forma semelhante e amparando-se em um aporte antropológico, Márcio Soares aborda as alforrias como instrumentos senhoriais de submissão que representavam a própria negação da liberdade.[17] A plataforma teórica de sua argumentação é o conceito de "dádiva", elaborado por Marcel Mauss e Maurice Godelier, segundo o qual relações sociais basais seriam engendradas e reproduzidas a partir da concessão de dádivas e da implicação de uma reciprocidade obrigatória aos concessionários.[18] A obrigatoriedade desta reciprocidade, porém, enredaria a continuidade dos direitos do doador sobre o beneficiado. Desta forma, as dádivas operariam para recriar e legitimar relações sociais hierarquizadas.[19]

---

16 Florentino, M. "De escravos, forros e fujões...", p. 110.

17 Soares, Márcio de Sousa. "A dádiva da alforria: uma proposta de interpretação sobre a natureza das manumissões antes da promulgação da Lei do Ventre Livre". *II Encontro Escravidão e Liberdade no Brasil Meridional*, 2001. Disponível em: <http://labhstc.ufsc.br/acervo/acervo-eletronico>. Acesso em: 18 maio 2013.

18 Mauss, Marcel. *Ensaio Sobre a Dádiva*. Lisboa: Edições 70, s/d; Godelier, Maurice. *O Enigma do Dom*. Rio de Janeiro: Civilização Brasileira, 2001 *apud* Soares, M. S. "A dádiva da alforria...", p. 2-3.

19 Lizandra Meyer Ferraz foi quem primeiro fez uma análise detalhada a respeito dos usos da literatura antropológica e do conceito de dádiva pelo autor (Ferraz, Lizandra Meyer. *Entradas para a liberdade*...).

Soares utiliza-se deste modelo e transporta-o para a prática de manumissões indicando que a concessão de alforrias por proprietários de escravos, sendo prerrogativa exclusivamente senhorial até a implementação da lei do Ventre Livre, implicava retribuições por parte dos beneficiados pela libertação. Sendo assim, homens e mulheres favorecidos com a alforria tornavam-se devedores de seus ex-proprietários, empenhando favores, dinheiro, obediência ou gratidão e permanecendo subordinados à lógica do domínio escravista. Estavam, dessa forma, atados a laços de dependência que eram legados a seus descendentes e por eles reproduzidos.[20]

Neste sentido, ainda segundo Soares, as alforrias articulariam uma economia política extremamente vantajosa para senhores de escravos, porque atuavam para minorar fugas, revoltas e demais rebeldias, conflitos potencialmente perigosos e inerentes à própria escravidão. Sufocando as possibilidades de resistência e insubordinação ao tornar homens e mulheres forros dependentes de seus ex-senhores, as alforrias contribuíam para a manutenção da ordem na sociedade escravista e para a consolidação de uma instituição de longa duração, qual seja a própria escravidão. Diz o autor:

> Cobiçada pelos escravos, era a única chance de redimir o aviltamento intrínseco à sua condição social. Vantajosa para os senhores, uma vez que, no mais das vezes, a pertença derivada da manumissão era subordinada e dependente.[21]

---

20 Soares, Márcio de Souza. "'Para nunca mais ser chamado ao cativeiro': escravidão, desonra e poder no ato da alforria". *IV Encontro Escravidão e Liberdade no Brasil Meridional*, Porto Alegre, 2005. Disponível em: <http://labhstc.ufsc.br/acervo/acervo-eletronico>. Acesso em: 18 maio 2013.

21 Soares, M. S. "A dádiva da alforria...", p. 6.

Roberto Guedes Ferreira igualmente aborda o problema das alforrias sob a perspectiva da concessão e da replicação da ordem escravista. Analisando relações escravistas e a vida de homens e mulheres forros durante a primeira metade do século XIX na cidade de Porto Feliz, província de São Paulo, Ferreira argumenta que a concessão de alforrias instrumentalizou o controle senhorial sobre as vidas de escravos e libertos na região.[22] Segundo ele, a administração das manumissões, compreendidas como ferramentas da gestão senhorial, permitia que os proprietários de escravos alforriassem grupos específicos e diferenciados de sujeitos escravizados, criando mecanismos de extensão do poder senhorial. Homens e mulheres escravizados, embora não ignorassem que a concessão das manumissões implicasse a continuidade do paternalismo senhorial, negociavam suas alforrias dentro dos limites do controle paternalista.[23]

Ainda, para o autor, mesmo quando as disputas por liberdade puderam alcançar o âmbito da justiça formal na segunda metade do século XIX, por meio de ações de manutenção de liberdade movidas por curadores de escravos, por exemplo, os argumentos das disputas não se referiam aos direitos de liberdade, e sim à má gestão escravista. A validade da prerrogativa senhorial de escravizar e, por conseguinte, alforriar, não seria questionada nem mesmo com o acirramento das pressões pelo fim da escravidão, de acordo com Guedes.[24]

22　Ferreira, Roberto Guedes. *Egressos do Cativeiro: trabalho, família, aliança e mobilidade social (Porto Feliz, São Paulo, c. 1798 – c. 1850)*. Rio de Janeiro: Mauad X/Faperj, 2008; Ferreira, Roberto Guedes. "A resistência da escravidão: Porto Feliz, São Paulo, séc. XIX". *Quarto Encontro Escravidão e Liberdade no Brasil Meridional*. Curitiba, 2009. Disponível em: <http://labhstc.ufsc.br/acervo/acervo-eletronico>. Acesso em: 18 maio 2013).

23　Ferreira, R. G. "A resistência da escravidão...", p. 12.

24　Ferreira, R. G. "A resistência da escravidão...", p. 12.

Estes estudos, orientados por uma perspectiva que atribui às manumissões a vocação primordial de instrumentalizar a afirmação do poder senhorial sobre os horizontes de liberdade de seus escravos, encontram contrastes nos trabalhos de autores que têm salientado a participação política de escravos na consecução das alforrias. A dissertação de mestrado de Lizandra Ferraz, que trata das alforrias no município de Campinas nos intervalos de 1836 a 1845 e 1860 a 1871, é um bom exemplo desta tendência.[25]

Por meio do estudo de um corpo documental amplo, composto por cartas de liberdade, ações de liberdade, testamentos e inventários, a autora argumenta que o uso de cada um destes expedientes formais de manumissão esteve associado a uma compreensão política específica acerca das alforrias. Em outras palavras, segundo Ferraz escravos e senhores compreendiam e utilizavam tais instrumentos de forma distinta, fazendo das alforrias instâncias de embates sociais "frágeis e mutáveis" em que participavam múltiplos agentes e múltiplos interesses.[26]

Segundo a autora, embora a camada proprietária tenha sempre procurado utilizar as alforrias como formas de extensão e afirmação de seu domínio e ascendência social, as manumissões seriam tributárias do empenho dos próprios cativos, que souberam aproveitar-se da ideologia senhorial para criar mecanismos que facilitassem seu acesso à liberdade formal.[27] Desvincular as alforrias de seu conteúdo combativo e eminentemente político, assim considerando-

---

25 Ferraz, Lizandra Mayer. *Entradas para a liberdade: formas e frequência da alforria em Campinas no século XIX*. Dissertação (mestrado) – IFCH-Unicamp, Campinas, 2010.

26 Ferraz, L. M. *Entradas para a liberdade*..., p. 56.

27 A autora refere-se à Eugene Genovese, em sua clássica obra "A terra prometida" ao argumentar que " (...) os escravos se aproveitavam, da ideologia senhorial para conseguirem espaços de autonomia dentro e fora do cativeiro". Genovese,

-as meros instrumentos de extensão do domínio escravista, bem como formas de apaziguar tensões sociais, corresponderia a negar os próprios conflitos travados entre escravos e senhores em torno das manumissões – conflitos esses que chegavam inclusive aos tribunais. Dessa forma, de acordo com Lizandra Ferraz, considerar que as alforrias tivessem como finalidade promover a continuidade dos laços escravistas implicaria esvaziar o conteúdo político da luta de escravos determinados a tornarem-se livres. Além disso, significaria admitir que o discurso da benemerência e da concessão paternalista da alforria teria sido absorvido pelos escravos sem conflitos, minimizando-se sua agência social.

Eduardo França Paiva, em estudo que aborda formas de resistência escrava por meio da investigação de testamentos registrados nas Minas Gerais ao longo do século XVIII, igualmente argumenta que significados diversos e antagônicos foram atribuídos às alforrias pela camada proprietária e por escravos e libertos.[28] De acordo com o autor, alforrias eram apropriadas e utilizadas pela camada senhorial como ferramentas de controle social, de modo que após a libertação, homens e mulheres forros tornavam-se alvo de outras formas de coação expressas por meio da repressão cultural e religiosa, bem como pela permanência do trabalho manual.

Alinhando-se a uma perspectiva ampliada sobre as resistências escravas, o autor contrapõe-se às noções de anomia afirmadas nas décadas de 1960 e 1970, acentuando a importância da agência escrava nos processos de alforria. Segundo Paiva, as estratégias de cerceamento de autonomia empregadas pela camada senhorial no

---

Eugene. *A terra prometida: o mundo que os escravos criaram*. Rio de Janeiro: Paz e Terra, 1988 *apud* Ferraz, L. M. *Entradas para a liberdade...*, p. 56.

28 Paiva, Eduardo França. *Escravos e libertos nas Minas Gerais do século XVIII: estratégias de resistência através dos testamentos*. São Paulo: Annablume, 1995.

intuito de estender seu domínio sobre a população forra teriam resultado no desenvolvimento de formas de resistência cotidiana pelos libertos, variando de acordo com os múltiplos contextos vividos historicamente no Brasil. Seria assim necessário ampliar os significados usualmente atribuídos às resistências escravas. No espectro dessa ampliação semântica do conceito de resistência escrava, destacam-se na análise do autor aquelas empregadas por mulheres escravizadas e forras.

Segundo Paiva, conformando um grupo populacional bastante expressivo e generalizadamente subalterno em Minas colonial, este grupo de mulheres se utilizava, entre outros recursos, da proximidade de que desfrutavam junto de seus senhores para viabilizar suas alforrias e a manutenção de um determinado nível de autonomia na vida em liberdade. Sendo assim, o intercurso sexual e a eventual geração de filhos seriam ferramentas para uma "resistência pragmática" de que dispunham as escravas, aproximando-as de seus senhores e assim criando vínculos que propiciavam a manumissão. Diz o autor: "As mulheres, mais do que os homens, parecem ter apreendido e manejado com competência mecanismos de defesa que demandavam astúcia, obstinação e pragmatismo".[29] Uma vez forras, estas mulheres gerenciaram audaciosamente suas vidas, tornando-se chefes de famílias, comprando a alforria de familiares e inclusive de maridos ou amásios, e dominando o comércio de tabuleiro e de secos e molhados na região.[30]

---

29 Paiva, E. F. *Escravos e Libertos nas Minas Gerais*..., p. 136.
30 Paiva, E. F. *Escravos e Libertos nas Minas Gerais*..., p. 109. Cumpre, entretanto assinalar que aquilo que é entendido pelo autor como uma forma de agência e resistência especificamente identificada às mulheres escravizadas e forras, é interpretado por outros estudiosos como manifestações da dominação senhorial dentro de um espectro da violência escravista que atingia especificamente estas mulheres: o da opressão e violação sexuais, resultando na produção ampliada

Outro autor a abordar o tema das alforrias sob uma ótica de valorização das agências escravas foi Jonis Freire.[31] Buscando compreender a demografia e as dinâmicas de relações familiares e de parentesco entre a escravaria na Zona da Mata mineira, o autor dedica parte de seus esforços à investigação da importância destas relações para a obtenção de alforrias na região no século XIX.

Freire observa que grande parte das alforrias obtidas por cativos na região eram passadas em testamentos e inventários, não sendo as cartas de liberdade a única forma de registrar a manumissão.[32] O autor nota ainda que os maiores plantéis de escravos eram justamente aqueles entre os quais se registrava um índice menor de manumissões, aventando a possibilidade de que a fragilidade de pequenos proprietários de escravos ante fugas ou rebeldias dos cativos os obrigassem a ser mais flexíveis na negociação das alforrias.

---

de mestiçagens e num sem números de descendentes indesejados pela família senhorial. Parece temerário, assim, identificar padrões de exploração escravista imediatamente identificados à violação do corpo e à subalternação feminina, práticas características de uma sociedade patriarcal, a instrumentos de agência escrava. A respeito da dubiedade das relações entre senhores e suas subalternas, ver o texto de Robert Slenes: Slenes, Robert. "Senhores e Subalternos Oeste Paulista". In: Luiz Felipe de Alencastro. *História da Vida Privada no Brasil. Império: a corte e a modernidade nacional*, v. 2. São Paulo: Companhia das Letras, 1997, p. 233-290. Sobre os limites das relações de intimidade violentas e verticalizadas criadas no seio da escravidão, frequentemente tratadas pela historiografia sob o cruel prisma da disponibilidade sexual da mulher escrava, ver: Hartman, Sayidia. "Seduction and the ruses of power". *Callaloo*, 19.2, 1996, p. 537-560.

31 Freire, Jonis. *Escravidão e família escrava na Zona da Mata Mineira oitocentista*. Dissertação (mestrado) – IFCH-Unicamp, Campinas, 2009.

32 De forma semelhante, Adauto Damásio observa a pluralidade de expedientes utilizados para a obtenção de alforrias em Campinas, constatando que as cartas de liberdade não podem ser os únicos recursos utilizados para o estudo das alforrias na região. Damásio, Adauto. *Alforrias e ações de liberdade em Campinas na primeira metade do século XIX*. Dissertação (mestrado) – IFCH-Unicamp, Campinas, 1995.

Segundo Freire, em qualquer uma destas circunstâncias, porém, a determinação e o protagonismo destes sujeitos escravizados foram fundamentais para a obtenção das alforrias, fosse cultivando relações de proximidade e cuidados com seus senhores, formando laços de compadrio, acumulando pecúlios com os quais compravam sua liberdade ou mesmo recorrendo à justiça. A família escrava, neste contexto, teria a importância fundamental de respaldar projetos coletivos ou individuais de liberdade, recriando lastros culturais africanos e criando vínculos de solidariedade entre homens e mulheres escravizados e libertos.

Num espectro ampliado, estes autores argumentam em favor de uma interpretação que valoriza a participação escrava no processo de consecução de alforrias, entendendo-as como conquistas escravas. Os sujeitos escravizados, ocupando o papel central nestes processos, agenciavam-se saídas para a liberdade invertendo a lógica do domínio senhorial e esvaziando o significado deletério das manumissões. Em última instância, estes sujeitos podiam anular o projeto senhorial de utilização das manumissões como formas de extensão de seu domínio. A agência escrava seria capaz de suplantar o poder senhorial, superando os obstáculos impostos aos projetos de liberdade dos cativos.

Uma observação panorâmica do conjunto destes trabalhos pode ser útil para demarcar limites entre as interpretações concorrentes e em muitos sentidos antagônicas produzidas a respeito das alforrias havidas em diversos contextos entre o final do século XVIII e o início do XIX. As tendências delineadas respondem, essencialmente, por apreciações distintas a respeito do conceito de agência escrava e de sua relevância no encaminhamento das emancipações.

Estudos como os de Lizandra Ferraz e Eduardo França Paiva têm contribuído para demarcar o papel fundamental da participação de sujeitos escravizados nos processos de negociação e disputa cotidiana em torno de sua liberdade. Produzem, neste sentido, interpretações que destacam o protagonismo destes homens e mulheres na negociação com os senhores de escravos, reconhecendo formas variadas de resistência e atuação política de homens e mulheres escravizados e forros.

Estas interpretações, no entanto, eventualmente desconsideram as contradições dos processos de emancipação escrava no intuito de jogar luz sobre o protagonismo de homens e mulheres cativos na aquisição de suas alforrias, subestimando a violência e os estatutos de propriedade inerentes à própria escravidão. No afã de reconhecer a agência dos subalternos, pode-se perder de vista a verticalidade dos poderes que disputam a liberdade. Corre-se assim o risco de sugerir que o arbítrio da alforria compete exclusivamente ao sujeito escravizado, responsabilizando-o, no limite, por sua própria condição de cativo.

Num bloco antagônico, estudos como os de Márcio Soares e Manolo Florentino, anteriormente citados, oferecem importantes contribuições para a compreensão da formação de laços de dependência entre forros e camada proprietária no pós-emancipação. No entanto, ancorando-se numa concepção de alforrias como concessões senhoriais, isto é, dispositivos de controle social exclusivamente condicionados aos interesses da camada proprietária, estes estudos ecoam interpretações que descentram os sujeitos escravizados das disputas por liberdade, relegando-lhes papéis secundários em seus próprios processos de emancipação.

Nesta esteira de raciocínio, circunstâncias econômicas, vontade senhorial e gestão escravista, inseridas numa abordagem sistêmica a respeito da escravidão, tornam-se variáveis preponderantes na consecução de manumissões, adquirindo maior importância do que a participação de homens e mulheres escravizados na conquista de sua liberdade.

A reserva deste papel subsidiário a homens e mulheres escravizados indica a desvalorização da agência destes sujeitos e de suas lutas por autonomia, além de sugerir uma aproximação com os paradigmas da anomia de sujeitos desumanizados pelo cativeiro, despreparados para a vida e o trabalho em liberdade e alheios à dimensão política de sua condição cativa.[33]

Esgrimir as contradições do universo da prática de alforrias no XIX implica necessariamente afinar a compreensão do conceito de agência para evitar deslocar a prática de manumissões compensadas do processo de extensão do domínio escravista. O emprego pouco criterioso do conceito de agência escrava aplicado à análise das formas variadas de processamento de alforrias no Brasil do XIX poderia escamotear um processo fracionário e indenizatório de emancipações realizado por meio de práticas de negociação de manumissão compensada.[34] Ao mesmo tempo, o deslocamento de homens e mulheres escravizados do centro destes processos de manumissão desqualifica sua condição de sujeitos históricos ativos, corroborando indiretamente antigos paradigmas da desumanização acarretada pela escravidão.

Os contratos de locação de serviços implantam-se neste contexto multíplice de promoção de alforrias para a extensão do

---

33 Conforme discutido anteriormente, paradigmas associados à chamada Escola Paulista de Sociologia, de quem já citamos alguns trabalhos: Fernandes, F. *A integração do negro na sociedade de classes...*; Ianni, O. *Raças e Classes Sociais no Brasil...*

34 Walter Johnson, em seu artigo intitulado "On Agency", indica que o conceito deve ser compreendido como a capacidade dos sujeitos históricos de agir dentro de sua própria realidade e de acordo com suas circunstâncias, sem que estejam obrigados a marcar uma oposição ideológica aos interesses dominantes (Johnson, Walter. "On Agency". *Journal of Social History*, 37.1, 2003, p. 113-124).

domínio senhorial e a indenização das camadas proprietárias no XIX, tendo atuado como expedientes importantes para a consecução de manumissões onerosas. Na cidade de Campinas, Regina Xavier Lima, dedicando-se ao estudo das vivências de libertos e libertandos na segunda metade do XIX, identifica e discute alguns contratos, situando-os na problemática ampliada dos acessos possíveis à liberdade nos quadros da escravidão do XIX.[35] O trabalho de Lima não oferece um quadro amplo e detalhado acerca dos arranjos de trabalho negociados nos contratos de locação. Sua contribuição fundamental está em situar o expediente da locação de serviços como pagamento à alforria numa dinâmica ampliada do acesso à liberdade, qualificando os contratos em questão como um advento de formulações legais elaboradas para acomodar demandas de liberdade que pressionavam a camada senhorial, além de encaminharem a formação de um mercado de trabalho livre.[36]

A prática da locação de serviços durante o XIX foi avaliada de forma mais detida no município de Desterro, província de Santa Catarina, em estudos de Clemente Penna e Henrique Espada Lima.[37] Espada Lima aborda em dois artigos o tema das locações

---

35   Lima, Regina Célia Xavier. *A conquista da liberdade: Libertos em Campinas na segunda metade do século XIX*. Campinas: Área de Publicações CMU/Unicamp, 1996.

36   Os dados e considerações sobre as práticas de locação de serviços em Campinas encontram-se prioritariamente no capítulo intitulado "Vidas sob contrato". Lima, R. C. X. *A conquista da liberdade...*, p. 71-107. A autora refere-se a sete contratos de locação de serviços encontrados nos cartórios do 1º e 2º ofício de notas da cidade.

37   Lima, Henrique Espada. "Sob o domínio da precariedade: escravidão e os significados da liberdade no século XIX". *Topoi*, v. 6, nº 11, jul-dez, 2005, p. 289-326; Lima, Henrique Espada. "Trabalho e lei para os libertos de Santa Catarina no século XIX: arranjos e contratos entre a autonomia e a domesticidade". *Cadernos AEL*, v. 14, nº 26, 2009; Penna, Clemente Gentil. *Escravidão, liberdade e os*

de serviços, apresentando variados arranjos de trabalho e remuneração celebrados entre libertandos e patrões. Segundo o autor, os contratos de locação responderiam por uma estratégia de recuperação dos investimentos senhoriais na propriedade escrava, ao mesmo tempo em que estenderiam as possibilidades de domínio sobre o trabalhador. Dessa forma, redundariam em investimentos de longo prazo feitos por homens e mulheres cativos em projetos futuros de liberdade.[38]

Secundando as reflexões pioneiras de Espada Lima acerca destes contratos, Clemente Penna igualmente situa a prática da locação de serviços numa lógica ampliada de alforrias condicionais e onerosas. De acordo com Penna:

> O interesse dos senhores locais em manter a mão de obra dos ex-escravos foi evidente. Ao libertarem condicionalmente seus cativos eles colocaram fim a condição jurídica imposta pelo regime escravista, e deram início a uma série de outros arranjos de trabalho que mudariam significativamente o panorama das relações de trabalho ao longo das últimas duas décadas do regime escravista na Ilha.[39]

---

arranjos de trabalho na ilha de Santa Catarina nas últimas décadas de escravidão (1850-1888). Dissertação (mestrado) – Centro de Filosofia e Ciências Humanas, UFSC, Florianópolis (SC), 2005.

38 Lima, H. E. "Trabalho e lei para os libertos...", p. 170.

39 Penna, C. G. *Escravidão, liberdade e os arranjos de trabalho...*, p. 122. As considerações de Penna acerca dos contratos de locação de serviços e de sua importância para a prática de alforrias onerosas encontram-se no capítulo 3 de sua dissertação de mestrado, intitulado "Os libertos na Ilha de Santa Catarina".

Recolhendo dados relativos às décadas de 1860, 1870 e 1880, o autor aponta que os contratos constituíram mais da metade do total de alforrias verificadas para o período, e que sua importância seria ainda mais pronunciada uma vez que grande parte do conjunto total das alforrias registradas teria sido financiada por fundos de Emancipação. Dessa forma, a saída para os escravos não beneficiados por tais fundos teria sido em larga medida a contratação de seus serviços. Nas palavras do autor, essa teria sido a alternativa "mais viável" às limitações dos fundos emancipacionistas na região de Desterro.[40]

Os estudos sobre a região de Desterro, em especial os artigos de Espada Lima, apontam uma grande variedade de condições de prestação de serviços que parecem aproximar diferentemente os libertandos da real fruição da liberdade que disputavam. Embora esclarecendo que as condições de trabalho e de liberdade foram negociadas de formas variadas nos diferentes arranjos de locação, Espada Lima indica que todos estes vínculos de trabalho se assentaram num campo de embate entre vivências precárias e improvisadas e a continuidade da sujeição ao jugo paternalista. É neste espaço de desclassificação social e improvisação de sobrevivências, habitado pelas camadas subalternas compostas por escravos, libertos, e livres pobres, que se incluem os libertandos locadores de serviços. Como sujeitos de mundos transitórios e contingentes, descreveram trajetórias de luta na direção da afirmação de sua liberdade.

É interessante notar como a prática de locações de serviços encontra estreitas semelhanças com a prestação de serviços por africanos livres no Brasil a partir de 1831. Africanos embarcados ilegalmente após a primeira lei de proibição ao tráfico negreiro eram encaminhados à prestação de serviços a particulares ou como mão de obra em obras e instituições públicas pelo prazo de 14 anos,

---

40 Penna, C. G. *Escravidão, liberdade e os arranjos de trabalho...*, p. 126.

até que pudessem ser considerados efetivamente livres. Enidelce Bertin destaca o fato de que, mesmo após 1864, quando africanos livres empregados pelo Estado passam a poder solicitar e obter automaticamente sua liberdade definitiva, a maior parte destes trabalhadores permanecia ocupando os mesmo postos de trabalho e recebendo remuneração inferior à média dos trabalhadores livres.[41]

Embora estejam intimamente associados a este cenário de processamento de alforrias condicionais, os contratos de locação de serviços inscrevem-se de maneira ambígua nos quadros da documentação acerca dos assuntos da escravidão no XIX. Acordos de locação de serviços assemelharam-se a cartas de liberdade, deram margens a abertura de ações de liberdade e, ao mesmo tempo em que conformaram saídas para a alforria compensatória, foram também empregados para o agenciamento de trabalho livre.

O objetivo da pesquisa aqui apresentada é justamente investigar os arranjos de trabalho e as disputas por liberdade encerradas nas escrituras de locação de serviços celebradas entre os anos de 1830 e 1888 nas cidades de Campinas e São Paulo. Acrescentamos que, em São Paulo, a documentação das locações de serviços é ainda inédita. Para isso, partimos da perspectiva de que estes arranjos de aluguel de trabalho afirmaram-se como parte significativa da política de alforrias onerosas e condicionais praticada ao longo do XIX. Assim, assinalaram inscrições transigentes dos trabalhadores locadores de serviços nos mundos da escravidão e da liberdade, instituindo diversos paralelos com arranjos de trabalho de libertos e livres pobres.

É ambição deste trabalho, por fim, demonstrar por meio dos contratos que, como demonstrou Maria Helena Machado há mais

---

41 Bertin, Enidelce. *Os meia-cara: africanos livres em São Paulo no século XIX*. Tese (doutorado) – FFLCH-USP, São Paulo, 2006.

de duas décadas, o processo de superação da escravidão não se deu de forma automática a partir da emancipação, já que os desejos cativos de construir vidas autônomas abalroavam-se com o intuito senhorial de extensão dos domínios da escravidão:

> (...) se a escravidão, como estatuto jurídico, pôde desaparecer em data determinável, o processo de transição tem um alcance muito mais longo. E, necessariamente estendeu-se ao período do pós abolição e nele os libertos continuaram interferindo na tentativa de construir aquilo que, enquanto escravos, havia sido entendido por liberdade.[42]

A documentação

Para realizar os objetivos propostos para a pesquisa, examinamos os livros de notas arquivados no Primeiro Cartório de Notas da Capital, em São Paulo, e do Primeiro Tabelionato de Campinas em busca de contratos de locação de serviços registrados entre as datas da primeira lei de locação de serviços e da abolição da escravidão.

Como resultado do levantamento sistemático de todas as fontes encontradas, formamos conjuntos documentais de 81 contratos localizados em São Paulo e 25 contratos localizados em Campinas. Dentre estes conjuntos constam contratos relacionados à consignação de serviços como pagamento de dívidas contraídas com a compra de alforrias e também contratos relacionados à locação de trabalho livre. Na cidade de Campinas, onde as investigações resultaram na composição de um conjunto de fontes significativamente menor, foram localizados nove contratos associados à aquisição de

---

42 Machado, M. H. P. T. "Em torno da autonomia escrava...", p. 158.

alforrias e outros 16 contratos desvinculados de manumissões. Já na cidade de São Paulo, os números crescem e o conjunto compõe-se de 46 contratos de locação de serviços para o pagamento de manumissões e 35 contratos que não mencionam alforrias (Tabela 1).

Tabela 1. Número de contratos localizados em Campinas e São Paulo (1830-1888)			
	Com menção à alforria	Sem menção à alforria	Total
Campinas	9	16	25
São Paulo	46	35	81
Total	55	51	106

Fontes: Primeiro Cartório de Notas da Capital (1º CNC) e Primeiro Tabelionato de Notas de Campinas (1º TNC), 2010-2011.

Os contratos localizados foram divididos de maneira ampla entre atrelados ou não a processos manumissórios. Para determinar a vinculação ou desvinculação de cada um destes contratos à aquisição de alforrias, apoiamo-nos nas próprias indicações dos documentos, que afirmam textualmente a ligação dos arranjos de trabalho com o financiamento do acesso à liberdade, como demonstra a escritura que inaugura este capítulo. Há, entretanto, entre os contratos que não mencionam alforrias, algumas escrituras que levantam suspeitas quanto à possibilidade de estarem também envolvidas na compra de liberdades. São contratos em que os trabalhadores são identificados como forros ou libertos, e que apresentam condições negociadas para a prestação dos serviços (como prazo do contrato, tipo dos serviços negociados, direitos de transferência de serviços) muito assemelhadas àquelas verificadas entre os arranjos de trabalho ligados ao financiamento da liberdade. Esta particularidade diz respeito especificamente ao conjunto dos contratos localizados em São Paulo, sendo melhor delimitada e explorada no capítulo seguinte. Por ora, o importante é destacar que contratos de locação de serviços localizados nesta pesquisa dizem respeito tanto ao agenciamento de trabalho livre quanto ao financiamento de alforrias, e todos foram investigados.

Os contratos de locação de serviços distribuem-se entre as seis décadas estudadas, concentrando-se especialmente nos dezoito anos anteriores à abolição em ambas as cidades, como mostram as Tabelas 2 e 3.

Tabela 2. Contratos de locação de serviços por década em São Paulo (1830-1888)							
Décadas	1830	1840	1850	1860	1870	1880	Total
Número de contratos	2	2	4	16	33	24	81
%	2,5	2,5	5	19,8	40,7	29,6	100

Fonte: Primeiro Cartório de Notas da Capital, 2010.

Tabela 3. Contratos de locação de serviços por década em Campinas (1830-1888)							
Décadas	1830	1840	1850	1860	1870	1880	Total
Número de contratos	1	2	5	3	6	8	25
%	4	8	20	12	24	32	100

Fonte: Primeiro Tabelionato de Notas de Campinas, 2011.

Em ambos os municípios foram excluídos dos conjuntos documentais coligidos as escrituras de "contrato de empreitada", em geral celebrados para a realização de obras de grande porte ligadas, por exemplo, à abertura de estradas ou à construção de prédios públicos. Via de regra, estes acordos constituíam-se entre contratantes e empresas prestadoras de serviços, de modo que a negociação dos serviços prestados não envolvia diretamente os trabalhadores como no caso dos contratos de locação de serviços.

Fazem também parte de nossa documentação cartas de liberdade associadas a escrituras de locação de serviços, cartas de liberdade que indicam tangencialmente a existência de acordos de locação de serviços não localizados, escrituras de transferência e venda condicional de serviços e recibos de quitação de serviços devidos, também encontrados nos cartórios de Campinas e São Paulo. A reunião dessa documentação é útil para a composição de um cenário de formas de aliciamento de trabalho como estratégias para indenização de alforrias, inserindo os contratos de locação de serviços num quadro ampliado de alforrias compensatórias.

Tabela 4. Outras fontes coligidas no Primeiro Cartório de Notas da Capital (1833-1886)	
Documento	Ano
Carta de liberdade	1875
Carta de liberdade	1876
Carta de liberdade condicional	1877
Distrato de locação de serviços	1866
Escrituras de venda condicional de escravo	1870
Escrituras de venda condicional de escravo	1877
Escrituras de venda condicional de serviços	1869
Escrituras de transferência de serviços	1864
Escrituras de transferência de serviços	1886
Locação de serviços para pagamento de despesas judiciais	1870
Recibos de quitação de serviços devidos	1872
Recibos de pagamento de parcelas de alforria	1833

Fonte: 1º CNC, 2010.

Tabela 5. Outras fontes coligidas no Primeiro Tabelionato de Campinas (1845-1887)	
Documento	Ano
Carta de liberdade condicional	1874
Carta de liberdade condicional	1875
Carta de liberdade condicional	1877
Carta de liberdade condicional	1887
Carta de liberdade condicional	1880
Carta de liberdade condicional	1881
Carta de liberdade condicional	1883
Carta de liberdade condicional	1884
Carta de liberdade condicional	1885
Carta de liberdade condicional	1885
Carta de liberdade condicional	1885
Distrato de serviços	1885
Escritura de quitação de serviços	
Recibos de pagamento de alforria	1845
Recibos de pagamento de alforria	1884
Recibos de pagamento de alforria	1884

Fonte: 1º TNC, 2011.

Por fim, nossas fontes se completam com documentos sobre disputas judiciais ensejadas pela locação de serviços para a aquisição de alforrias, pesquisados entre os acervos dos Tribunais de Justiça de São Paulo e Campinas que são mantidos sob a guarda do Arquivo Público do Estado de São Paulo (Apesp) e do Centro de Memória da Unicamp (CMU – Unicamp), respectivamente. O levantamento de fontes nestes arquivos não foi feito de forma sistemática como no caso dos contratos de locação de serviços. Optamos por utilizar Ações de Liberdade que estivessem escoradas em contratos, de modo que a inclusão desta documentação justifica-se pelo interesse de acompanhar os desdobramentos de contratos de locação no cotidiano de trabalho e negociação envolvendo locadores e locatários de serviços.

Fazem parte deste conjunto duas Ações de Liberdade julgadas no Tribunal de São Paulo e duas ações do mesmo tipo julgadas no tribunal de Campinas. Integram este conjunto ainda um habeas corpus, um inventário e um testamento associados a um acordo de prestação de serviços para pagamento de alforria.

Tabela 6. Documentação coligida no Aesp (1869-1881)	
Documentos	Anos
Ação de Liberdade	1869
Ação de Liberdade	1881
Habeas Corpus	1873
Inventário	1873
Testamento	1873

Fonte: Apesp, 2011.

Tabela 7. Documentação coligida no CMU – Unicamp (1875-1884)	
Documentos	Anos
Ação de Liberdade	1875
Ação de Lliberdade	1884

Fonte: CMU – Unicamp, 2010.

Antes de mergulhar nas fontes e esmiuçar arranjos de trabalho e liberdade, porém, será necessário detalhar e problematizar a legislação de locação de serviços produzida ao longo do XIX, de modo a melhor compreender sua importância para a prática das locações.

As leis de locação de serviços

A preocupação com a regulamentação das práticas do trabalho livre esboçou-se já desde as primeiras décadas do século XIX, mas a atenção explícita ao encaminhamento do trabalhador egresso da escravidão ao mundo do trabalho livre afirma-se objetivamente apenas a partir da lei Rio Branco de 1871. As leis anteriores, embora tenham tangenciado o universo de ocupações dos trabalhadores libertos, não se referiam especificamente ao acesso de afro-descendentes ao mundo do trabalho livre em que, ao menos em teoria, sua capacidade de trabalho poderia estar sob seu domínio e propriedade.[43]

---

43 Baseamos esta discussão nos trabalhos de Henrique Espada Lima e Maria Lúcia Lammounier. Uma abordagem adensada dos sentidos e filiação jurídica das leis de locação de serviços pode ser encontrada em: Lamounier, Maria Lucia. *Da escravidão ao trabalho livre: a lei de locação de serviços de 1879*. Campinas: Papirus, 1988; Lima, H. E. "Trabalho e lei para os libertos...", p. 141-144.

A primeira lei a regulamentar a locação de serviço no Brasil data de 13 de setembro de 1830.[44] Proposta pelo Senador Vergueiro num primeiro ímpeto de fomento à imigração, esta prescrição refere-se aos trabalhadores nacionais, compreendidos ao longo do XIX como a ampla camada de trabalhadores libertos e livres pobres, e aos estrangeiros. Estavam incluídos também os africanos que já estivessem no Brasil quando da aprovação da lei.[45] Bastante vaga, a lei de 1830 não delibera a respeito de condições de trabalho a serem usufruídas pelos trabalhadores, estabelecendo, ao contrário, a imagem de uma relação contratual verticalizada em que os poderes estão na mão do locatário dos serviços, e não do locador. O intuito de criar condições legalmente estabelecidas para o influxo de trabalhadores imigrantes precisou ser reiterado pela lei de 1837, que, não alterando os significados substancias da lei de 1830, acaba por ampliá-la esmiuçando detalhes com respeito à contratação e obrigações dos serviços de trabalhadores estrangeiros, sem qualquer menção aos trabalhadores nacionais, compondo "uma política mais elaborada de atração e regulamentação do trabalho dos imigrantes".[46]

A lei de 1837, de forma mais aprofundada do que a lei de 1830, faz referência direta a mecanismos de controle e coerção do trabalho e, principalmente, do trabalhador livre, apresentando resoluções sobre circunstâncias em que a demissão e a punição dos trabalhadores estavam justificadas.[47] Espada Lima argumenta que o intuito da lei foi criar condições de trabalho livre que se distancias-

---

44 Cf. Lei de 13 de setembro de 1830. *Collecção de Leis do Imperio do Brazil de 1830*. Parte I. Rio de Janeiro: Typographia Nacional, 1861, p. 76.

45 Lima, Henrique Espada. "Trabalho e lei para os libertos...", p. 145.

46 Lamounier, Maria Lucia. *Da escravidão ao trabalho livre: a lei de locação de serviços de 1879*. Campinas: Papirus, 1988, p. 76.

47 Cf. Lei nº 108 de 11 de outubro de 1837. *Collecção de Leis do Imperio do Brasil de 1837*. Parte I, v. I. Rio de Janeiro: Typographia Nacional, 1861, p. 76.

sem da escravidão, de modo a atrair a mão de obra estrangeira, mas, concomitantemente, acomodar preocupações da camada senhorial com a disciplina e a gestão do trabalho.[48] Assim sendo, se, por um lado, as leis de 1830 e 1837 formalizaram as práticas de contratação de serviços, acenando com a possibilidade de que o controle das relações de trabalho não estivesse circunscrito ao poder do empregador, por outro reforçaram a lógica senhorial que regulava essas e todas as demais relações de trabalho na sociedade escravista.

As relações de trabalho propostas pelas regulações formais de 1830 e 1837 seriam dotadas de um caráter altamente verticalizado e disciplinador, impondo uma série de constrangimentos aos trabalhadores locadores de serviços. Entre as disposições de 1830, figuram a possibilidade de que locatários de serviços transfiram contratos a outrem, bem como a condição de que os locadores dos mesmos serviços somente possam negar-se à sua prestação mediante a restituição completa de quaisquer adiantamentos recebidos e o ressarcimento ao contratante de metade da soma que seria recebida pelo trabalhador ao final do cumprimento integral do contrato. Caso contrariassem essas últimas determinações, locadores estariam sujeitos ao "castigo correcional" de prisão.[49]

As disposições de 1837 acrescentaram ainda outras restrições aos arranjos de locação de serviços, incluindo a faculdade de demitir trabalhadores em casos de doença, embriaguez, imperícia do locador ou injúrias feitas ao locatário ou à sua família. Nessas circunstâncias, o locador de serviços demitido deveria indenizar ao seu contratante qualquer soma recebida por adiantamento ou endividamento e, caso não o fizesse, seria "imediatamente preso e condenado a trabalhar nas obras públicas o tempo necessário para

---

48 Lima, E. H. "Trabalho e lei para os libertos...," p. 149.
49 Lamournier, M. L. *Da escravidão ao trabalho livre...*, p. 63.

com os jornais pagar tudo quanto devesse ao locatário". Ainda, caso o locador se ausentasse do trabalho ou se demitisse sem justa causa, ficaria preso até que pagasse o dobro do valor de qualquer soma que devesse ao locatário, trabalhando de graça para ele até quitar seus débitos.[50]

Tanto as prescrições de 1830 quanto as de 1837 ignoram disposições a respeito de prazos máximos para extensão dos contratos e ambas indicam um cenário em que o endividamento de trabalhadores junto a seus contratantes é recorrente. Outro aspecto em comum entre as ditas leis é a obliteração da figura do trabalhador nacional, libertos em especial, como objeto de preocupações efetivas com relação à regulamentação do trabalho, o que se poderia explicar pelo contexto de produção das leis. A abundância do influxo de mão de obra escrava à época, apesar da primeira proibição do tráfico em 1830, talvez não tenha fomentado preocupações com a incorporação do trabalhador liberto ao universo do trabalho livre formalmente estabelecido.

Em 1850 as determinações do Código Comercial do Império passam a tratar mais detidamente da contratação de serviços do trabalhador nacional ao definir em seu artigo 226 a locação de "coisas" ou de trabalho como recursos de *locação mercantil*.[51] Espada Lima adverte, porém, que as determinações acerca do aluguel de trabalho referiam-se às empreitadas de contratação de serviços, e não propriamente à conformação de vínculos de trabalho assalariado.[52]

---

50 Lamournier, M. L. *Da escravidão ao trabalho livre...*, p. 65.

51 Cf. Lei nº 556 de 25 de junho de 1850. Codigo comercial do Imperio do Brasil de 1850. *Collecção de Leis do Imperio do Brasil de 1850*. Tomo XI, Parte I. Rio de Janeiro: Typographia Nacional, 1851, p. 57 *apud* Lima, H. E. "Trabalho e lei para os libertos...", p. 149.

52 Lima, H. E. "Trabalho e lei para os libertos...", p. 149.

Finalmente, às mencionadas leis soma-se a lei Sinimbu de 1879, que, de forma mais extensa e detalhada que as anteriores, discorre sobre a regulamentação da contratação de serviços de trabalhadores nacionais e estrangeiros exclusivamente na agricultura, trazendo artigos variados sobre impedimentos e sanções à organização de resistências e oposições pelos trabalhadores.[53] A lei Sinimbu foi elaborada pouco tempo depois da realização do Congresso Agrícola do Rio de Janeiro de 1878, num cenário de preocupações crescentes a respeito do provimento de mão de obra e do recrudescimento de rebeliões escravas e greves de trabalhadores.[54] Dessa forma, teria correspondido, de acordo com Lamounier, à intenção de incentivar trabalhadores a formalizarem seus vínculos de trabalho, assegurando pela via legal o suprimento e o controle de mão de obra nas áreas rurais.[55] Ainda segundo Lamounier, o advento da lei Sinimbu implicou o abandono das disposições das leis de 1830 e 1837 no tocante à locação de serviços agrários, uma vez que estas mesmas leis tornaram-se obsoletas diante da complexidade crescente das relações estabelecidas entre trabalhadores e fazendeiros ao longo do século.[56]

---

53   Cf. Lei nº 2827 de 15 de Março de 1879. *Collecção de Leis do Imperio do Brazil de 1879*. Parte I, Tomo XXVI. Rio de Janeiro: Typographia Nacional, 1880, p. 11.

54   No Congresso Agrícola do Rio de Janeiro, realizado em 1878, debateu-se longamente o tema do suprimento de mão de obra frente ao fim da escravidão. Entre as propostas de imigração encaminhadas pelas elites agrárias, havia o projeto de fomento à imigração chinesa, que foi motivação determinante para a elaboração da lei Sinimbu em 1879. Para uma abordagem detalhada do tema, ver: Eisenberg, Peter L. "A mentalidade dos fazendeiros no Congresso Agrícola de 1878". In: LAPA, José Roberto do Amaral. *Modos de produção e realidade brasileira*. Petrópolis, RJ: Vozes, 1980.

55   Lamounier, Maria Lúcia. "Agricultura e Mercado de Trabalho: Trabalhadores Brasileiros Livres nas Fazendas de Café e na Construção de Ferrovias em São Paulo, 1850-1890". *Estudos Econômicos*, v. 37, nº 2, abr-jun, 2007, p. 353-372.

56   Lamournier, M. L. *Da escravidão ao trabalho livre...*, p. 68.

Duas lacunas comuns a todas as prescrições a respeito da locação de serviços dizem respeito às especificidades da regulação do trabalho doméstico e do trabalho de libertos. Embora assinalem a precariedade das relações de trabalho livre no Brasil durante o XIX, as leis mencionadas pouco disseram sobre os arranjos de trabalho comumente agenciados entre os trabalhadores nacionais, bem como sobre as modalidades de emprego de sua força de trabalho que, predominante nos cenários urbanos, compunha um leque de ocupações miúdas e vitais para o abastecimento das vilas e cidades com gêneros de primeira necessidade e supria a demanda crescente de mão de obra doméstica e ofícios especializados como sapateiros, pedreiros e carapinas.

As leis da década de 1830 e as disposições do código comercial de 1850 não abordam de forma clara o aliciamento de trabalho doméstico, e a lei Sinimbu, por sua vez, dispõe exclusivamente a respeito da locação de serviços de lavoura. Da mesma forma, conquanto essas leis possam referir-se aos trabalhadores nacionais, nenhuma delas inclui em suas postulações a figura do trabalhador forro. A despeito desse quadro, porém, contratos de locação de serviços foram correntemente utilizados ao longo do XIX como formas de promoção de alforrias compensatórias, envolvendo prioritariamente o aliciamento de trabalho doméstico entre homens e mulheres egressos da escravidão para a indenização do valor de suas liberdades.

Nesse sentido, pode-se dizer que apesar de variadas leis tratarem da questão da locação de serviços no XIX, o aluguel de trabalho doméstico e seus principais agentes (sujeitos libertos ou livres pobres) situaram-se ao longo do século num campo jurídico nebuloso. De acordo com Espada Lima, a ausência de referências específicas ao trabalho doméstico na legislação de locação de serviços aponta para a continuidade da gerência do trabalho de libertos e livres pobres na esfera da domesticidade e do controle estreito e direto dos poderes senhoriais.[57] Negociações cotidianas entre a lógica senhorial e a agência dos trabalhadores persistiram sendo a pedra fundamental da regulação das relações de trabalho doméstico desempenhado por sujeitos das camadas populares em que livres pobres, libertos e escravos confundiam-se num mundo de fronteiras fluidas entre escravidão e liberdade.

A lei 2040, também chamada lei do Ventre Livre ou lei Rio Branco, aprovada em 28 de setembro de 1871, embora não enderece deliberações acerca da regulamentação do trabalho doméstico, é a primeira disposição legal a tratar especificamente do agenciamento de trabalho de sujeitos egressos da escravidão. Inserida num contexto de esforços para a abolição lenta e gradual da escravidão, a lei dispôs acerca da liberdade do ventre escravo e da tutela dos serviços de ingênuos. Além disso, criou fundos de emancipação, instituiu a obrigatoriedade da matrícula de escravos, libertou escravos da Nação, da Coroa e cativos de heranças vagas, formalizou o direito dos escravos à formação de pecúlios e tornou obrigatória a manumissão de homens e mulheres que pudessem indenizar a seus senhores o valor de suas alforrias.

A lei de 1871 teve múltiplos significados e desdobramentos. De acordo com Maria Lúcia Lamounier, a própria lei Sinimbu de 1879 seria tributária da aprovação da lei do Ventre Livre, buscando prevenir os efeitos deletérios da legislação emancipacionista que tornou ainda mais premente a necessidade de elaborar saídas para a substituição do braço escravo.[58] Sendo assim, sua íntima ligação

---

57 Lima, E. H. "Trabalho e lei para os libertos...", p. 141.
58 Lamounier, Maria Lúcia. "Agricultura e Mercado de Trabalho: Trabalhadores Brasileiros Livres nas Fazendas de Café e na Construção

com a prática de locação de serviços investigada nessa pesquisa merece detalhamentos.

A lei 2040: o peso da lei e a força da prática

Entre as cerca de quatro laudas da lei 2040, um pequeno parágrafo do artigo quarto refere-se diretamente aos arranjos de locação de serviços que se prestaram desde a década de 1840 à compra de alforrias por sujeitos cativos. Envolvido no artigo que dispõe sobre o direito assegurado a escravos de constituir pecúlio, diz o parágrafo:

> É, outrossim, permitido ao escravo, em favor da sua liberdade, contratar com terceiro a prestação de futuros serviços por tempo que não exceda de sete anos, mediante o consentimento do senhor e aprovação do juiz de órfãos.[59]

Este pequeno excerto da lei do Ventre Livre torna-se, às portas da abolição, uma ferramenta largamente utilizada para a promoção de alforrias compensatórias ao longo do XIX, intimamente atrelada à continuidade da exploração do trabalho de sujeitos que procuravam cruzar as barreiras que os separavam da vida em liberdade.

Sua peculiaridade com relação às outras leis de regulação de locação de serviços correntemente referidas nos contratos (as leis de 1831 e 1837) reside no fato de que esta é a primeira formulação legal a reconhecer a prática das locações de serviços como expediente

---

de Ferrovias em São Paulo, 1850-1890". *Estudos Econômicos*, v. 37, nº 2, abr-jun, 2007, p. 353-372.

59 Cf. Lei nº 2040 de 28 de setembro de 1871, art. 4º parágrafo 3º. *Colecção de Leis do Império do Brasil de 1871*. Tomo XXXIV, Parte II. Rio de Janeiro: Typographia Nacional, 1871, p. 147-151.

de alforrias, diferenciando-as formalmente dos vínculos de locação de serviços com trabalhadores livres ou já libertos. Ademais, a lei 2040 pouco esclarece sobre normas da prestação dos serviços de libertando, ao passo que as leis da década de 1830 tratam de forma mais pormenorizada de obrigações associadas à locação de serviço por trabalhadores livres.

Espada Lima argumenta que numa perspectiva panorâmica as duas primeiras leis de locação de serviços (de 1830 e 1837) pode mostrar que tais leis ofereceram subsídios para a consolidação de uma linguagem de regulamentação e direitos em torno do trabalho livre, e assim para a formação de campos de expectativas em relação à liberdade.[60] É fato que, como se observa nas fontes arroladas para essa pesquisa, a legislação de locação de serviços anterior a 1871 aparecia muitas vezes referida nos contratos de pleiteantes à liberdade como normatização das restrições e obrigações impostas aos trabalhadores locadores, demonstrando, por um lado, a importância de parâmetros legais já estabelecidos como repertório para práticas não regulamentadas e, por outro, a natureza "intermediária" do trabalho desses sujeitos, provisória e improvisada, sem definições legais próprias. Assim, afirmavam a importância da prática costumeira da locação de serviços de libertandos para a elaboração da lei de 1871.

Os quadros oito e nove indicam a frequência com que menções diretas às leis de 1830 e 1837 ou referências genéricas à legislação de locação de serviços em vigor aparecem nos contratos localizados em Campinas e São Paulo. A tabela relativa aos contratos de São Paulo aponta que em cerca de 50% dos registros localizados algum tipo de referência à legislação de locações de serviços anterior à lei

---

60 Lima, H. E. "Trabalho e lei para os libertos...", p. 141.

2040 foi feita. Já em Campinas, diante de uma amostra sensivelmente menor, esse índice cai para 20%.

Tabela 8. Referências à legislação de locação de serviços nos contratos de locação associados a alforrias (São Paulo, 1830-1888)

	Referências diretas	Referências genéricas	Sem referências	Total
Número de contratos	10	12	24	46
%	21,8	26	52,2	100

Fonte: 1ºCNC, 2010.

Tabela 9. Referências à legislação de locação de serviços nos contratos de locação associados a alforrias (Campinas, 1830-1888)

	Referências diretas	Referências genéricas	Sem referências	Total
Número de contratos	-	2	8	10
%	-	20	80	100

Fonte: 1º TNC, 2011.

Embora as referidas leis de 1830 e 1837 tenham persistido sendo mencionadas como parâmetros de regulação e coerção entre os contratos de locação de serviço ao longo das décadas estudadas, uma projeção do número de contratos ligados à alforria e registrados entre a aprovação das três prescrições mais significativas para as negociações em torno da locação de serviços demonstra que o estímulo das primeiras leis ao registro de contratos dessa natureza foi pequeno (Tabela 10).

Tabela 10. Contratos registrados entre a aprovação das leis de locação de serviços em São Paulo (1830-1888)[61]

	Livres/Forros	Alforrias	Dúvidas
1830-1037	1	-	-
1837-1871	15	12	-
1871-1888	10	34	9
Total	26	46	9
%	32,1	56,8	11,1

Fonte: 1º CNC, 2010.

O quadro genérico de distribuição de todos os contratos de locação de serviços – vinculados ou não a aquisição de alforrias – lavrados antes e depois da lei Rio Branco na cidade de São Paulo (Tabela 11), sugere que a exemplo do que a literatura sobre contratos dessa natureza demonstrou há um crescimento significativo no registro de locações de serviço a partir de 1871.[62] No lapso dos primeiros 41 anos de regulamentação legal das práticas de locação de serviços foram registrados 35% dos contratos, ao passo que os cerca de 17 anos transcorridos entre a aprovação da lei Rio Branco e a abolição comportam o registro de 65% dos contratos localizados.

---

61 A periodização adotada corresponde aos lapsos de tempo transcorrido entre a aprovação das diferentes leis sobre o tema da locação de serviços. A repetição dos anos de 1837 e 1871 explica-se, assim, pela delimitação seguinte dos períodos adotados: 13 de setembro de 1830 a 11 de outubro de 1837; 12 de outubro de 1837 a 28 de setembro de 1871; 29 de setembro de 1871 a 13 de maio de 1888.

62 Aqui nos referimos ao trabalho de Henrique Espada Lima, nos artigos citados: Lima, H. E. "Trabalho e lei para os libertos..."; Lima, H. E. "Sob o domínio da precariedade...".

Em Campinas, diante de uma amostra de documentos significativamente menor, constatamos a prevalência de registros de locação de serviços desligados da aquisição de alforrias. Entre os contratos firmados com trabalhadores libertandos, entretanto, a mesma concentração após a aprovação da lei 2040 pode ser observada (Tabela 12).

Tabela 11. Proporção geral de contratos de locação de serviços firmados antes e após a lei 2040 em São Paulo (1830-1888)

	Antes lei 2040	%	Após lei 2040	%	Total	%
Livres/Forros	16	61,5	10	38,5	26	100
Alforrias	12	26,1	34	73,9	46	100
Dúvidas	-	-	9	100	9	100
Total	28	34,5	53	65,5	81	100

Fonte: 1º CNC, 2010.

Tabela 12. Proporção geral de contratos de locação de serviços firmados antes e após a lei 2040 em Campinas (1830-1888)

	Antes lei 2040	%	Após lei 2040	%	Total	%
Livres ou Libertos	10	62,5	6	37,5	16	100
Alforrias	2	22,2	7	77,8	9	100
Dúvidas	-	-	1	100	1	100
Total	12	46,2	14	53,8	26	100

Fonte: 1º TNC, 2011.

Além disso, as duas tabelas apontam que a maioria dos registros localizados após a lei de 1871 refere-se a contratos de locação de serviços atrelados a compra de alforrias. Tanto em São Paulo como em Campinas, o total de contratos de trabalhadores livres ou forros registrados até a aprovação da lei é superior ao número de contratos com os mesmos trabalhadores após 1871. Entre contratos relacionados à compra de alforrias, porém, a relação inversa é verificada, constatando-se a concentração de registros após a aprovação da lei 2040. As Tabelas 13 e 14 examinam especificamente o conjunto dos contratos de locação de serviços relacionados a manumissões e demonstram o aumento proporcional e absoluto destes registros com o passar do século.

A indicação de uma acentuada concentração de registros nas duas décadas imediatamente anteriores à abolição em São Paulo, verificada no quadro sobre a distribuição dos contratos de liberdade entre as décadas estudadas (Tabela 13), é reiterada pelo cálculo da proporção entre contratos de liberdade lavrados antes e depois do recorte adotado, segundo o qual 74% das locações de serviços com propósitos manumissórios foram registradas após a aprovação da lei. Em Campinas, os contratos relacionados a alforrias comportam-se da mesma forma, concentrando-se (embora em proporção bastante menor) no período posterior a 1871, e sendo superados pelo número de registros de contratos com trabalhadores livres ou forros no período anterior.

Tabela 13. Distribuição de contratos com menção à alforria por década (1830-1888)							
	1830	1840	1850	1860	1870	1880	Total
São Paulo	-	2	3	5	18	18	46
%	-	4,4	6,6	10	39	39	100
Campinas	1	1	-	-	3	4	9
%	11,1	11,1	-	-	33,3	44,4	100

Fonte: 1º CNC, 2010; 1º TNC, 2011.

Tabela 14. Proporção de contratos com menção à alforria antes e após lei 2040 em São Paulo (1830-1888)		
Antes da lei 2040	12	36%
Após a lei 2040	34	74%
Total	46	100%

Fonte: 1º CNC, 2010.

Tabela 15. Proporção de contratos com menção à alforria antes e após lei 2040 em Campinas (1830-1888)		
Antes da lei 2040	2	22,2%
Após a lei 2040	7	77,8%
Total	9	100%

Fonte: 1º TNC, 2011.

Partindo-se do princípio de que os registros de locação de serviços documentados e transformados em notas nos cartórios de Campinas e São Paulo não respondem pela totalidade dos arranjos de locação de serviços firmados no período e considerando-se o cenário de crescimento urbano irregular na cidade de São Paulo, que passou por períodos variados de expansão e retração, acentuando-se no final do XIX, não é de todo surpreendente que com o avançar do século e a ampliação das dinâmicas de organização social urbana a formalização de práticas de trabalho tenha também se ampliado.[63] Sob os estímulos da rica produção cafeeira na região, Campinas igualmente viveu o apogeu de seu desenvolvimento ur-

---

63 Oliveira, Maria Luiza Ferreira de. *Entre a casa e o armazém: Relações sociais e a experiência da urbanização em São Paulo*. São Paulo: Alameda, 2005.

bano nas décadas finais do XIX, notadamente a partir de 1870, quando o aparelhamento e a conformação de uma gestão mais burocratizada da cidade ganham força.[64]

A prevalência de contratos atrelados à compra de alforrias após 1871, todavia, deve ser remetida a um contexto maior, em que notadamente a partir da década de 1870 efervescem as movimentações abolicionistas e recrudescem as manifestações populares pressionando pelo fim da escravidão, ao mesmo tempo em que cresce o contingente de libertos na população. Somente na década de 70 foram registrados mais de 40% do total de contratos encontrados em todo o intervalo de tempo estabelecido para a pesquisa. Nesse cenário, é necessário observar o crescimento acentuado dos contratos de locação de serviços registrados em cartório sob uma ótica dupla, que possa reconhecer na lei Rio Branco a abertura de precedentes legais para o ingresso de cativos no mundo da liberdade mediado por sua própria agência e trabalho e, ao mesmo tempo, seja capaz de reconhecer o interesse acentuado a partir da década de 1870 de enquadrar a população liberta em arranjos de trabalho que permitissem a continuidade da lógica do domínio senhorial e da exploração do trabalho num espaço que se ampliava e em que as possibilidades de controle social já não eram as mesmas.

A superioridade numérica de contratos desvinculados da aquisição de alforrias nas primeiras décadas de nosso recorte, confrontada à ampliação do número total de registros nas décadas de 1870 e 1880 fomentada pelo crescimento de contratos relacionados a manumissões reforça, a nosso ver, essa via interpretativa. Não apenas mais contratos de liberdade foram registrados nesse período, como estes mesmos contratos suplantam em quantidade aqueles que têm

---

64 Lapa, José Roberto do Amaral. *A cidade: os cantos e os antros*. São Paulo/Campinas: Edusp/Editora da Unicamp, 1995.

como locadores trabalhadores forros ou livres, descrevendo-se uma diferença acentuada em São Paulo e discreta em Campinas. Parece-nos assim que os contratos de locação de serviços, utilizados para regular o agenciamento de trabalho de homens e mulheres entre as camadas despossuídas tenham sido crescentemente utilizados para normatizar o ingresso precário de libertandos no mundo do trabalho livre. A afirmação jurídica de uma prática que data de mais de três décadas antes da publicação da lei correspondente poderia assim significar a intenção de restringir as possíveis autonomias de egressos da escravidão num momento de ebulição social, estabelecendo meios para o acesso ampliado de trabalhadores a formas precárias de trabalho livre.

Embora não disponhamos de outras fontes que nos permitam verificar a amplitude de contratos informais de trabalho e prestação de serviços, compreendemos que num cenário em que a oficialização e formalização dos arranjos de locação não parecem ser uma prática imperativa, a preocupação maior com a formalização de acordos de locação de serviços tenha recaído sobre aqueles envolvendo locadores libertandos. Isto poderia ser entendido como uma expressão dos cuidados tomados pelos interesses dominantes com o enquadramento do sujeito egresso da escravidão no mundo da liberdade, garantindo-se a continuidade do domínio e da espoliação senhorial sobre sua força de trabalho e suas expectativas de liberdade. Talvez a maior incidência de contratos entre a população libertanda indique justamente que a passagem destes sujeitos para a liberdade perturbava diversos aspectos da lógica social estabelecida, de modo que mecanismos variados de controle social, como os contratos de locação de serviços, tinham seu conteúdo jurídico ressignificado na prática.

Conforme discuto no capítulo 1, a lei 2040 foi comumente interpretada pela historiografia como um mecanismo pedagógico de encaminhamento e adequação da população egressa da escravidão ao trabalho livre. Contudo, a ampliação do número de contratos de trabalho associados a alforrias a partir da aprovação da lei, constatada nas fontes estudadas, precisa ser compreendida na chave da extensão do domínio escravista e da criação de formas de trabalho dependente como substituição ao trabalho escravo. A vocação da mesma lei para o processamento de emancipações fundamentadas na tutela está escancaradamente expressa nos termos estabelecidos para a liberdade do ventre escravo no primeiro parágrafo de seu primeiro artigo – que indica como alternativas para a camada proprietária a indenização pelo Estado ou o prorrogado domínio de senhores de escravos sobre os ingênuos até os 21 anos.[65] O estudo pormenorizado dos contratos de locação de serviços localizados nas cidades de São Paulo e Campinas, registrado no capítulo três desta pesquisa, demonstra que a locação de serviços como saída para a liberdade sobre a qual dispõe

---

65 Diz o texto da lei: "Os ditos filhos menores ficarão em poder e sob a autoridade dos senhores de suas mães, os quais terão obrigação de criá-los e tratá-los até a idade de oito anos completos. Chegando o filho da escrava a esta idade, o senhor da mãe terá a opção, ou de receber do Estado a indenização de 600$000, ou de utilizar-se dos serviços do menor até a idade de 21 anos completos. No primeiro caso o governo receberá o menor, e lhe dará destino, em conformidade da presente lei. A indenização pecuniária acima fixada será paga em títulos de renda com o juro anual de 6%, os quais se considerarão extintos no fim de trinta anos. A declaração do senhor deverá ser feita dentro de trinta dias, a contar daquele em que o menor chegar à idade de oito anos e, se a não fizer então, ficará entendido que opta pelo arbítrio de utilizar-se dos serviços do mesmo menor". Cf. Lei nº 2040 de 28 de setembro de 1871, art. 1º parágrafo 1º. *Colecção de Leis do Império do Brasil de 1871*. Tomo XXXIV, Parte II. Rio de Janeiro: Typographia Nacional, 1871, p. 147-151. A respeito do trabalho de ingênuos, ver: Papali, Maria Lúcia. *Escravos, libertos e órfãos: a construção da liberdade em Taubaté (1871-1895)*. São Paulo: Annablume/Fapesp, 2001.

a lei desdobrou-se em arranjos precários de trabalho, em que as marcas da dependência e as sanções impostas à liberdade dos trabalhadores enquadram a entrada destes homens e mulheres no mundo da liberdade nos domínios da tutela.

Nesse sentido, a ideia de que a lei 2040 e notadamente a formalização de arranjos de locação de trabalho como paga à alforria, tenham se prestado a conformação de um mercado de trabalho livre no Brasil parece dissociada de um projeto de dilatação da potência da exploração escravista até o momento limite de sua abolição. Mesmo a averiguação da drástica diminuição do registro de contratos com locadores livres após 1871 pode secundar a sugestão da necessidade de reavaliar a ideia da formação do mercado de trabalho livre nas décadas finais do XIX, indicando que arranjos de trabalho desvinculados da compra de alforrias tenham sucumbido ainda mais à informalidade diante da apropriação do expediente da locação de serviços para o enquadramento de trabalhadores libertandos.

Deste modo, a questão da formação de um mercado de trabalho livre fomentada pela lei Rio Branco precisa ser realocada na discussão dos significados múltiplos atribuídos a esse mercado por seus agentes principais, colocando-se em cheque os sentidos de liberdade envolvidos na equação que, inevitavelmente, tencionam a delimitação histórica da consolidação deste mercado.[66]

---

66 Henrique Espada Lima, mais uma vez, comenta a problemática dos significados históricos da liberdade diante da composição de uma oferta ampla de mão de obra livre, resumindo os conflitos que procuramos estabelecer: "(...) o problema da constituição desse mercado não foi analisado de outro modo que não através da lógica legal e dos debates parlamentares ao redor das leis. (...) O que permanece submerso são os sentidos que os próprios trabalhadores dão ao "mercado" no qual são "livremente" lançados (...) (os contratos) revelam o jogo universal da barganha que, dentro dos limites de uma relação desigual, conduz os ex-escravos a tirarem o melhor resultado material possível dos novos arranjos de trabalho. Se

Certamente, a legitimação da prática de locação de serviços, nossa preocupação central no que diz respeito à lei 2040, não proporcionou uma melhora efetiva nas condições de fruição da liberdade de trabalhadores egressos da escravidão. Se – como mostram as liberdades condicionais, as práticas de locação de serviços sem assalariamento e mesmo as formas mais livres de trabalho escravo nas cidades – as condições de escravidão ou liberdade afirmaram-se na prática social sobre uma sorte variada de atributos negociados no cotidiano, tais como mobilidade, autonomia de trabalho, inserção em redes de solidariedade, está claro que a afirmação do *status* civil de liberdade e a monetarização contingente do trabalho dos libertandos, isoladamente, oferecem uma inserção problemática nos quadros da liberdade.[67]

O caso de Rita, cativa fula de 29 anos, é ilustrativo do impasse que propomos. Em 1873 Rita comprometia-se com a locação de seus serviços por sete anos como pagamento ao credor de sua alforria avaliada em 1: 700$000 réis. Além disso, na mesma escritura, Rita comprava sua filha Benedicta, de 5 anos, cativa da mesma proprietária, emprestando para esse fim outros 300$000 réis de seu credor.

---

assim não o fizerem, resta concordarmos com a retórica senhorial que via nos ex--excravos homens e mulheres despreparados para o mundo, que precisariam ser educados sobre os seus próprios interesses e para comportarem-se racionalmente em suas novas escolhas como livres". Lima, H. E. "Sob o domínio da precariedade...", p. 302.

67 Keila Grinberg acentua o sentido dessa afirmação ao destacar o sentido de restrição de liberdade contido na lei Rio Branco: "A lei de 1871 estabelece a liberdade em vários casos; mas para obtê-la o escravo tinha de seguir todas as suas especificações. Antes, embora a prova [da liberdade ou de circunstâncias que a ela levassem] já estivesse presente como uma exigência (...) ela não se fazia tão fundamental. A lei do Ventre Livre adquire assim uma faceta diferente: a que permite a restrição da liberdade". Grinberg, Keila. *Liberata: a lei da ambiguidade...*, p. 98.

O tempo estipulado para prestação dos serviços de Rita é justificado no registro com uma menção à lei 2040 – que estabelece o intervalo de sete anos como o prazo máximo de duração das locações com fins de liberdade. Mais adiante na leitura do documento, deparamo-nos com uma passagem acerca da transferência dos serviços de proprietária a locatário em que o espírito de extensão do domínio escravista de que é imbuída a mesma lei 2040 e que sela a sua interpretação pela camada proprietária está claramente enunciado:

> (...) transferindo-lhe toda a posse, jus, domínio e senhorio que tem em dita escrava, para gozar ou alienar como lhe convier, tem assim declarado a dita outorgante que aprova e acceita como dispoe a ley numero dois mil e cuarenta em artigo 4º paragrafo 3º tudo de acordo com o consentimento do meritíssimo Juis de Orphãos (...).[68]

Poucas menções à lei 2040 além daquela do contrato de Rita são encontradas nos contratos de locação de serviços, e mesmo após 1871 alguns contratos seguem aludindo às leis de 1830 e 1837 como parâmetros coercitivos e regulatórios da locação de serviços, o que parece reiterar a ideia de que a dita lei, embora tenha favorecido a formalização dos arranjos de locação de serviços de liberdade, não representou uma ruptura e tampouco introduziu novos paradigmas no cenário das práticas de alforrias condicionais. Uma dessas menções, entretanto, chama a atenção por apontar ligações entre a afirmação jurídica das locações relacionadas à aquisição de alforrias e um cenário ampliado de lutas pela abolição. Trata-se da referência à lei 2040 no contrato de locação de serviços do pardo

---

68   1º TNC, L64 F88 (08.12.1873).

Felício, lavrado em 1873, em que quem assina rogo do locador é Luis Gama. Naquele ano, Felício comprava sua alforria pelo valor de 1:000$000 de réis, a serem pagos a seu credor com a prestação de três anos e meio de seus serviços.[69] O mesmo artigo 4º em seu parágrafo 3º da lei é novamente mencionado para justificar a celebração do contrato. A participação de Luis Gama, não sendo mais extensa do que uma breve menção e uma curta assinatura, deve ser compreendida num espectro mais amplo.

Além deste, Luis Gama aparece mencionado em ainda outros três contratos de locação de serviços localizados na cidade de São Paulo: em 1873 assina a rogo de Bendicta Maria das Dores o contrato de locação de seus serviços; em 1876, está envolvido no caso já relatado da libertanda Carolina e, em 1879, assina, a rogo da locadora Esperança, Luiza da Gama um contrato que se desdobrou em ação de liberdade e é estudado em maiores detalhes no capítulo quatro.[70] Embora a manifestação de seu envolvimento com a história dos trabalhadores mencionados e com seu projeto de liberdade permaneça na penumbra da brevidade de algumas assinaturas, é fundamental compreender que a disputa por liberdades encerrada em contratos de locação de serviços foi suficientemente significativa para reunir sob si a formalização jurídica e a participação de uma figura fundamental no abolicionismo da província.

Embora não possamos conhecer os pormenores das negociações dos contratos de que participou Luis Gama, seu envolvimento com a celebração desses arranjos de trabalho com propósitos manumissórios sugere que as locações de serviços tenham sido encampadas por setores organizados de luta contra a escravidão como expedientes de

---

69 1º CNC, L80 F32 (12.11.1873).
70 1º CNC, L79 F 23 (21.01.1873); L86 F 126 (02.05.1879) e L88 F87 (27.11.1879).

agência abolicionista. Mais ainda, pode sugerir que a mesma lei 2040 tenha sido interpretada por estes setores como uma via de fato para as disputas em torno das alforrias e um recurso válido no campo ampliado das lutas pela abolição.

A multiplicação dos contratos de trabalho atrelados a alforrias após 1871 se dá num cenário em que o controle sobre a gerência dos assuntos da escravidão passa paulatinamente da "casa" ao "governo".[71] Ao mesmo tempo, ocorre a ampliação dos acessos à liberdade formal, para o que foi determinante o envolvimento do abolicionismo com as ações de liberdade nas décadas de 70 e 80, a formação de sociedades emancipacionistas e também o desgaste dos fundamentos morais de fidelização do liberto que sustentavam a política de manumissões, certamente influenciado pelos abalos generalizados à instituição da escravidão na segunda metade do XIX.

As liberdades precarizadas, vividas em sociabilidades populares e construídas à margem da norma e do controle social, como viemos demonstrando, encontraram campos formais de disputa em que a pessoalidade de sua negociação foi aos poucos (ainda que não completamente) sendo substituída pela mediação do Direito e do Estado. Apesar de não tratarmos nesse trabalho especificamente do tema das leis e dos campos de disputa jurídica em torno da liberdade, é fundamental reconhecer a ampliação dos campos de disputa em torno do acesso à liberdade formal e juridicamente estabelecida ao longo do XIX.[72]

---

71 Aqui empregamos as definições elaboradas por Ilmar R. de Mattos acerca das três esferas em se dividia o Império – a casa, o governo e a desordem – e suas implicações na gerência dos assuntos da escravidão. Mattos, Ilmar R. *O tempo saquarema: a formação do estado imperial*. São Paulo: Hucitec, 1990.

72 Uma bibliografia recente e bastante profícua vem sendo produzida acerca desses temas, como é o caso dos trabalhos de Keila Grinberg, Joseli Maria Nunes e Sidney Chalhoub, indicados na bibliografia: Chalhoub, S. *Visões da liberdade*...;

Certamente deve-se reconhecer a importância da luta de trabalhadores que procuraram agenciar para si entradas no mundo da liberdade por meio da locação de serviços, bem como a reverberação desse expediente como uma via de libertação legitimada pelo peso da defesa de um abolicionista como Luis Gama e também por sua formalização e regulação na lei 2040. O significado da lei de 1871 para os quadros da locação de serviços ligada a alforrias, entretanto, é pernicioso. O argumento que sustentamos baseia-se na compreensão de que contratos de locação de serviços foram utilizados para o agenciamento de trabalho barato entre as camadas despossuídas em que se incluíam libertandos e, com o correr do XIX e o aguçar das tensões em torno da abolição, foram apropriados como artifícios para o enquadramento social de trabalhadores egressos da escravidão. A formulação dessa prática na lei 2040 poderia ser lida, assim, não apenas como abertura para a amplificação de alforrias condicionais, mas como a culminação formalizadora de uma prática indenizatória e de controle social, que alonga formas de expropriação do trabalho de egressos da escravidão e dá margens a conformação de subcidadanias experimentadas pelos libertos.

É fato, porém, que as locações de serviços importaram não apenas para enquadrar a população liberta sob o domínio paternalista senhorial ou para alimentar um processo de ressarcimento da camada proprietária. Contratos de locação de serviços foram também estratégias eficientes para a continuidade da exploração do trabalho dos sujeitos egressos da escravidão no mundo da liberdade e para o agenciamento de trabalho barato. O mapeamento dos arranjos de trabalho afirmados nos contratos é o tema a que dedicamos nosso próximo capítulo.

Grinberg, K. *Liberata, a lei da ambiguidade...*; Mendonça, Joseli Maria Nunes. *Entre a mão e os anéis: a Lei dos Sexagenários e os caminhos da abolição no Brasil.* Campinas: Editora da Unicamp, 2008.

Capítulo 3
O ofício da liberdade

No dia 12 de abril de 1880 o tabelião Alves compareceu à casa do alferes Joaquim Dias Toledo, à Rua da Boa Vista número 34. Lá se encontravam o dito alferes, junto de seus filhos Eliza e Joaquim, e também Galdina de Mello Marques, todos presentes para que fosse lavrada a escritura de locação de serviços devidos por Galdina aos menores Eliza e Joaquim em razão da dívida por ela contraída no valor de 734$00. A quantia, emprestada à Galdina pelo alferes Toledo, fora usada para pagar ao seu ex-senhor, Major Henrique Luiz d'Azevedo Marques, o valor de sua liberdade. A endividada libertanda, de posse de sua alforria, "não tendo outro meio de pagar a dita quantia, locava seus serviços aos menores pelo tempo de cinco anos", lançando mão de um expediente recorrente ao longo do XIX empregado como solução para as tensões estabelecidas entre desejos de liberdade de trabalhadores escravizados e políticas de manutenção da propriedade escrava: os contratos de locação de serviços.[1]

Galdina, solteira e maior de 21 anos, submetia-se a condições variadas para a prestação de seus serviços. Concordava em servir em todo o tipo de trabalho doméstico fosse ele "comprar, engomar, cozinhar, rachar lenha, lavar, cozer, arranjar a casa e o mais que for possível"; em viver sob o teto de seus locatários menores, a casa de seus pais, "sugeitando-se a todas as regras da mesma,

---

1 Escritura registrada no dia 12 de abril de 1880 no Livro de Notas 89, à folha 13, no 1º Cartório de Notas da Capital, cidade de São Paulo. Doravante os contratos localizados neste cartório serão referidos da seguinte maneira: 1º CNC L F (data).

acompanhando os locatarios em caso de mudança para qualquer lugar do Imperio" e submetia-se às "penas que as leis estabelecem para infratores" no caso de ofender alguma das normas do contrato. Além disso, a libertanda obrigava-se a indenizar aos locatários em serviços pelos dias em que, enferma, estivesse impedida de servi-los, devendo responsabilizar-se ainda pelas expensas com médico e botica. Por sua parte, aos locatários cabia prover à Galdina "sustento, comida e vestuário para si", sendo portadores do direito de transferir o contrato e os serviços da libertanda a qualquer outro locatário, segundo sua única conveniência.

Embora Galdina fosse ainda jovem, e os cinco anos de trabalho a que se obrigava pudessem superar as expectativas de uma longa vida como cativa, os termos a que a libertanda aquiescia no contrato pareciam de todo desfavoráveis. O contrato por ela firmado oferece um exemplo bastante característico das negociações e arranjos de trabalho estabelecidos entre libertandos e locatários de serviços ao longo do século. Estes contratos evidenciavam a manutenção dos vínculos de exploração do trabalho dos egressos da escravidão no mundo do trabalho livre e, via de regra, obstavam a construção de modos de vida autônomos e emancipados do domínio paternalista, convertendo este último em tutela.

O contrato em questão, celebrado menos de uma década antes da abolição, é esclarecedor de como os acordos de locação de serviços poderiam estender organizada e exemplarmente o domínio senhorial sobre trabalhadores libertandos, tendo sido, por este motivo, usados correntemente ao longo do XIX. Estabelecendo passagens vacilantes da escravidão à liberdade, estes contratos materializaram os limites difusos entre formas de "ser escravo" e "ser livre", problematizados no primeiro capítulo. Essa indefinição, expressa muitas vezes na confusa qualificação dos locadores de serviços ora chamados de escravos, ora de libertos ou libertandos nas escrituras, pode ser notada ao analisar-se o conjunto dos contratatos de locação de serviços registrados no 1º Cartório de Notas da Capital, em São Paulo, e no 1º Tabelionato de Notas de Campinas.

Contratos de locação de serviços foram frequentemente celebrados no correr do XIX para saldar dívidas por meio do empenho de serviços prestados por trabalhadores livres, libertos e libertandos que não dispunham de outros meios para quitar seus débitos. Foram também utilizados, com menor frequência, para a contratação de serviços desvinculada de endividamentos. Os acordos de trabalho encontrados nos livros de notas dos cartórios de São Paulo e Campinas arranjaram-se com valores e durações variadas, e neles as partes outorgantes – locatários credores de um lado e locadores devedores de outro – acertavam condições muitas vezes vagas de prestação de serviços. A documentação pouco esclarece acerca das circunstâncias da negociação entre libertandos e seus senhores que resultava nos contratos, e possivelmente na alforria, e menos ainda de sua relação com os credores contratantes.

Os estudos sobre alforrias, cuja produção mostra-se adensada desde as últimas décadas, têm trazido menções eventuais aos contratos de locação de serviços, inserindo-os numa lógica ampliada de concessão de alforrias condicionais e onerosas.[2] É evidente, porém,

---

2 Entre os trabalhos que tratam especificamente da temática dos contratos de locação de serviços, citamos: Lima, Henrique Espada. "Sob o domínio da precariedade: escravidão e os significados da liberdade no século XIX". *Topoi*, v. 6, nº 11, jul-dez, 2005, p. 289-326; Lima, Henrique Espada. "Trabalho e lei para os libertos de Santa Catarina no século XIX: arranjos e contratos entre a autonomia e a domesticidade". *Cadernos AEL*, v. 14, nº 26, 2009; Penna, Clemente Gentil. *Escravidão, liberdade e os arranjos de trabalho na Ilha de Santa Catarina nas últimas décadas de escravidão (1850-1888)*. Dissertação (mestrado) – Centro de Filosofia e Ciências Humanas, UFSC, Florianópolis (SC), 2005.

a frequente semelhança entre os arranjos de trabalho celebrados com e sem a previsão de alforrias, remetendo-nos ao cenário social das camadas populares em que as transgressões entre as condições de liberdade e escravidão faziam parte da experiência vivida cotidianamente por homens e mulheres trabalhadores.

Embora concordando com o enquadramento deste tipo de contrato numa categoria ampliada de expedientes para a libertação associados a uma lógica indenizatória de abolição da escravidão, parece-nos que os contratos de locação de serviços associados a alforrias não foram ainda explorados em toda a sua potencialidade como fontes importantes para o delineamento de um quadro geral das condições de trabalho experimentadas pelos sujeitos que deixavam o cativeiro formal.

Dessa forma, consideramos que esmiuçar os contratos e os arranjos de trabalho ali negociados possa ser útil na composição dos cenários sociais transitados por trabalhadores das camadas populares e dos trabalhadores libertandos em especial, na expectativa ao mesmo tempo constante e distante de viver a vida em liberdade.

Fronteiras de liberdade: problematizando o cenário da locação de serviços

Em dezembro de 1876, a liberta Paulina Maria das Dores acertava em cartório a prestação de serviços de criada e cozinheira no "Hotel do Globo", de propriedade do Capitão José de Almeida Cabral, localizado na cidade de São Paulo. Durante um ano, mediante o salário de 20$000 réis mensais, Paulina desempenharia "todos os misteres da profissao com zelo e de conformidade com as ordens do locatario", a quem prestaria a devida obediência.[3]

---

3   1º CNC, L86 F44 (s/ dia, dezembro de 1876)

Poucos meses depois, no dia 08 de junho de 1877, o Tabelião Alves se dirigiu à casa do Capitão Joaquim José Gomes, na cidade de São Paulo, com a tarefa de registrar em seu livro de notas a escritura da locação dos serviços de Marcolina da Conceição Gomes. Marcolina, dizia a escritura, se reconhecia devedora ao Capitão, na quantia de 215$000 réis, que o mesmo despendera "por ocasião de sua enfermidade de parto, sendo cento e oitenta mil reis ao medico Doutor Luiz Lopes Baptista de Araujo e trinta e cinco mil reis a parteira Maria Chameroy".[4] Não dispondo de meios para quitar seu débito, Marcolina contratava seus serviços à razão de 116$714 réis por ano (pouco menos de dez mil réis por mês), debaixo de condições previamente acordadas num outro contrato que firmara com o mesmo Capitão, registrado nas notas do Tabelião Fonseca da mesma cidade pouco menos de um ano antes.[5]

Um pouco mais tarde naquele mesmo dia, a liberta Maria Machado acompanhava seu credor José Casemiro Moutt à rua das Palmeiras para celebrar, em cartório, a locação de toda a sorte de serviços domésticos "compativeis com suas forças", inclusive o de ama de leite, a serem prestados na casa do locatário ou de quem quer que este lhe ordenasse. O motivo que levava Maria a aquiescer na prestação de serviços variados sob o risco de deslocamentos ao sabor da vontade de seu locatário era o mesmo que originou contratos de locação de serviços desde a primeira metade do século e notadamente nas duas décadas anteriores à abolição: a busca por liberdade. Maria

---

4   1ºCNC, L68 F146 (08.06.1877)

5   Supomos que o tabelionato indicado corresponda ao 2º Cartório de Notas da Capital; toda a documentação notarial desta instituição, porém, encontra-se sob a guarda do Arquivo Público do Estado de São Paulo – que, por sua vez, encontra-se em reformas – de modo que não foi possível buscar fontes produzidas neste tabelionato que dialogassem com aquelas localizadas no 1º Cartório de Notas da Capital.

se fazia devedora a Moutt da quantia de 1: 100$000 que por meio de empréstimo obtivera para a compra de sua alforria.⁶

Observados em conjunto, os três contratos, firmados na mesma cidade e no espaço de menos de um ano, guardam semelhanças variadas entre si e embaralham o cenário das locações de serviços no século XIX, demonstrando a dificuldade da tarefa de discriminar entre os arranjos de trabalho elaborados para compra de alforria e aqueles em que os locadores eram trabalhadores livres ou forros. As condições negociadas de trabalho, tipos de serviço, menções a condição de egressos da escravidão e tempo de locação, encontradas nos contratos, ora se aproximam, ora se distanciam, fornecendo um exemplo característico da fluidez entre as situações de "ser livre" e "ser escravo".

Determinar com precisão quais eram os contratos de locação de serviços ligados à alforria no conjunto dos acordos de trabalho no XIX é missão espinhosa. O único dos três casos acima mencionados que faz menção clara e direta ao arranjo de liberdade é o contrato da liberta Maria Machado, que se endividou para pagar sua alforria. No entanto, assim como Paulina, também liberta, Maria Machado contratou-se como criada, vivendo em companhia de seus locatários e sujeitando-se ao estrito controle de sua vida pelo jugo paternalista. No correr das cláusulas de prestação de serviços previstas nos contrato reforça-se a obediência devida por Maria e Paulina àqueles que se tornaram então seus credores locatários, e ambas concordavam em custear expensas básicas como despesas com médico e botica.

A despeito dessas similaridades, não há qualquer menção terminante acerca da ligação do contrato da locadora liberta Paulina com a aquisição de sua alforria. Ainda em outros aspectos os

---

6   1º CNC, L86 F146v (08.06.1877)

contratos se distanciam, como na duração do compromisso de prestação de serviços, que é de sete anos para Maria e um para Paulina. Nesse sentido, o arranjo de trabalho de Paulina aproxima-se do de Marcolina, que locou seus serviços por dois anos por um valor semelhante como pagamento das despesas de seu parto que ela, mãe solteira, não dispunha de recursos para saldar. De fato, uma projeção do valor mensal do trabalho de Marcolina, obtida pela divisão do montante total de sua dívida pelo tempo total de prestação de serviços, indica que o abatimento de seu débito dava-se na proporção de cerca de 18$000 réis por mês, próximos aos 20$000 réis recebidos mensalmente por Paulina e superiores aos menos de 10$000 réis mensais em que era avaliado o trabalho de Maria. Ainda assim e segundo o que estabelece o contrato, todo o serviço de Marcolina estaria empenhado no pagamento de sua dívida, de modo que os frutos de seu trabalho estavam alienados a seu contratante locatário.

Esse quadro confuso e de difícil descrição é ilustrativo da multiplicidade do cenário das locações de serviços que enfrentamos na análise da documentação. O contrato de Maria Machado é o único que claramente indica o comprometimento de seus serviços com o fim de sua libertação. Ainda assim, as condições de trabalho nele acertadas se assemelham às do contrato de Paulina, em que a locadora é identificada como liberta, mas não esta explícita a ligação dos serviços prestados com a aquisição de sua alforria. Da mesma forma, tanto o arranjo de trabalho de Maria quanto o de Marcolina, citam o endividamento como motivação para a celebração do contrato de locação de serviços.

De forma geral, os contratos localizados nas cidades de São Paulo e Campinas e estudados nessa pesquisa compunham acordos de trabalho estabelecidos, com poucas exceções, para a quitação de débitos contraídos por empréstimo. Podendo ser muito breves e vagos quanto às circunstâncias do endividamento, os contratos via de regra informam sobre o valor dos serviços contratados e a duração da prestação de serviços acordada, mencionando a responsabilidade sobre o provimento de recursos básicos de vida aos trabalhadores – casa, comida, vestuário e médicos – e a observância pelos locadores de leis e normas coercitivas e reguladoras das práticas de locação de serviços. Outros detalhamentos como a menção à restrição de mobilidade dos trabalhadores, o direito de transferência e sublocação de serviços e a possibilidade de remissão de serviços mediante a indenização imediata do valor devido são mais comuns nos contratos vinculados à compra de alforrias.

Conforme adiantado no capítulo anterior, para melhor compreender o quadro geral dos arranjos de locação de serviços estabelecidos num cenário de compartilhamento de experiências sociais por livres, forros e cativos, elaboramos uma classificação rígida dos contratos estudados, dividindo-os entre vinculados ou desvinculados da aquisição de alforrias. Os contratos atrelados à aquisição de alforrias são aqueles em que a vinculação a manumissões está expressamente enunciada. Além destes, há os contratos que não mencionam alforrias, e por isso são tratados em nossas análises como contratos desvinculados de processos manumissórios.

Outros autores que se dedicaram ao tema dos contratos de locação de serviços não se referem a contratos desvinculados de alforrias. Em artigo a respeito dos contratos de locação de serviços registrados em Desterro no XIX, Henrique Espada Lima afirma que entre as 46 escrituras por ele localizadas, nenhuma dizia respeito à contratação de trabalho livre.[7]

---

[7] Essa informação consta do seguinte artigo: Lima, H. E. "Trabalho e lei para os libertos...". Clemente Gentil Penna igualmente utiliza a documentação das

Pesquisados todos os livros correspondentes aos 58 anos do recorte temporal de nossa pesquisa, foram encontrados em Campinas apenas nove contratos de locação de serviços atrelados à liberdade, além de outros 16 contratos sem ligação declarada com a escravidão.[8] Os registros escassos de negociações de trabalho para compra de alforrias localizados na cidade, entretanto, não podem ser interpretados como um indício inequívoco de que esse expediente de agenciamento de trabalho não tenha sido relevante nas disputas por liberdade e na acomodação do trabalho dos egressos da escravidão. Nas páginas dos livros de notas campineiros há diversas referências a negociações de trabalho e alforria que podem remeter ao endividamento e à locação de serviços.

É o caso de uma carta de liberdade passada à parda Anna em 1883.[9] Anna, escrava de Dona Maria Luiza de Jesus, recebia de sua senhora a alforria com a condição de prestar, por quatro anos, serviços a José Pereira Padilha, sendo que o beneficiário de seus serviços ficava ainda com o direito de transferi-los a quem quisesse. Os laços que vinculavam a proprietária de Anna àquele a quem ela cedia os serviços de sua escrava não são esclarecidos, tampouco menciona a carta qualquer quantia que tenha sido adiantada à mesma senhora

---

locações de serviços em Desterro, mas também não se refere a contratos de trabalho livre: Penna, C. G. Escravidão, Liberdade e os Arranjos... Em Campinas, Regina Célia Xavier Lima aborda os contratos num estudo sobre os libertos na cidade, sem tampouco referir-se ao tema da locação de trabalho livre: Lima, Regina Célia Xavier. *A conquista da liberdade: Libertos em Campinas na segunda metade do século XIX*. Campinas: Área de Publicações CMU/Unicamp, 1996.

8   No arquivo do 1º Tabelionato de Notas de Campinas não constam os livros de notas de número 21, 23 e 39, extraviados. As notas registradas nestes livros correspondem aos anos de 1830, 1832 e 1850.

9   Primeiro Tabelionato de Notas de Campinas, livro 84, folha 145, em 24 de setembro de 1883. Os contratos localizados neste cartório doravante serão mencionados da seguinte forma: 1º TNC, L F (data).

pelo cessionário. Sob todos esses silêncios, porém, se estabelece uma relação muito característica dos contratos de locação de serviços para compra de alforria, em que proprietários eram indenizados por terceiros que, por sua vez, eram indenizados pelos próprios trabalhadores escravizados.

A carta de liberdade concedida em 1859 por Rafael José A. V. Barbosa a Joaquina oferece outro exemplo de que locações de serviços para compra de liberdade na cidade de Campinas ocorriam com maior frequência do que aquela verificada nos livros de notas. Comprada por Barbosa pelo preço de 700$000 réis à Dona Mafalda Eufrazina do Amaral, Joaquina se via então uma devedora duplamente endividada, pois passava a dever 200$000 réis à sua antiga senhora e o restante do valor de sua liberdade àquele que era seu novo proprietário e credor. O mesmo Barbosa declarava, ao fim do documento, que Joaquina encontrava-se livre de prestar-lhe jornais, "para com o producto de seos serviços fazer aquelles pagamentos e então ficar forra". Embora Joaquina tivesse sido formalmente passada ao domínio e propriedade de um novo senhor, a carta sugere uma negociação em que ela própria era a agente principal de sua liberdade, quitando com seu trabalho o valor devido por sua alforria.

Outras duas cartas de liberdade passadas em 1885, sem maiores detalhamentos, apontam o envolvimento de outras pessoas além de escravos e senhores na tramitação das alforrias. Trata-se da carta de liberdade concedida à Graciana, parda de 27 anos cuja alforria, no valor de 1:000$000 réis, fora paga por Joaquim Celestino dos Santos, e também da carta de liberdade de Florinda, mulata de 50 anos e escrava do major Egydio da Fonseca, cuja alforria no valor de 400$000 réis fora paga por Olegário Ribeiro.[10]

---

10   1ºTNC, L87 F91 (10.02.1885); 1ºTNC, L87 F97 (19.02.1885).

Seria possível que estas cartas de liberdade fossem sucedidas por acordos informais de arrendamento de serviços. A extensa prática de concessão de alforrias onerosas e condicionadas à prestação de serviços verificada em Campinas permite supor que as liberdades de Graciana e Florinda tivessem sido negociadas em troca de serviços prestados aos financiadores de suas alforrias.[11] Secunda essa hipótese a perspectiva de que, na Campinas de então, grande parte das negociações em torno da escravidão ocorriam na esfera da informalidade, longe da oficialização dos cartórios. Além disso, é importante ressaltar que escravos consistiam em "moeda" comumente empregada nas negociatas registradas no tabelionato da mesma cidade. Uma breve passada de olhos em qualquer dos livros de notas é suficiente para evidenciar o amplo empenho de escravos em hipotecas, bem como os constantes movimentos de compra, venda e aluguel de cativos.[12] Os escravos eram moeda corrente nos

---

11 Muitos exemplos desse tipo de alforrias poderiam ser extraídos das páginas dos livros de notas do 1º Tabelionato de Campinas. É o caso do pardo Ignacio de 34 anos a quem, em 1885, é concedida a alforria com a condição de servir a seus senhores pelo tempo de quatro anos, ou o de Alexandrina, que além de ter pago 500$000 réis a seu senhor ainda ficava obrigada pela carta de liberdade a prestar-lhe sete anos de serviços. Para maior aprofundamento na questão das alforrias condicionais e onerosas na cidade de Campinas, ver: Damásio, Adauto. *Alforrias e ações de liberdade em Campinas na primeira metade do século XIX*. Dissertação (mestrado) – IFCH-Unicamp, Campinas, 1995; Eisenberg, Peter. Ficando livre: as alforrias em Campinas no século XIX. *Estudos econômicos*, São Paulo, v. 17 (2), maio-ago. 1987, p. 175-216.

12 Conquanto não tenhamos feito um levantamento sistemático dos variados negócios da escravidão oficializados nas páginas dos livros de notas, bons e diversos exemplos podem ser encontrados analisando a documentação cartorial. Citamos como exemplo uma "Carta de reconhecimento de dívida" registrada em 1886 em que o proprietário de dois escravos afiança sua propriedade como garantia de pagamento a uma dívida contraída por negócios não especificados. 1º TNC, L92, F141 (1886).

negócios da cidade, e a locação de serviços de escravos foi certamente um negócio recorrente ao longo do XIX.

Em São Paulo o quadro dos contratos de liberdade se amplia, indicando que as locações foram expedientes comuns de agenciamento de trabalho ao longo do século e notadamente nas últimas décadas da escravidão na cidade. É importante ressaltar que, assim como acontece aos registros localizados em Campinas, é certo que o número de contratos localizados nos livros de notas de São Paulo não corresponde ao total dos acordos de locação de serviços realizados na cidade entre os anos pesquisados. Dessa forma, é necessário entender os contratos localizados como uma expressão indiciária de práticas mais amplamente enraizadas nas relações sociais.

A tabela abaixo mostra a distribuição dos contratos de locação de serviços em São Paulo, de acordo com o critério rigoroso da presença ou ausência de menção à alforria anteriormente explicitado:

Tabela 16. Contratos com e sem menção à alforria em São Paulo (1830-1888)			
	Com menção	Sem menção	Total
Número de contratos	46	35	81
% sobre o total de contratos	56,8	43,2	100

Fonte: 1º CNC, 2010.

A tabela demonstra a predominância dos contratos ligados à aquisição de liberdade sobre contratos em que vínculos com alforrias não estão enunciados. Como antecipado no Capítulo 1 deste trabalho, entre os contratos alocados sob a categoria "sem menção à alforria", há escrituras que levantam suspeitas quanto à possibilidade de estarem relacionados à aquisição de liberdade. Esta suspeita, que recai sobre nove contratos encontrados em São Paulo, é fomentada pela identificação dos locadores como libertos ou forros e pela inclusão de cláusulas de prestação de serviços encontradas com maior frequência nos contratos que indicam diretamente a ligação com manumissões.

Um exemplo destes contratos "suspeitos" diz respeito à locação dos serviços da liberta Benedicta Maria das Dores a Zacarias João Ramalho, que lhe adiantara por empréstimo e por motivos não especificados a quantia de 400$000 réis.[13] Embora o contrato não faça menção à aquisição de alforria, ao final da escritura nota-se a presença do nome do abolicionista Luiz Gonzaga Pinto da Gama, indicado como testemunha e assinando a rogo da locadora. O nome de Luiz Gama e a identificação da locadora como liberta levantam fortes suspeitas acerca da vinculação do contrato à aquisição da alforria de Benedicta.

Num outro contrato, os serviços da mesma Benedicta são transferidos alguns meses mais tarde a um novo locatário, "com todas as condições e obrigações" devidas pela locadora e apontadas na escritura anterior.[14] O direito à transferência dos contratos é comumente citado nas escrituras de locação relacionadas à aquisição de alforrias, sendo uma prerrogativa dos locatários dos serviços. Já entre os contratos de trabalho livre, essa prerrogativa é muito raramente mencionada. Dessa forma, embora as razões da celebração de um novo contrato dos serviços de Benedicta não estejam esclarecidas, alguns indícios colaboram para a suposição de que também esta escritura estivesse envolvida numa negociação de liberdade.

Ao acompanhar a distribuição de todos os contratos de locação de serviços registrados em São Paulo no período da pesquisa (Tabela 17), notamos uma concentração acentuada de escrituras

---

13   1º CNC, L79 F66 (21.01.1873).
14   1º CNC, L79 F191 (05.09.1873).

lavradas a partir da década de 1860 e especialmente entre as décadas de 1870 e 1880 (esta última uma década "mais curta", haja vista nosso recorte que encerra a pesquisa no ano da abolição). Os quadros que mostram a distribuição de contratos com e sem ligação com alforrias por década, sugerem que a tendência geral de incremento da prática de locação de serviços a partir da década de 1860, e de sua notável condensação nas duas décadas seguintes, confirma-se nos dois grupos (Tabelas 18 e 19).

Tabela 17. Contratos de locação de serviços por década em São Paulo (1830-1888)

Décadas	1830	1840	1850	1860	1870	1880	Total
Número de contratos	2	2	4	16	33	24	81
% sobre o total de contratos	2,5	2,5	5	19,8	40,7	29,6	100

Fonte: 1º CNC, 2010.

Tabela 18. Contratos sem menção à alforria por década em São Paulo (1830-1888)

Décadas	1830	1840	1850	1860	1870	1880	Total
Livres/Forros	2	-	1	11	9	3	26
Dúvidas	-	-	-	-	6	3	9
Total	2	-	1	11	15	6	35
% sobre o total de contratos	5,7	-	2,8	31,4	42,9	17,2	100

Fonte: 1º CNC, 2010.

Tabela 19. Contratos com menção à alforria por década em São Paulo (1830-1888)

Décadas	1830	1840	1850	1860	1870	1880	Total
Número de contratos	-	2	3	5	18	18	46
% sobre o total de contratos	-	4,4	6,6	10	39	39	100

Fonte: 1º CNC, 2010.

Diante da pequena quantidade de contratos localizados em Campinas, não é possível projetar tendências para os arranjos de trabalho na cidade como fazemos em São Paulo. Entretanto, uma sistematização dos dados brutos obtidos entre os contratos campineiros pode ser interessante para cotejar os indícios mais expressivos encontrados nos registros da capital da província. Nesse sentido notamos que a exemplo do que ocorre na Capital, em Campinas há uma concentração de contratos de locação de serviços nas duas décadas anteriores à escravidão, embora haja também um número absoluto maior de contratos registrados na década de 1850 do que os encontrados na cidade de São Paulo (Tabela 20).

Tabela 20. Contratos de locação de serviços por década em Campinas (1830-1888)

Décadas	1830	1840	1850	1860	1870	1880	Total
Sem menção à alforria	-	1	5	3	3	4	16
Com menção à alforria	1	1	-	-	3	4	9
% sobre o total de contratos	4	8	20	12	24	32	100

Fonte: 1º TNC, 2011.

O adensamento do registro de contratos nas décadas finais da escravidão poderia se explicar, nas duas cidades, pelo crescimento urbano e ampliação das estruturas de burocratização e regulação da cidade, que ensejariam um incremento na formalização de arranjos de trabalho. Estudos sobre o desenvolvimento urbano de Campinas e São Paulo indicam que o aparelhamento das cidades e a organização de instituições públicas são decorrências do final da segunda metade do século XIX. Antes disso, e também de um movimento do Estado no sentido de encampar a gestão dos assuntos da escravidão, sinalizado na aprovação da lei 2040 em 1871, parece haver uma expressão predominantemente informal nos negócios da escravidão realizados nas cidades, de modo que muitos arranjos de locação de serviços podem ter sido firmados na prática, mas não no papel.[15]

Ao comparar as Tabelas 17, 18 e 19, porém, notamos que o crescimento do número de registros de locação de serviços a partir da década de 1870 em São Paulo é superior entre os contratos ligados à aquisição de alforrias. Tal situação pode sugerir que, diante do desmonte das estruturas escravistas nas últimas décadas do XIX e do crescimento de pressões pelo fim da escravidão, os contratos tenham sido empregados largamente como um expediente de solução de tensões sociais e de encaminhamento da população liberta no mundo do trabalho livre.[16]

Quando observados em conjunto, os grupos de contratos associados a e dissociados de processos manumissórios apresentam algumas divergências. Se a distribuição dos registros de escrituras de

---

15 Lapa, José Roberto do Amaral. *A cidade: os cantos e os antros*. São Paulo/Campinas: Edusp/Editora da Unicamp, 1995; Oliveira, Maria Luiza Ferreira de. *Entre a casa e o armazém: Relações sociais e a experiência da urbanização em São Paulo*. São Paulo: Alameda, 2005.

16 Essas hipóteses serão retomadas mais à frente, na discussão que trata especificamente das dinâmicas de trabalho arranjadas nos contratos.

locação de serviços ao longo do século é semelhante para contratos com e sem ligação com a aquisição de alforrias, a proporção entre trabalhadores homens e mulheres locadores em cada um desses "tipos" de contrato apresenta diferenças (Tabela 21).

Tabela 21. Proporção de locadores homens e mulheres nos contratos em São Paulo (1830-1888)

	Homens	Mulheres	Homens e Mulheres	Total
Sem menção a alforria	24	10	1	35
Com menção a alforria	18	24	4	46
Total	42	34	5	81
% sobre o total de contratos	51,8	42	6,2	100

Fonte: 1º CNC, 2010.

Numa quantificação geral, que inclui todos os contratos lavrados nas notas do cartório de São Paulo entre 1830 e 1888, registros envolvendo exclusivamente locadores homens superam em número os registros com locadoras mulheres. Por sua vez, contratos mistos, envolvendo dois ou mais locadores, de ambos os sexos, representam uma minoria das escrituras localizadas. Embora a diferença entre a representatividade de locadores do sexo masculino e feminino não seja muito impactante (existem oito contratos com homens a mais do que contratos com mulheres, menos de 10% de diferença) a superioridade numérica de contratos com locadores homens sobre locadoras mulheres é fomentada especialmente pelos arranjos de trabalho desvinculados da aquisição de liberdade. Entre os contratos de locação de serviços ligados à compra de alforrias, escrituras com locadoras mulheres superam em número as escrituras com locadores homens. Em termos proporcionais, pode-se dizer que cerca de 57,2% do total de contratos com locadores homens pertence ao grupo dos contratos sem menção à prática de alforrias.

Destacando-se dos contratos sem menção à alforria aqueles que, como explicado anteriormente, deixam dúvidas quanto à possibilidade de sua ligação com a compra de manumissões, notamos confirmar-se a mesma tendência verificada acima para os contratos de liberdade, qual seja a de maior incidência de arranjos de trabalho envolvendo locadores do sexo feminino. Estes contratos estão indicados na tabela sob a alcunha de "Dúvidas" (Tabela 22).

Tabela 22. Proporção de locadores homens e mulheres entre os contratos "Dúvidas" em São Paulo (1830-1888)				
	Homens	Mulheres	Homens e Mulheres	Total
	2	6	1	9
% do total de contratos	22,2	66,7	11,1	100

Fonte: 1º CNC, 2010.

Os significados da superioridade quantitativa de locadoras do sexo feminino entre as escrituras que arranjam prestações de serviço com o intuito de quitar alforrias será melhor discutido no próximo item deste capítulo. A superioridade de locadores masculinos entre os contratos que nos parecem mais claramente desligados de projetos de manumissão poderia apontar, numa primeira leitura, apenas para o fato de que mulheres eram preteridas por homens no desempenho de serviços agenciados a baixos custos na cidade de São Paulo. Remetendo-nos, porém, ao cenário descrito por Maria Odila Leite da Silva Dias, de uma São Paulo preenchida de sociabilidades populares e escorada no trabalho feminino, podemos depurar desses dados a flagrante precarização do trabalho feminino livre na cidade.[17]

Outra diferença que facilmente se anuncia quando comparados os contratos relacionados à compra de alforrias e os contratos em que os locadores são trabalhadores livres ou forros refere-se ao tipo dos serviços locados. A Tabela 23, abaixo, discrimina os tipos de serviços locados nos contratos localizados na cidade de São Paulo entre 1830 e 1888. A quantificação foi feita a partir da divisão entre contratos associados à aquisição de alforrias (indicados na categoria "Alforrias"), contratos desatrelados da aquisição de alforrias (indicados na categoria "Livres/Forros") e contratos do tipo "Dúvidas", anteriormente caracterizados.

De forma geral, na maior parte das escrituras o tipo dos serviços locados não é discriminado. Estes casos estão indicados na tabela como "Indeterminados". Já entre as escrituras que apontam o tipo dos serviços locados, notamos que contratos ligados a alforrias e contratos dissociados de manumissões tendem a indicar a prestação de tipos diferentes de serviços.

---

17 Dias, Maria Odila Leite da Silva. *Quotidiano e poder em São Paulo no século XIX*. 2ª ed. São Paulo: Brasiliense, 2001.

Tabela 23. Tipos de serviços contratados em São Paulo (1830-1888)

	Domésticos	Lavoura	Domésticos e Lavoura	Ofícios especializados	Indeterminados	Feitor	Total
Libertandos	18	-	1	3	23	1	46
Livres/Forros	4	10	-	4	7	1	26
Dúvidas	7	-	-	-	2	-	9
Total	29	10	1	7	32	2	81
%	35,8	12,4	1,2	8,6	39,5	2,5	100

Fonte: 1º CNC, 2010.

Como nos mostra a tabela acima, mais de um terço dos contratos que discriminam o tipo de serviços locados reportam-se à prestação de serviços domésticos. Essa fatia dos contratos, entretanto, encontra-se majoritariamente localizada entre os contratos diretamente relacionados à produção de alforrias, ao passo que, entre os contratos reunidos sob a acunha "Livres/Forros" a maior parte dos arranjos de trabalho destina-se à locação de serviços de lavoura – categoria dilatada em que estão inclusos serviços de colonos, camaradas, e serviços genericamente designados como "de roça".

Os dados produzidos parecem indicar, assim, que entre os contratos associados à aquisição de alforrias, predominam locadoras mulheres e a prestação de serviços doméstico. Entre os contratos desligados da aquisição de alforrias há uma superioridade de locadores homens, e predomina a prestação de serviços associados a contextos ruralizados, provavelmente nos sítios e chácaras da cidade.

Os contratos compreendidos na categoria "Dúvidas" – aqueles sobre os quais é difícil determinar se estão ou não relacionados à aquisição de alforrias – alinham-se à tendência observada entre os contratos ligados à manumissão, isto é, de encaminhamento de trabalhadores para os serviços domésticos, acentuando as suspeitas de que sejam, ao final das contas, contratos de liberdade disfarçados sob a indefinição formal.

Em Campinas, conquanto sejam pouco expressivas as informações obtidas sobre tipos de serviços de contratos ligados à alforria, os contratos não relacionados à compra de liberdade indicam um repertório maior de serviços agenciados.[18] Além dos contratos que indicam a prestação de serviços de lavoura, são contratados serviços de construção de muro, administração de fazenda, tratamento médico, serviços de artista (sobre os quais não há maiores esclarecimentos) e também serviços de professor de música. O conjunto de documentos, embora pequeno, demonstra que os contratos também foram usados em Campinas para registrar e regular a prestação de serviços com maior grau de especialização, como é o caso da professora de música. Embora os serviços de lavoura apontem remunerações semelhantes às da maioria dos contratos para locação de serviços de mesmo tipo, contratos como o de construção de muro e administração de fazenda foram negociados por algumas unidades de contos de réis – 10:400$000 e 8:000$000, respectivamente – fato pouco comum

---

18 Dos nove contratos localizados em Campinas, cinco não apontam o tipo dos serviços negociados. Entre aqueles que identificam os serviços locados, dois contratos mencionam a prestação de serviços domésticos, um menciona serviços de lavoura e outro indica a prestação de serviços de pedreiro associado a outros serviços não especificados.

no universo dos contratos de locação de serviços da capital, fossem eles ligados a alforria ou não.[19]

Os valores pelos quais foram negociados os contratos, e, portanto, a valoração da força de trabalho empenhada pelos locadores, é também uma boa fonte para o entabulamento de comparações entre os contratos associados e apartados de aquisição de alforrias. Essas comparações, porém, dependem do estabelecimento de uma racionalidade comum às diferentes formas de avaliação de trabalho embutidas nos contratos de locação. Empreendemos esforços para chegar, quando possível, a uma projeção do valor mensal dos arranjos de prestação de serviço.

No caso majoritário dos contratos que envolviam o endividamento do locador, parcelas da dívida poderiam ser descontadas mensal ou anualmente. Nos poucos casos em que os contratos não foram estabelecidos para o pagamento de dívidas, o trabalhador poderia ser remunerado por semana ou por dia trabalhado. Para além dessa primeira dificuldade, há o fato de que alguns contratos são transferências de acordos de locação lavrados em outras escrituras, indisponíveis nos registros do cartório. Nestes casos, o registro das transferências costuma reportar-se aos contratos anteriores para estabelecer condições de prestação e avaliação dos serviços locados. Há, por fim, o caso de um contrato para o qual se estipula um valor, mas não um tempo de duração, o que torna o cálculo proposto impossível.

As Tabelas 24 e 25 apresentam os valores mensais de contratos sem ligação com alforrias, divididos entre contratos de homens livres e forros e contratos alocados sob a alcunha de "Dúvidas".

---

19   1º TNC, L63 F14 (31.05.1871) e L79 F49 (19.97.1881).

Tabela 24. Valor mensal dos serviços prestados nos contratos sem menção à alforria do tipo "Livres/Forros" em São Paulo (1830-1888)*

Ano	Num. locadores	Sexo	Duração	Valor/Mês (em mil réis)
1834	1	M	20 anos	1$280
1838	1	M	N**	N
1855	1	M	4 anos	30$000
1861	1	M	3 anos	3$330
1861	1	M	1 ano	20$000
1861	1	M	2 anos	20$000
1861	1	M	3 anos	20$000
1863	1	M	N	N
1863	1	M	1 ano e 8 meses***	10$000
1864	1	M	3 anos	18$800
1866	1	M	26 anos e 8 meses***	25$000
1866	1	M	2 anos e 6 meses***	30$000
1869	1	M	1 ano e 8 meses	10$000
1869	1	M	1 ano	10$000
1870	1	M	1 ano	10$000
1871	1	M	3 anos	8$3000
1872	2	M	1 ano e 3 meses***	30$000
1873	6	M	3 anos	9$300
1874	1	M	11 meses***	19$000
1875	1	M	1 ano e 2 meses	20$000
1876	1	M	1 ano	20$000
1877	1	F	2 anos e 10 meses***	9$700
1877	1	F	2 anos	100$000
1881	1	F	4 anos	3$500
1883	1	M	7 anos	12$000
1884	1	M	6 meses	19$200

Fonte: 1º CNC, 2010.

Tabela 25. Valor mensal dos serviços prestados nos contratos sem menção à alforria do tipo "Dúvidas" em São Paulo (1830-1888)*

Ano	Num. locadores	Sexo	Duração	Valor/Mês (em mil réis)
1834	1	F	4 anos e 2 meses ***	8$000
1838	1	F	3 anos e 9 meses***	8$000
1855	1	M	5 anos	6$600
1861	2	M/F	3 anos e 2 meses	12$500
1861	1	F	11 meses***	10$000
1861	1	M	5 anos	30$000
1861	1	F	3 anos e 4 meses	20$000
1863	1	F	3 anos 4 meses	8$400
1863	1	F	2 anos 7 meses	14$500

Fonte: 1ºCNC, 2010.

* Valores aproximados, calculados por locador, mesmo entre os contratos que têm mais de um trabalhador envolvido na prestação dos serviços.

** A sigla N diz respeito aos valores que não puderam ser calculados, pelos motivos explicitados na nota anterior.

***Alguns contratos não especificam a duração do arranjo de prestação de serviços, mas indicam o valor total do contrato e o valor de parcelas a serem descontadas regularmente até a quitação do débito. Para fins de comparação, utilizamos na tabela uma projeção da duração desses contratos obtida a partir da divisão do valor total dos contratos pelo valor das parcelas indicadas.

Comparando estas tabelas aos mesmos cálculos realizados para os contratos ligados a aquisição de alforrias na cidade de São Paulo, notamos grande semelhança entre os valores atribuídos aos serviços contratados por meio de escrituras de locação (Tabela 26).

Tabela 26. Valor mensal dos serviços prestados nos contratos com menção à alforria do tipo "Alforrias" em São Paulo (1830-1888)*

Ano	Num. locadores	Sexo	Duração	Valor/Mês (em mil réis)
1847	1	F	4 anos	8$300
1849	1	M	5 anos	10$000
1851	1	M	3 anos e 6 meses**	19$000
1854	3	F/M	1 ano e 4 meses	12$000
1857	1	M	12 anos e 1 mês**	10$000
1864	1	F	2 anos e meio**	12$000
1865	1	F	10 anos e 5 meses**	8$000
1866	1	M	17 anos	4$900
1869	1	M	2 anos e 5 meses**	20$000
1869	1	F	2 anos e 6 meses**	20$000
1870	2	F/M	2 anos e 6 meses	23$000
1870	2	F/M	3 anos	30$000
1873	1	M	3 anos e 6 meses	23$800
1874	1	M	6 anos	11$100
1874	1	M	5 anos	13$300
1875	1	M	3 anos e 10 meses	11$500
1875	1	F	5 anos e 6 meses	9$800
1875	1	F	3 anos	13$900
1875	1	F	1 ano	91$700
1877	1	F	3 anos e 9 meses	8$900
1877	1	F	3 anos e 6 meses	9$900
1877	1	F	7 anos	13$100
1878	1	M	4 anos	10$400
1878	1	M	4 anos	35$400

1879	1	M	4 anos	5$200
1879	1	M	5 anos	5$800
1879	1	F	5 anos	21$700
1879	1	F	5 anos 6 meses	19$700
1880	1	F	5 anos	12$200
1881	1	M	7 anos	17$900
1883	1	M	1 ano	25$000
1883	1	M	5 anos	4$200
1883	1	F	5 anos 6 meses**	15$000
1883	1	F	2 anos**	13$300
1883	1	F	1 ano e 3 meses**	20$000
1883	1	F	4 anos**	12$500
1883	1	F	2 anos	8$300
1883	1	F	5 meses**	15$000
1884	1	M	1 ano e 8 meses	17$500
1885	1	F	4 anos	6$300
1886	1	F	3 anos	10$600
1886	1	M	10 meses	30$000
1887	1	F	4 anos	6$300
1887	1	F	4 anos	15$600
1887	1	F	3 anos	9$700

* Valores aproximados, calculados por locador, mesmo entre os contratos que têm mais de um trabalhador envolvido na prestação dos serviços.

** Alguns contratos não especificam a duração do arranjo de prestação de serviços, mas indicam o valor total do contrato e o valor de parcelas a serem descontadas regularmente até a quitação do débito. Para fins de comparação, utilizamos na tabela uma projeção da duração desses contratos obtida a partir da divisão do valor total dos contratos pelo valor das parcelas indicadas.

É fato que os valores, somente, não informam completamente o grau de exploração imputado aos trabalhadores no agenciamento de seus serviços. Outras variáveis de regulação do trabalho, mais comuns entre os contratos relacionados à compra de liberdade, precisam ser avaliadas, como faremos mais à frente ainda neste capítulo. Entretanto, para fins de caracterização dos conjuntos amplos de contratos com e sem ligação com a aquisição de alforrias, podemos afirmar que em nenhuma dessas categorias de arranjos de trabalho o cálculo valor/mês é muito discrepante. Isso poderia indicar, a princípio, que a valoração do trabalho agenciado por meio de locações de serviços dava-se de forma semelhante entre contratos de trabalho livre e contratos de trabalho associados a manumissões.[20]

O artifício de agrupamento dos contratos de locação de serviços em faixas de valor auxilia a observação das tendências de valoração do trabalho. A Tabela 27 demonstra que, embora as faixas mais baixas de valoração de serviços (até 29$000 réis mensais) concentrem a maior parte dos arranjos de trabalho, entre os contratos ligados à alforria essa concentração é ainda mais acentuada.

Nos arranjos de trabalho não relacionados ao financiamento de liberdade, a possibilidade de estabelecer contratos em que a valoração dos serviços chegasse à casa dos 30$000 réis é mais expressiva

---

20 Alguns livros de notas no 1º Tabelionato de Campinas foram tornados indisponíveis após o início da pesquisa, e foi impossível voltar a eles para recolher informações mais detalhadas sobre contratos de locação de serviços desvinculados da aquisição de alforrias, como pudemos fazer em São Paulo. Dessa forma, não foi possível propor o mesmo tipo de cálculo e comparação entre a valoração de contratos ligados e desligados de alforrias na cidade. Entretanto, diante do pequeno número de contratos de liberdade localizados na cidade, julgamos que a comparação seria bastante restrita e distanciada da realidade dos arranjos de trabalho praticados na cidade, e sua ausência parece não oferecer grande prejuízo para nossa pesquisa.

quando comparada àquela dos contratos ligados a alforrias. Isso significa dizer que, apesar de haver uma margem de coincidência entre os valores atribuídos a serviços prestados por trabalhadores libertandos, em busca de adquirir sua liberdade por meio do trabalho, e aqueles prestados por sujeitos desvinculados da busca por alforrias, entre estes últimos existe maior possibilidade de agenciar seus serviços por melhores valores.

Tabela 27. Relação valor/mês nos contratos de locação de serviços em São Paulo (1830-1888)						
	Livres/ Forros	%*	Alforrias	%*	Dúvidas	%*
Menos de 10$000	7	27	13	28,3	4	44,5
De 10 a 19$000	8	30,8	22	47,8	3	33,3
De 20 a 29$000	5	19,2	7	15,2	1	11,1
30 a 39$000	3	11,5	3	6,5	1	11,1
A partir de 40$000	1	3,8	1	2,2	-	-
Impossível verificar	2	7,7	-	-	-	-
Total de contratos avaliados	26	100	46	100	9	100

Fonte: 1ºCNC, 2010.
*Percentual sobre o total de contratos avaliados.

O mesmo tipo de comparação pode ser feita com as durações de prestação de serviços estabelecidas em contratos associados ou dissociados da compra de alforrias. Observando-se a Tabela 28, abaixo, que divide os contratos em faixas de duração, nota-se que de forma geral os prazos estabelecidos para a prestação de serviços entre contratos de livres e libertos são relativamente baixos. No entanto, os arranjos de trabalho de livres e forros estão consistentemente concentrados nas faixas que vão até os três anos de prestação de serviços ao passo que, entre os contratos diretamente relacionados a alforrias, aparte uma concentração mais expressiva de arranjos variando entre dois e quatro anos de prazo, há uma diluição maior de arranjos nas diversas faixas de duração, inclusive naquelas que indicam contratos mais longos.

Tabela 28. Duração dos contratos de locação de serviços em São Paulo (1830-1888)						
	Livres/ Forros	%*	Alforrias	%*	Dúvidas	%*
Até 1 ano	6	23,1	4	8,3	1	11,1
1 ano e 1 mês a 2 anos	6	23,1	6	12,5	-	
2 anos e 1 mês a 3 anos	6	23,1	6	20,8	1	11,1
3 anos e 1 mês a 4 anos	4	15,4	13	29,2	4	44,4
4 anos e 1 mês a 5 anos	-	-	7	8,3	3	33,3
5 anos e 1 mês a 6 anos	-	-	5	12,5	-	
6 anos e 1 mês a 7 anos	1	3,8	2	4,2	-	-
Acima de 7 anos	2	7,7	3	4,2	-	-
Impossível determinar	1	3,8	-	-	-	-
Total de contratos avaliados	26	-	46	100	9	100

Fonte: 1º CNC, 2010.
*Percentual sobre o total de contratos avaliados.

São exceções a essa tendência dois casos de arranjos de trabalho que chegavam à casa de duas décadas de prestação de serviços, particularmente interessantes no conjunto dos contratos desvinculados da aquisição de alforrias. O primeiro diz respeito ao preto forro Jesuíno José de Abreu, que em 1834 locou serviços de criado por 20 anos ao Doutor Jose Tomas D'Aquino, sem a implicação de dívida de qualquer tipo e "debaixo das vantagens de o Doutor lhe dar comida, caza, alguma roupa, botica e cirurgião quando doente, e hum jornal (...) que o mesmo Doutor poderá aumentar segundo os serviços bons que o mesmo for prestando (...)". Além do jornal mensal baixíssimo que receberia (informado na Tabela 24) Jesuíno estava sujeito à possibilidade de ser enquadrado em artigos do código criminal caso faltasse com suas obrigações de locador.

O outro caso refere-se à dívida contraída em 1866 por José Antonio Marcondes a favor de Lourenço Eduardo Marcondes – que o documento sugere, mas não confirma ser seu parente – por conta das despesas implicadas num processo crime em que o mesmo José Antonio era réu. Por meio do contrato, o locador se obrigava a feitorizar os escravos e a fazenda do locador descontando-se do montante de sua dívida de 8:00$000 de réis o valor anual de 300$000 réis. Como resultado, José Antonio estava obrigado a prestar serviços por mais de 26 anos a seu credor locatário.

Embora representem exceções no que diz respeito às durações médias dos arranjos de trabalho livre celebrados na cidade, estes contratos são importantes para delinear os contornos da população prioritariamente arregimentada sob a lógica das locações de serviços em São Paulo. Demonstram, assim, como as locações operavam, mesmo sem a implicação de dívidas, o agenciamento e exploração do trabalho de sujeitos despossuídos entre os quais figuravam aos borbotões mulheres e homens egressos da escravidão como Jesuíno ou relegados à marginalidade social como José Antonio.[21]

O quadro delineado até aqui a partir da análise e quantificação de dados obtidos nos contratos localizados em Campinas e São Paulo descreve uma situação em que, grosso modo, trabalhadores livres ou já forros, sem compromissos com um projeto pessoal de liberdade, parecem poder agenciar seu trabalho em melhores condições do que trabalhadores libertandos. Em primeiro lugar, contratos desvinculados de alforrias arregimentaram um leque de serviços mais abrangente do que os contratos atrelados a manumissões. Além disso, as possibilidades de valoração dos serviços de trabalhadores livres ou forros, embora não se distanciassem radicalmente daquelas de trabalhadores libertandos, eram mais promissoras, e o tempo de prestação de serviços acordado em seus arranjos de trabalho era de forma geral menor. Ademais, os contratos de locação de serviços ligados à aquisição de alforrias geralmente impunham mais restrições à liberdade dos trabalhadores e também mais normas para a regulação de seu trabalho – estreitando os vínculos entre seu desejo de liberdade e a dura realidade da escravidão.

Entretanto, a realidade social espelhada nos arranjos de trabalho no XIX era muito mais complicada do que números podem sugerir. Seria simplificador assumir que todos os arranjos de trabalho tratados nos contratos que não diziam respeito à escravidão e alforrias se referissem a um universo muito distinto daquele vivido pelos libertandos. Mesmo os contratos de locação de serviços de trabalhadores desvinculados da busca por liberdade poderiam mostrar-se extremamente precarizados, aproximando-se de uma racionalidade de alienação e exploração do trabalho característica dos contratos de liberdade.

---

21 1º CNC, L 35 F 156 (20.10.1834) e L62 F150 (08.02.1866)

Muito raros são os casos de arranjos desvinculados de dívidas e com boas remunerações, como os do administrador de fazenda em Campinas ou o de Luiza Brett, que em 1875, com a anuência de seu marido, locou a um negociante de São Paulo serviços de modista e costureira com a previsão de um salário de 100$000 réis mensais e a garantia de recebimento de multa caso o locatário de seus serviços desejasse terminá-los antes do prazo de dois anos.[22] Em sua flagrante maioria, os contratos de locação desvinculados de alforrias guardam histórias como a de Thome da Costa, preso na cadeia pública da cidade de São Paulo, em junho de 1838. Thome entrara em litígio com o Alferes Francisco Rodrigues Cesar, devendo-lhe a quantia de 322$935 réis a ser paga no Juízo de paz da cidade. Não dispondo da quantia, Thome tomava-a por empréstimo e firmava um acordo de prestação de serviços de tipo não especificado, e por um prazo igualmente indeterminado, ao Capitão Vicente Vieira da Silva, sujeitando-se, portanto, à apropriação de seu trabalho sob formas imprevistas, sem qualquer tipo de respaldo e segurança formais.[23]

Outra história que exemplifica a precariedade de arranjos de trabalho livre é a de Amaro Antonio de Pontes. Em 1861, o carpinteiro locou seus serviços em São Paulo pelo prazo de três anos e quantia total de 120$000 réis, o que lhe renderia algo como $300 réis mensais. Amaro comprometia-se a não prestar serviços a qualquer outra pessoa no primeiro ano do contrato, sujeitando-se a viver em companhia do locatário e a eventualmente prestar-lhe serviços domésticos necessários. Além da baixa remuneração, o locatário lhe oferecia "casa, comida e tudo o mais que lhe for mister", e concedia em lhe curar as enfermidades contanto que fossem "de

---

22   1ºCNC, L87 F12v (22.09.1875)

23   1ºCNC, L38 F116 (03.06.1838)

pequena monta", e que Amaro se "conservase bem".²⁴ O carpinteiro, assim, via-se preso a um contrato relativamente longo, com baixos rendimentos e restrições à manutenção básica de sua subsistência.

Extraídas de um conjunto amplo, as breves histórias de Thome e Amaro nos mostram que os arranjos de trabalho negociados nas escrituras de locação de serviços desvinculadas de alforrias apontavam uma série de coincidências com o agenciamento do trabalho de libertandos, referindo-se a um contexto ampliado de transgressões entre os mundos do trabalho livre e do trabalho escravo e a uma experiência social do trabalho bastante complexa envolvendo as camadas populares, especialmente na cidade de São Paulo.²⁵

Estamos diante de um cenário em que a arregimentação de trabalho por meio de locações de serviços dava-se prioritariamente entre homens e mulheres com dívidas de pequena monta, cujos serviços eram alvo de baixa valoração, e em circunstâncias em que ainda não se pode falar propriamente em remuneração – com notáveis exceções de arranjos de trabalho livre muito bem remunerados. O próprio uso de um expediente de formalização do agenciamento de trabalho como os contratos, confunde as especificidades dos arranjos de trabalho de sujeitos livres, libertos e libertandos e demonstra o campo nebuloso de percolações entre os mundos do trabalho livre e do trabalho escravo no correr do XIX.

---

24 1º CNC, L57 F95 (02.07.1861)

25 Mais uma vez é necessário que nos reportemos ao cenário das sociabilidades urbanas em que cativos, forros, livres pobres e libertandos se imiscuíam. No cotidiano de trabalho, esses sujeitos costuravam laços de pertencimento e solidariedades forjando vivências pauperizadas nas brechas do controle senhorial Wissenbach, Maria Cristina Cortez. *Sonhos africanos, vivências ladinas: escravos e forros em São Paulo (1850-1880)*. São Paulo: Hucitec, 1998; Graham, Sandra Lauderdale. *Proteção e obediência: criadas e seus patrões no Rio de Janeiro (1880-1910)*. São Paulo: Companhia Das Letras, 1992.

Nesse sentido, parece interessante ultrapassar a ideia de que os contratos de locação de serviços tenham sido apenas mais uma modalidade de alforrias condicionais. Não há dúvidas quanto à sua estreita e importantíssima vinculação ao processamento de manumissões indenizatórias para os proprietários de escravos. Contudo, parece-nos que contratos desse tipo estiveram ligados, em São Paulo, ao agenciamento de trabalho de homens e mulheres das classes populares de forma ampla, abarcando sujeitos despossuídos e inseridos numa lógica de inclusão contingente nos quadros do trabalho e da cidadania no contexto do XIX.[26] Entre estes sujeitos despossuídos se encontravam os libertandos, que por meio de seu próprio trabalho agenciavam sua entrada no mundo da liberdade sob os auspícios de uma cidadania eminentemente precária. É possível admitir, assim, que com o correr do século esse expediente usado de forma ampla para a arregimentação de trabalho entre as camadas populares tenha sido cada vez mais identificado à prática de alforrias condicionais e onerosas, diante de um contexto de aproximação da abolição e tensionamento das disputas por liberdade.

A análise dos contratos de locação de serviços, assim, pode descortinar cenários essenciais para o entendimento das relações sociais de trabalho numa cidade como São Paulo, em que o provimento de

---

26 A esse respeito, Lorena Féres da Silva Telles diz em seu trabalho sobre trabalhadoras domésticas libertas em São Paulo entre 1880 e 1900: "A forma do trabalho escravo não remunerado, os baixos aluguéis auferidos pelas escravas domésticas e a exploração do trabalho dos libertandos e tutelados caracterizaram a transição do trabalhador doméstico para o trabalho livre" (Telles, Lorena Féres da Silva. *Libertas entre sobrados: cotidiano e trabalho doméstico* (1880-1900). Dissertação (mestrado) – FFLCH-USP, São Paulo, 2011, p. 121.

serviços miúdos por livres pobres e o agenciamento de trabalho de escravos ao ganho ou a jornal garantiram a sobrevivência de muitos.[27]

Embora inseridas numa área de *plantation*, as experiências sociais da vida urbana em Campinas em muito remeteram àquelas de São Paulo. A primeira, uma rica e bem aparelhada cidade da segunda metade do XIX, tinha também uma face empobrecida, em que homens e mulheres despossuídos dividiam espaços e construíam solidariedades com trabalhadores forro e libertandos cotidianamente.[28] Apesar de a dimensão urbana de Campinas ter se desenvolvido antes de São Paulo, fazendo dela uma cidade importante e populosa ao longo do século, é possível que as práticas de locação de serviços verificadas na Capital encontrassem ressonâncias no contexto campineiro.

É necessário, todavia, evitar a assunção de que as práticas de locação de serviços se reportavam apenas a um cenário de agenciamento de trabalhadores das camadas despossuídas, obscurecendo a realidade de que trabalhadores libertandos não eram completamente livres, e que seus arranjos de trabalho estavam ainda atados à exploração do cativeiro. Embora a entrada no mundo do "trabalho livre" experimentada por libertandos se assemelhe, em diversas medidas, às

---

27 O tema da sobrevivência das camadas livres pobres por meio do agenciamento de trabalho escravo pode ser perscrutado no trabalho já mencionado de Maria Odila L. S. Dias, e também no artigo de Maria Helena P. T. Machado: Dias, M. O. L. S. *Quotidiano e Poder em São Paulo...*; Machado, Maria Helena Pereira Toledo. "Sendo cativo nas ruas: a escravidão urbana na cidade de São Paulo". In: PORTA, Paula (org.). *História da Cidade de São Paulo*. São Paulo: Paz e Terra, 2004, p. 59-99.

28 Sobre o desenvolvimento urbano de Campinas, anteriormente comentado, ver: Lapa, J. R. *A cidade: antros e cantos...*. Penna e Espada Lima já apontam, sem seus estudos sobre contratos de locação de serviços em Desterro, o caráter essencialmente urbano dessa prática. Lima, H. E. "Trabalho e lei para os libertos..."; Penna, C. G. Escravidão, Liberdade e os Arranjos...

experiências sociais e de trabalho vividas por livres pobres e libertos, é fundamental assegurar a compreensão de que um traço essencial ainda separava esses sujeitos – o grosso traço da escravidão.

Ossos do ofício: examinando contratos de liberdade

A análise documental detalhada acima proporcionou a constatação de que os contratos de locação de serviços de libertandos delinearam arranjos de trabalho mais longos, mais rigorosos e mais próximos das formas de expropriação escravistas do que os contratos dissociados da aquisição de alforrias. Considerando que estes arranjos de trabalho estabeleceram as condições em que trabalhadores egressos da escravidão vieram a construir modos de vida e prover sua própria sobrevivência, uma vez lançados no mundo transigente da liberdade, acreditamos ser necessário mapeá-los em suas tendências e singularidades.

Em primeiro lugar, cumpre dizer que os contratos são documentação árida e vaga. Não sobejam nas linhas das escrituras dados sobre as vidas dos trabalhadores que permitam compor um quadro narrativo mais rico sobre as trajetórias que precederam o ato notarial que marcou sua transição formal para o *status* de libertos. Muitas vezes os contratos fornecem poucos dados objetivos sobre as condições de prestação dos serviços contratados, restando-nos apenas a possibilidade de interpretar o registro e dele extrair algo que informe sobre a negociação entre libertandos e seus credores.

Diante deste quadro, é fundamental compreender que nem todas as circunstâncias em que os serviços foram prestados na prática estavam acordadas e negociadas nas notas do cartório.[29] Contratos bastante breves, como é o caso daquele lavrado pela alforria do li-

---

29   1º CNC, L47 F56 (05.12.1851) e L.92 F35 (30.07.1883).

berto Benedicto em 1883, em que pouco é dito além do valor e da proporção dos abonos de sua dívida, alternam-se com contratos extremamente detalhados, como o de Manoel Anhanguera, de 1851, que oferece detalhes do abono da dívida e das condições de prestação de serviços, informando inclusive que o locatário de seus serviços estava obrigado a fornecer relatórios mensais da situação do débito do libertando. A ausência de detalhamentos formais para os arranjos de trabalho de alguns locadores, no entanto, certamente era preenchida na prática cotidiana das relações de trabalho por normas, regulações e disputas entre o poder paternalista senhorial e a agência dos trabalhadores libertandos.

Os contratos, como já adiantado no segmento anterior deste capítulo, envolviam trabalhadores locadores, homens e mulheres saindo da condição de cativos que, não tendo meios de pagar por sua alforria, contraíam dívidas junto a terceiros que se tornavam seus locatários credores. Os locatários credores adiantavam aos senhores proprietários a quantia devida pela liberdade dos cativos, e sendo assim, os agora libertos tornavam-se devedores aos credores do valor de sua alforria, a ser pago em serviços. Desse modo, os libertandos – "quase forros", mas atrelados ao pagamento de dívidas contraídas por sua liberdade – para saldar a dívida assumida, indenizavam seus credores por meio da locação de seus serviços, de modo que os somente poderiam gozar de sua adquirida liberdade quando terminada a locação contratada.

O caso da libertanda Antonia, escrava da Nação, é único em todo o conjunto documental coligido. Antonia era empregada na Fábrica de Ferro São João d'Ipanema, quando, após a súplica de sua mãe às autoridades competentes, comprou em 1846 sua liberdade por 400$000 réis, adiantados pelo Major Jacintho Vieira do Couto Soares à Caixa Geral da Tesouraria da Província. Embora seja um exemplo solitário de indenização do Estado por meio da locação de serviços, o contrato de trabalho de Antonia demonstra que o expediente das locações era reconhecido como saída para demandas de liberdade mesmo fora dos limites da pessoalidade das relações entre cativos e seus senhores. O Estado, em nome de sua majestade imperial, é parte diretamente interessada na negociação dos serviços de Antonia, como demonstra a fala de Jozé de Oliveira, presidente da fábrica de ferro, registrada no bilhete de distribuição entregue ao tabelião:

> Declaro e faço saber que sua Magestade Imperial em deferimento da suplica da escrava da Nação de nome Joanna, houve por bem determinar que se passe Carta de Liberdade a sua filha de nome Antonia (...) entrando a suplicante com a quantia para os Cofres da Fazenda Publica, o que ja se verificou segundo me foi comunicado em Portaria do Excellentissimo Presidente da Provincia (...).[30]

Em apenas dois contratos, localizados em São Paulo, a locação dos serviços figura como uma alternativa para a impossibilidade de quitar por outros meios a soma devida. Em 1869, João Crioulo devia ao credor de sua alforria a quantia de 590$000 réis, a ser paga da seguinte maneira: João deveria entregar-lhe 100$000 réis 48 horas após lavrada a escritura de locação, e também estava obrigado a entregar-lhe ao início de todo mês a soma de 20$000 réis, até a solução completa da dívida. Não conseguindo fazê-lo, João ficaria obrigado a indenizar a seu credor na forma de serviços. Caso semelhante é o de Maria, que em 1875 adquiriu a alforria de seu filho Paulo por 1: 500$000 réis emprestados, a serem reembolsados

---

30 1º CNC, L44 F89 (20.09.1847).

dentro de um ano. Do contrário, não conseguindo fazê-lo, Maria deveria pagar seu débito com serviços.[31]

Havia também a possibilidade, expressa em poucos contratos de nossa pesquisa (um caso em Campinas e dois em São Paulo), de que os cativos fizessem parte dos inventários de seus falecidos senhores. Nestes casos, o contrato era negociado com os inventariantes antes mesmo que os escravos passassem a seu domínio de fato.[32] Um destes casos foi o de Francisco Pardo, oficial de carpintaria, que recebeu em 1849 a quantia de 600$000 réis do Tenente Francisco Garcia Ferreira "para com elles haver sua Liberdade, preço por que fora avaliado no Inventario do fallecido José Fellipe Ferreira Garcia, de quem fora escravo (...)".[33]

Muito poucos são os contratos de locação de serviços encontrados em que o locatário credor do cativo era também o seu proprietário – o que significaria que o senhor seria indenizado diretamente por seu escravo, sem a participação de terceiros.[34] Nos livros de notas pesquisados, esse tipo de negociação de liberdade, em que a alforria é adquirida pelo escravo a prazo e sem mediações de credores, geralmente assume a forma de alforrias condicionais onerosas previstas em cartas de liberdade.

---

31 1º CNC, L71 F 24 (18.02.1869) e L85 F27 (16.11.1875).

32 Em Campinas: 1º TNC, L27 F41 (1838). Em São Paulo: 1º CNC, L45 F49 (13.10.1849) e L98 F07 (02. 03.1887). Para um estudo aprofundado acerca das alforrias condicionais legadas em testamentos e inventários, ver: Silva, Patrícia Garcia Ernando da. *Últimos desejos e promessas de liberdade, os processos de alforrias em São Paulo (1850-1888)*. Dissertação (mestrado) – FFLCH-USP, São Paulo, 2010.

33 1º CNC, L45 F49 (13.10.1849)

34 Nessas circunstâncias, há um contrato localizado em Campinas com data de 1873, e outro em São Paulo, do ano de 1875. 1º CNC, L85 F27 (16.11.1875) e 1º TNC, L64 F28 (23.01.1873).

Um número pequeno de locadores – apenas cinco em São Paulo, representando cerca de 10,9% do conjunto de contratos na cidade, e nenhum em Campinas – dispunha de algum pecúlio para ser somado ao valor emprestado no ato de quitação da alforria. A apresentação do pecúlio pelos libertandos está indicada diretamente nas escrituras, ou sugerida em passagens que advertem que o valor emprestado compunha uma soma maior devida pela manumissão do libertando. Os valores dos pecúlios, identificados somente em três contratos, expressam as circunstâncias variadas em que eram formados.

Em 1878, Anacleto locava seus serviços por 500$000 réis, que inteiravam o valor de 1: 200$000 réis de sua alforria. A escritura do contrato não esclarece a origem dos 700$000 réis restantes, mas aponta que o locador já dispunha da soma. Da mesma forma, a escritura de 1883 do contrato de locação de serviços dos libertandos Eva e Antonio indica que os 300$000 réis emprestados junto a seu credor foram inteirados à quantia de 600$000, de que já dispunha o casal, para a compra da liberdade da mesma Eva.

Já o caso de Maria, em 1875, indica que sucessivos endividamentos poderiam ser contraídos por libertandos no intuito de financiar seu projeto manumissório. A metade dos 400$000 adiantados pela liberta para quitar parte da alforria de 1: 500$000 réis de seu filho havia sido emprestada por uma fiadora de sua dívida, a quem Maria ficava obrigada a aprestar serviços no caso de faltar com o cumprimento dos pagamentos devidos.[35] Os exemplos de Maria, duplamente endividada, Eva, Antonio e Anacleto são ilustrativos de que embora libertandos pudessem assumir dívidas menores ao entrar com as somas amealhadas para a compra de sua alforria, não se pode ignorar que a formação de pecúlio por cativos

---

35 1º CNC, L85 F 27 (16.11.1875); L87 F 27 (23.03.1878) e L91 F50 (15.02.1883).

e libertandos pressupunha um investimento grande de trabalho e eventualmente de outras fontes de endividamento, para além dos vínculos que formalizavam sua dependência.

O valor dos serviços contratados quase sempre se referia ao valor das alforrias negociadas. Os documentos indicam que a avaliação das alforrias poderia ser acordada entre cativos e senhores, com maior ou menor poder de barganha dos trabalhadores de caso a caso, ou então, não se chegando a consenso, arbitrada judicialmente. Nestes casos, a exemplo do que ocorria nas Ações de Liberdade, o Juiz de Órfãos arrazoava um valor para a alforria considerando o preço de mercado do escravo.

Os documentos não são claros quanto à forma empregada e as instâncias acessadas para a avaliação das alforrias. Algumas escrituras, porém, mencionam a interferência do Juízo de Órfãos e Ausentes na negociação, como é o caso do contrato realizado entre o pardo Felicio e o Doutor Caetano de Pinto Miranda, em que se lê:

> pelo dito pardo Felicio me foi dito (...) que devidamente authorizado por seo Senhor, e com aprovaçao do Meritissimo Doutor dos Orphaos deste termo da Capital, como consta dos documentos que ao diante vao transcriptos, contractava e de fato contracta os seos serviços (...).[36]

Uma vez estabelecidos, estes valores poderiam ser acrescidos ainda de outras quantias, como os juros anuais incluídos no contrato de transferência dos serviços de Antonia. Em 1883, Antonia comprometia-se com o pagamento em serviços de 300$000 réis ao credor de sua alforria, abatendo-se 20$000 réis mensais do montante da dívida. Algum tempo depois, seu contrato era transferido

---

36 1º CNC, L80 F32 (12.11.1873)

a outro locatário, e então a dívida passava a ser acrescida de 1% de juros ao mês.[37]

Num caso oposto e único em nosso conjunto documental, Gabriel de Jesus e Joanna de Jesus Barboza locavam seus serviços como pagamento aos 700$000 réis adiantados por seu credor para a alforria da mesma Joanna. A originalidade desse contrato reside em que, autorizados a apresentar a qualquer momento somas extras para o abatimento da dívida, os libertandos receberiam o crédito de 12% ao ano sobre o valor dos adiantamentos realizados, reduzindo ainda mais o montante da dívida. É fato, porém, que o prêmio assegurado aos libertandos implicaria que eles assumissem jornadas de trabalho ainda mais extensas para amealhar outras quantias.[38]

Outras somas emprestadas pelos cativos, para além daquela correspondente ao valor de sua alforria, poderiam ser acrescidas ao valor do contrato, como aconteceu em 1878 à Hermenegildo. Além de dever ao seu credor a quantia de 1: 600$000 réis, valor de sua liberdade, Hermenegildo recebia ainda por empréstimo a quantia de 100$000 para fins não esclarecidos na escritura, perfazendo-se uma dívida total de 1: 700$000 réis a serem pagos em serviços no prazo de quatro anos.[39]

Compreender os mecanismos de valoração do trabalho de libertandos contidos nos contratos, entretanto, exige mais do que simplesmente observar os valores de sua avaliação, pois além da soma devida pelo libertando, é necessário levar em conta a racionalidade adotada para o pagamento.

Os raciocínios de amortização da dívida eram variados, podendo ser classificados em três categorias amplas. A primeira dizia respeito

---

37   1º CNC, L92 F44 (03.08.1883)
38   1º CNC, L76 F20 (16.02.1870)
39   1º CNC, L88 F24 (15.11.1878)

aos contratos que estipulavam o valor devido, o prazo para prestação dos serviços e o valor de parcelas abonadas regularmente até a quitação do débito, sugerindo uma monetarização pré-estabelecida do trabalho. A segunda abarcava os contratos que indicavam o valor devido e as parcelas de abono regular, sem especificar o tempo de prestação de serviços. A terceira reunia os contratos que estipulavam valor e tempo de prestação de serviços, mas não indicavam parcelas de abono regular, demonstrando que o valor dos serviços prestados estava diluído no tempo total de trabalho. Essas diferenciações, embora pareçam desimportantes para a compreensão geral dos valores das alforrias, são bastante úteis para problematizar a discussão sobre a monetarização do trabalho dos egressos da escravidão.

Embora alguns contratos se referissem às parcelas abonadas do montante total da dívida como "salários", é certamente problemático falar em remuneração nessas circunstâncias, uma vez que a locação de serviços implicava a continuidade da condição de alienação do trabalho típica do cativeiro. Libertandos não eram donos de sua força de trabalho, que persistia alienada a seus credores. A libertanda Maria Francisca dos Passos, por exemplo, comprometia-se em 1864 a não sair da companhia de seu locatário e tampouco "contractar com outras pessoas os seos serviços sob pena de incorrer na Lei de Locação de Serviços de treze de setembro de 1830, a qual se sugeita por esta escriptura".[40]

Longe de ser uma exceção entre os contratos avaliados, a proibição da prestação de serviços a outros locatários implicava a impossibilidade de que locadores pudessem prover para si vidas menos pauperizadas por meio dos rendimentos obtidos com seu próprio trabalho, e acarretava também a continuada exploração dos serviços dos libertandos nos conhecidos moldes da escravidão.

---

40   1º TNC, L80 F41 (05.01.1882)

Os valores que poderiam ser amealhados pelo trabalho dos libertandos eram automaticamente usufruídos por seus locatários, salvo casos raros em que os libertandos poderiam trabalhar a jornais, arranjando sua sobrevivência fora do controle dos locatários e pagando-lhes regularmente uma soma combinada.

Raros também eram os casos em que, além do abatimento mensal da dívida, os trabalhadores libertandos recebiam algum tipo de remuneração regular assemelhada a um salário – condição essa que implicava o provimento de suas necessidades básicas ou o acréscimo dos valores adiantados ao tempo de serviços devidos. Essa realidade parece estar demonstrada no caso Gabriel e Joanna de Jesus, cujos serviços estavam comprometidos com o pagamento da alforria de Joanna, e que poderiam retirar mensalmente junto a seu credor "alguma quantia que, como despesas com roupa e botica, serao descontados no serviços".[41]

As diferentes formas de amortização mencionadas referiam-se, acreditamos, a diferentes raciocínios acerca da monetarização dos serviços dos locadores libertandos. Acordos que previam o valor geral devido, o tempo de prestação de serviços e as parcelas de abono pareciam estar mais próximos de uma racionalidade de monetarização do trabalho do que aqueles em que o valor total da dívida estava diluído de forma inespecífica no tempo total de serviços devidos. Isso não significa dizer que uma situação fosse mais vantajosa do que a outra para os locadores, já que em ambos os casos os trabalhadores não eram pagos por seus serviços. Não obstante, os contratos que definiam de forma mais específica a política de amortização da dívida dos locadores parecem estar mais afinados à lógica de remuneração do trabalho livre, mais uma vez reforçando

---

41   1º CNC, L76 F20 (16.02.1870)

a ambiguidade fundamental desse tipo de arranjo intrinsecamente atrelado à continuidade da exploração do trabalho.[42]

De forma geral, portanto, conquanto os contratos estabelecessem uma vinculação do valor da alforria ao tempo de serviços devidos – sugerindo uma monetarização inicial do trabalho de homens e mulheres recém-egressos da escravidão e entrados ao mundo da liberdade – esse princípio de capitalização do trabalho não se concretizava. Na prática, os trabalhadores libertandos continuavam, na maioria das vezes, impossibilitados de viverem sobre si, usufruindo dos valores auferidos com seu trabalho.

Em recente pesquisa acerca do trabalho doméstico feminino nas décadas finais do XIX em São Paulo, Lorena Féres da Silva Telles demonstra que, mesmo entre contratos de trabalhadoras libertas, o estabelecimento de uma lógica de remuneração associada ao trabalho livre e capitalizado não era claro. Segundo Lorena, os contratos de trabalho doméstico frequentemente referiam-se à remuneração das trabalhadoras como "aluguel", refletindo uma identificação direta com formas de agenciamento de trabalho escravo. Para a autora, a contratação de serviços dessas trabalhadoras estava distante "das modernas relações salariais".[43] Suas observações ajudam a compreender que a lógica de valoração dos serviços de

---

42   Os mesmos tipos de racionalização do valor de serviços locados eram utilizados em contratos desvinculados da quitação de alforrias, como demonstrado no primeiro segmento deste capítulo, indicando a precariedade de vínculos de trabalho livre entre sujeitos despossuídos, tornando mais complexo o cenário das locações de serviços no XIX e reforçando o argumento dos intensos trânsitos entre os mundos do trabalho sob a escravidão e em liberdade. As diferenças entre contratos de trabalho livre e aqueles vinculados a aquisição de alforrias acentuam-se no detalhamento das condições de trabalho acordadas, como mostraremos mais à frente.

43   Telles, L. F. S. *Libertas entre sobrados...*, p. 121.

libertandos, enunciada nos contratos que pesquisamos, parece refletir um cenário ampliado do XIX em que o trabalho de egressos da escravidão esteve fortemente identificado à exploração e a não capitalização características da exploração escravista.

Avaliar a proporção de locadores homens e mulheres entre libertandos é também um passo importante para a qualificação de um cenário de locações de serviços como financiamento à liberdade. Na cidade de Campinas, em que o conjunto de documentos é significativamente menor, os nove contratos de locação de serviços ligados a alforrias dividem-se entre quatro com locadores homens, quatro com locadoras mulheres e um contrato misto, com locadores de ambos os sexos.

A Tabela 29 discrimina entre os contratos realizados com locadores homens ou mulheres, e indica também os contratos mistos, realizados com locadores de ambos os sexos, distribuídos em São Paulo ao longo das décadas estudadas. A primeira informação de relevo obtida a partir da tabela diz respeito à superioridade de contratos envolvendo locadores do sexo feminino, que representam 54,3% do total de contratos relacionados à alforria. Assim, estes contratos estabelecem uma tendência diversa daquela observada no conjunto total de documentos coletados para o período, entre contratos vinculados e desvinculados da aquisição de alforrias, que indica a prevalência de arranjos de trabalho envolvendo locadores do sexo masculino.[44]

---

44   Estes contratos estão relacionados nas tabelas 21 e 22 deste capítulo.

Tabela 29. Contratos com locadores homens e mulheres por década em São Paulo (1830-1888)

	Homens	Mulheres	Homes e Mulheres	Total	% do total de contratos
1840	1	1	-	2	4,4
1850	2	-	1	3	6,5
1860	2	3	-	5	10,9
1870	8	8	2	18	39,1
1880	5	12	1	18	39,1
Total	17	25	4	46	100
% do total de contratos	37	54,3	8,7	100	

Fonte: 1º CNC, 2010.

A Tabela 30, que contabiliza o número total de locadores envolvidos nos contratos de liberdade localizados na cidade, reforça e amplia os dados obtidos na Tabela 29:

Tabela 30. Proporção de locadores por sexo e década em São Paulo (1830-1888)

	1840	1850	1860	1870	1880	Total de contratos	%*
Homens	1	3	2	9	6	21	41,2
Mulheres	1	2	3	10	13	29	56,8
Total de contratos	2	5	5	19	19	50	100

Fonte: 1º CNC, 2010.
*Percentual do total de contratos.

A sugestão de que, na cidade de São Paulo, acentuadamente nos últimos anos antes do final da escravidão, mulheres tenham sido sujeitos preferenciais do agenciamento de trabalho por meio de contratos de locação de serviços com vistas à aquisição de liberdade, deve ser referida ao contexto ampliado de processamento de alforrias na cidade. Analisando o conjunto das cartas de liberdade registradas no Primeiro e no Segundo Cartório de Notas em São Paulo entre 1800 e 1888, Enidelce Bertin indica que mulheres cativas desfrutaram de maiores chances de serem alforriadas por seus proprietários do que homens escravizados.[45] No mesmo sentido, o trabalho de Patrícia Silva acerca de alforrias legadas em testamentos na cidade entre os anos de 1850 e 1888, aponta que, especialmente em pequenos e médios plantéis, mulheres cativas contavam com maiores possibilidades de serem alforriadas. Ainda segundo a autora, considerados todos os plantéis analisados em sua pesquisa, o número de mulheres libertadas por meio de testamentos e inventários correspondeu ao dobro do número de homens na mesma situação.[46]

Fizemos um esforço de cálculo para, superando as particularidades das formas de amortização mencionadas, chegar a uma razão comum que permitisse comparar os valores atribuídos aos serviços de libertandos homens e mulheres, associando o valor total devido pelas alforrias ao tempo total de prestação de serviços. Trata-se, portanto, de um cálculo que propõe uma aproximação do valor dos serviços prestados a partir da avaliação do

---

45 Bertin, Enidelce. *Alforrias em São Paulo do século XIX: liberdade e dominação*. Dissertação (mestrado) – FFLCH-USP, São Paulo, 2004.

46 Silva, Patrícia Garcia Ernando da. *Últimos desejos e promessas de liberdade, os processos de alforrias em São Paulo (1850-1888)*. Dissertação (mestrado) – FFLCH-USP, São Paulo, 2010.

preço das alforrias dos libertandos. Embora os valores propostos não possam ser pensados como remunerações de fato, haja vista seu comprometimento com o pagamento de dívidas, utilizamos o cálculo como recurso para avaliar um processo que se tratava não apenas de promover a saída do cativeiro, como também de encaminhar a entrada de trabalhadores egressos da escravidão nas dinâmicas do trabalho dependente.

As Tabelas 31 e 32, que seguem abaixo, dividem os arranjos de trabalho contratados de acordo com o sexo dos trabalhadores. Elas especificam o ano de celebração dos contratos, o valor total devido em cada contrato, o tempo de prestação acordado e os tipos de serviços prestados. As tabelas incluem, ainda, uma razão elaborada a partir da divisão dos valores devidos pelo tempo total de prestação de serviços, a que chamamos "valor/mês".

Tabela 31. Relação valor/mês para libertandos do sexo masculino em São Paulo (1830-1888)

Ano	Valor	Duração	Valor/Mês (em mil réis)	Serviços
1849	600$000	5 anos	10$000	Ofício especializado
1851	800$000	3 anos e 6 meses*	19$000	Ofício especializado/ feitor
1854	187$000**	1 ano e 6 meses*	12$000	Doméstico
1857	1:450$000	12 anos e 1 mês*	10$000	Indeterminado
1866	1:006$000	17 anos	4$900	Doméstico
1869	590$000	2 anos e 5 meses*	20$000	Indeterminado
1870	700$000**	2 anos e 6 meses*	11$500	Doméstico
1870	1:100$000**	3 anos e 1 mês*	15$000	Indeterminado
1873	1:000$000	3 anos e 6 meses	23$800	Doméstico
1874	800$000	6 anos	11$100	Indeterminado
1874	800$000	5 anos	13$300	Indeterminado
1875	527$000	3 anos e 10 meses	11$500	Indeterminado
1878	500$000	4 anos	10$400	Doméstico
1878	1:700$000	4 anos	35$400	Ofício especializado
1879	250$000	4 anos	5$200	Indeterminado
1879	350$000	5 anos	5$800	Indeterminado
1881	1:500$000	7 anos	17$900	Doméstico/ lavoura
1883	300$000**	1 ano e 6 meses	16$700	Indeterminado
1883	300$000	1 ano	25$000	Ofício especializado
1883	252$000	5 anos	4$200	Indeterminado
1884	350$000	1 ano e 8 meses	17$500	Indeterminado
1886	300$000	10 meses	30$000	Indeterminado

Fonte: 1º CNC, 2010.

Tabela 32. Relação valor/mês para libertandos do sexo feminino em São Paulo (1830-1888)

Ano	Valor	Duração	Valor/Mês (em mil réis)	Serviços
1847	400$000	4 anos	8$300	Doméstico
1854	187$000**	1 ano e 6 meses*	12$000	Doméstico
1864	350$000	2 anos e meio*	12$000	Indeterminado
1865	1:000$000	10 anos e 5 meses*	8$000	Doméstico
1869	597$660	2 anos e 6 meses*	20$000	Indeterminado
1870	700$000**	2 anos e 6 meses*	11$500	Doméstico
1870	1: 100$000**	3 anos e 1 mês*	15$000	Indeterminado
1875	650$000	5 anos e 6 meses	9$800	Doméstico
1875	500$000	3 anos	13$900	Indeterminado
1875	1: 100$000	1 ano	91$700	Indeterminado
1877	400$200	3 anos e 9 meses	8$900	Doméstico
1877	416$000	3 anos e 6 meses	9$900	Doméstico
1877	1: 100$000	7 anos	13$100	Doméstico
1879	1: 300$000	5 anos	21$700	Indeterminado
1879	1: 300$000	5 anos 6 meses	19$700	Doméstico
1880	734$000	5 anos	12$200	Doméstico
1883	300$000**	1 ano e 6 meses	16$700	Indeterminado
1883	1:000$000	5 anos 6 meses*	15$000	Doméstico
1883	320$000	2 anos*	13$300	Doméstico
1883	300$000	1 ano e 3 meses*	20$000	Indeterminado
1883	600$000	4 anos*	12$500	Doméstico
1883	200$000	2 anos	8$300	Doméstico
1883	180$000	5 meses*	15$000	Doméstico
1885	300$000	4 anos	6$300	Indeterminado
1886	380$000	3 anos	10$600	Indeterminado
1887	300$000	4 anos	6$300	Indeterminado
1887	750$000	4 anos	15$600	Indeterminado
1887	350$000	3 anos	9$700	Indeterminado

Fonte: 1º CNC, 2010.
* Alguns contratos não especificam a duração do arranjo de prestação de serviços, mas indicam o valor total do contrato e o valor de parcelas a serem descontadas regularmente até a quitação do débito. Para fins de comparação, utilizamos na tabela uma projeção da duração desses contratos obtida a partir da divisão do valor total dos contratos pelo valor das parcelas indicadas.
** Contratos com mais de um locador.

Observando as tabelas, notamos que a razão "valor/mês" obtida nos contratos de locadores homens indica, no geral, somas mais altas do que aquelas verificadas na tabela dos contratos de mulheres. Essa constatação poderia ser compreendida como uma implicação dos valores diferenciais de alforrias para cada sexo. É fato que escravos do sexo masculino possuíam um valor de mercado superior ao de mulheres cativas, especialmente no caso de homens mais jovens e habilitados a exercer ofícios especializados. No entanto, para obter uma definição precisa acerca dos valores praticados para as alforrias nos contratos, seria necessário considerar as indicações de apresentação de pecúlio pelos locadores, e também eventuais acréscimos feitos ao valor das alforrias nas somas totais das dívidas, tarefa não realizada nessa pesquisa.[47]

Além disso, é necessário levar em conta que a razão "valor/mês" é também um indicador da maneira como os valores das alforrias foram transformados em serviços devidos. O estabelecimento desses valores dependeu das negociações entre libertandos, senhores e locatários acerca da forma como dívidas "em espécie" seriam permutadas e traduzidas em serviços devidos. Os resultados dessas negociações implicaram maior ou menor medida de sucesso tanto

---

[47] Não há ainda para as cidades de São Paulo e Campinas um levantamento sistemático de preços praticados no mercado de escravos que permitam compor um quadro comparativo. Sabemos, porém, que o contingente populacional escravo em São Paulo era composto prioritariamente por "cativos refugos" – crianças, mulheres, velhos ou homens doentes. Em Campinas, nas áreas de *plantation* o braço escravo deveria ser jovem, forte e apto para o trabalho pesado da lavoura; na porção urbana da cidade, entretanto, é possível que cativos de serviço doméstico se assemelhassem àqueles encontrados em São Paulo. Infelizmente, dispomos de muito poucas indicações nos contratos que permitam situar os escravos trabalhadores numa escala genérica de preços praticados à época. Lapa, J. R. A. *A cidade: antros e cantos...*, p. 20; Machado, M. H. P. T. "Sendo cativo nas ruas...", p. 63.

no intento de proprietários e locatários de estender o domínio escravista, quanto nos projetos de liberdade dos trabalhadores.

Nesse sentido, agrupamos os contratos na Tabela 33 (abaixo) em faixas de valor mensal, discriminando entre contratos com homens, mulheres e contratos mistos. Ao observar a tabela, percebemos que a maior parte dos contratos de locadores homens e mulheres concentra-se nas faixas mais baixas de "valor/mês", especialmente naquela que vai de 10 a 19 mil réis. O mesmo ocorre aos contratos mistos. De forma geral, portanto, homens e mulheres libertandos negociaram acordos de trabalho com valores semelhantes entre os contratos avaliados.

É relevante notar, porém, que a proporção geral de distribuição de contratos por faixas de "valor/mês" indica que um número maior de locadoras mulheres concentra-se nas faixas de avaliação mais baixas, ao passo que locadores homens concentram-se de forma acentuada na faixa de 10 a 19 mil réis e dividem-se de forma menos discrepante entre as demais faixas.

Tabela 33. Relação valor/mês nos contratos de locação de serviços em São Paulo (1830-1888)						
	Homens	%*	Mulheres	%*	H/M	%*
Menos de 10$000	4	22,2	9	37,5	-	-
De 10 a 19$000	9	50	11	45,8	4	100
De 20 a 29$000	3	16,7	3	12,5	-	-
30 a 39$000	2	11,1	-	-	-	-
A partir de 40$000	-	-	1	4,2	-	-
Total de contratos	18	100	24	100	4	100

Fonte: 1° CNC, 2010.
*Percentual sobre total de contratos avaliados por sexo.

Essa abordagem dos dados de avaliação mensal do preço dos serviços locados sugere que ao trabalho feminino, embora fosse largamente disseminado na cidade, era atribuído valor monetário mais baixo do que ao trabalho desempenhado por homens libertandos. O estudo de Lorena Telles acerca do trabalho doméstico feminino reitera essa tendência, apontando a generalizada sub-remuneração dos serviços de libertas, atestada pelos contratos de trabalho doméstico por ela analisados. Ao confrontar os indícios obtidos em nossa pesquisa aos apontamentos de Lorena, reforçamos o argumento acerca da desvalorização do trabalho feminino entre mulheres egressas da escravidão na cidade de São Paulo, especialmente nas décadas finais do XIX. Além disso, embora trate de trabalhadoras forras, sem vínculos com contratos de liberdade, seu estudo pode ser um bom indício de como práticas de valoração de trabalho encerradas nos contratos de locação de serviços espelharam condições de trabalho enfrentadas pela população egressa da escravidão no pós-emancipação.[48]

O mesmo tipo de avaliação geral pode ser feito com as durações dos contratos (já indicadas nas Tabelas 31 e 32), que, por sua vez, são índices mais seguros para a compreensão da extensão do domínio escravista. Dividindo as diversas durações apontadas para os contratos em faixas de tempo (Tabela 34), temos um quadro bastante variado em que nenhuma tendência clara diferencia arranjos com locadoras mulheres e locadores homens. Uma proporção maior de contratos com mulheres tem durações de até três anos, ao passo que uma proporção maior de contratos com homens tem durações iguais ou superiores a cinco anos. Há uma faixa intermediária, em que se concentra a maior parte dos contratos de locadores

---

[48] Telles, L. F. S. *Libertas entre sobrados...*, especialmente o capítulo "Por exigir maior aluguel: nuanças do trabalho livre", p. 118-126.

de ambos os sexo, na qual os arranjos de trabalho têm duração estabelecida entre três e quatro anos.

Tabela 34. Duração dos contratos de locação de serviços em São Paulo (1830-1888)

	Homens	%*	Mulheres	%*	H/M	%*
Até 1 ano	2	11,1	2	8,3	-	-
1 ano e 1 mês a 2 anos	1	5,5	3	12,5	2	50
2 anos e 1 mês a 3 anos	1	5,5	5	20,8	-	-
3 anos e 1 mês a 4 anos	6	33,3	7	29,2	-	-
4 anos e 1 mês a 5 anos	4	22,2	2	8,3	1	25
5 anos e 1 mês a 6 anos	1	5,5	3	12,5	1	25
6 anos e 1 mês a 7 anos	1	5,5	1	4,2	-	-
Acima de 7 anos	2	11,1	1	4,2	-	-
Total de contratos	18	100	24	100	4	100

Fonte: 1ºCNC.
*Percentual sobre total de contratos avaliados por sexo.

É fundamental, porém, compreender que as relações entre durações e valores nos contratos de locação de serviços formam um quadro complexo e de difícil sistematização. Serviços avaliados com preços mais altos, e, portanto, ligados a alforrias mais caras, nem sempre indicavam que o trabalhador locador obtivera sucesso em sua negociação de liberdade. Isso se deve ao fato de que, na imensa maioria dos casos, libertandos estavam obrigados por meio de dívidas a prestar serviços diretamente a seus credores. Por conseguinte, estavam impedidos de agenciar seu trabalho a outros contratantes, de modo que a avaliação de seus serviços em altos valores não representava vantagens em termos remuneração. Da mesma forma, contratos com prazos mais longos não implicavam necessariamente avaliações mais baixas dos serviços locados, e contratos com a mesma duração poderiam implicar avaliações diferentes.

Em 1883, por exemplo, as libertandas Rita e Verônica locaram serviços a credores que quitaram suas alforrias pelo mesmo prazo de dois anos e por valores diferentes (320$000 e 200$000 réis, respectivamente). Empregando o recurso da razão "valor/mês", temos que os serviços de Rita ficariam valendo cerca de 13$300 réis e os de Verônica, 8$300 réis mensais.[49]

De maneira ampla, contratos com prazos mais longos estavam associados a dívidas maiores, ao passo que contratos com durações mais curtas costumavam estar associados a dívidas menores, implicando, assim, em um período menor sob o domínio da exploração do credor. Uma delimitação muito precisa da forma de avaliação dos serviços e das circunstâncias mais ou menos vantajosas dos arranjos para locadores e locatários, contudo, somente pode ser atingida numa análise detalhada sobre cada um dos contratos. Cada um deles guarda particularidades que explicam as condições de trabalho e os obstáculos à liberdade negociados pelos trabalhadores e registrados nas linhas das escrituras.

Alguns poucos contratos ofereciam ao locador a possibilidade de abreviar o prazo de prestação de serviços, suplementando as parcelas abatidas de sua dívida ao entregar quantias extras, obtidas por meio de trabalho a jornal autorizado pelos locatários. Outros contratos ainda falam da possibilidade de que o locador entregasse "quaisquer quantias" a serem abonadas do montante total da dívida, sem mencionar a autorização de trabalhos a jornal. Podemos imaginar que estas quantias viessem, portanto, de parentes, amigos, ou de trabalhos realizados em eventuais folgas como domingos e dias santos.[50] O fundamental a esse respeito, porém, é compreender que abreviar

---

49   1º CNC, L92 F24 (10.07.1883) e L92 F44v (23.08.1883).
50   Em seu estudo sobre alforrias na cidade de São Paulo, Enidelce Bertin indica que o envolvimento de familiares era comum na aquisição de alforrias pagas, tendo

durações de contratos implicava, necessariamente, o investimento de mais trabalho para além daquele delimitado em contrato.

Outro aspecto importante para a conformação do cenário de locações de serviços de libertandos em São Paulo no XIX diz respeito aos tipos de serviços locados. Metade dos contratos registrados na cidade não discrimina o tipo dos serviços negociados como pagamento às dívidas de libertandos, como mostra a tabela abaixo (tabela 35). A ausência de detalhamentos a respeito da natureza dos serviços negociados poderia ser interpretada, num primeiro momento, como um registro da brevidade característica das fontes em questão. Poderia também simplesmente sugerir que os serviços locados fossem variados, sem que se pudesse sucintamente defini-los.

No entanto, é possível também aventar a hipótese de que as omissões a respeito dos tipos de serviços locados sejam indicadores da vulnerabilidade das relações de trabalho que se constituíam por meio destes contratos. Nestas relações, a indeterminação sobre o tipo de serviços a serem desempenhados pelos libertandos poderia reforçar a intenção de que o controle sobre o trabalho destes homens e mulheres se concentrasse nas mãos dos locatários. A eles, e não aos próprios libertandos, deveria caber a prerrogativa de decidir de que forma seria empenhada a força de trabalho contratada, acentuando-se o intuito de conferir caráter dominial às relações de trabalho previstas nos contratos.

---

representado 31% do total de alforrias onerosas localizadas pela autora. Bertin, E. *Alforrias em São Paulo...*, p. 108.

Tabela 35. Tipos de serviços contratados em São Paulo (1830-1888)						
	Domésticos	Domésticos e Lavoura	Ofícios especializados	Feitorizar escravos e chácara	Indeterminados	Total
Total	18	1	3	1	23	46
%	39,1	2,2	6,5	2,2	50	100

Fonte: 1° CNC, 2010.

Já entre os 50% das escrituras que discriminam a natureza dos serviços locados na cidade, predominam aquelas que se referem ao trabalho doméstico. Sob a alcunha de "serviços domésticos" estão compreendidas tarefa variadas que se reportam aos serviços de criada e criado, serviços de cocheiro, de ama de leite, tarefas como cozinhar, comprar, lavar roupa, engomar, tratar da casa e do quintal e rachar lenha. Alguns contratos empregam formas menos específicas de referência ao serviço doméstico como "serviços pessoais na casa do locatário", "serviços no lar doméstico", e outros ainda apontam de forma indireta a eleição de serviços domésticos como pagamento à alforria. Esse é o caso do contrato de Valério, que se sujeitava a morar na casa de seu locatário e de lá não sair sem sua autorização, para que este tivesse "a mais ampla liberdade no gozo dos mesmos serviços".[51]

A tabela abaixo esclarece a proporção de tipos de serviços em contratos com locadores homens e mulheres e também em contratos mistos.

---

51   1° CNC, L64 F36 (10.07.1866).

Tabela 36. Tipos de serviços por sexo de locadores em São Paulo (1830-1888)

	Homens	%*	Mulheres	%*	H/M	%*
Doméstico	3	16,7	13	54,2	2	50
Ofício especializado	3	16,7	-	-	-	-
Of. esp./feitor	1	5,5	-	-	-	-
Of. esp./doméstico	1	5,5	-	-	-	-
Indeterminados	10	55,5	11	45,8	2	50
Total dos contratos avaliados	18	100	24	100	4	100

Fonte: 1ºCNC, 2010.
*Percentual sobre o total de contratos avaliados.

Não apenas os serviços domésticos compõem a maioria dos serviços prestados por mulheres, como também cerca de 72% dos contratos que se referem ao trabalho doméstico dizem respeito à locadores do sexo feminino. O trabalho relacionado à prestação de serviços especializados como o de pedreiros e carpinteiros é citado, estando por vezes associado a trabalhos domésticos ou a serviços de feitor. Em todos os casos, porém, serviços especializados estão exclusivamente associados a locadores do sexo masculino. Já em Campinas, cinco dos nove contratos localizados não determinam o tipo dos serviços locados. Entre as especificações, dois contratos com locadoras mulheres referem-se à prestação de serviços domésticos, um contrato especifica a prestação de serviços de pedreiro por um homem e um contrato misto, com dois locadores, indica a prestação de serviços de lavoura.[52]

Considerado o conjunto de todos os contratos associados a alforrias celebrados nos 1ºs Cartórios de São Paulo e Campinas no período da pesquisa, parece claro que há uma prevalência de encaminhamento de trabalhadoras libertandas ao serviço doméstico. De acordo com Enidelce Bertin, a manumissão preferencial de mulheres em São Paulo era tributária do frequente emprego de cativas no serviço doméstico, que proporcionava o estabelecimento de relações mais próximas entre os proprietários e suas escravas e ampliava as chances de mulheres escravizadas serem alforriadas.[53] Desse modo, além de observar que libertandas eram encaminhadas ao trabalho doméstico por meio dos contratos de locação, é possível supor que os próprios contratos fossem oriundos de negociações em torno de relações de trabalho anteriores, estabelecidas no âmbito doméstico.

Outra possibilidade que se pode aventar diante dos dados obtidos para São Paulo é que na cidade mulheres forras ou em processo de transição para a liberdade tenham encontrado no serviço doméstico, em sua equação de restrições de liberdade combinadas à proteção paternalista, um espaço de adequação social que lhes permitiria fugir ao peso da desconfiança e da criminalização vividos por mulheres que transitavam livremente pelo mundo das ruas. Sandra Lauderdale Graham descreveu as relações de proteção e obediência travadas entre senhores e suas criadas na Corte, descortinando um cenário complexo em que mulheres trabalhadoras,

---

52 Regina Lima, que utilizou alguns contratos de locação de serviços em seu estudo sobre libertos em Campinas, já advertia sobre as poucas especificações acerca dos serviços locados nestas escrituras. Lima, R. C. X. *A conquista da liberdade...*, p. 94.

53 Bertin, E. *Alforrias em São Paulo...*, p. 121.

tidas como agentes do trânsito perverso entre "a casa" e "a rua" que maculavam o espaço doméstico, viam-se tolhidas em sua liberdade para poder assegurar para si e os seus condições de sobrevivência e inserção social, ainda que precária.[54]

Ainda a esse respeito, retomamos novamente o estudo de Lorena Telles. A autora demonstra como, no limiar da abolição, mulheres egressas da escravidão ocuparam, na cidade de São Paulo, os quadros do serviço doméstico socialmente desqualificado e desprestigiado. Vistas como ameaçadoras, baderneiras, irascíveis, indisciplinadas e insensíveis à moralidade, estas mulheres descreviam trajetórias em que enfrentavam a face dupla do trabalho doméstico tutelado. Dessa maneira, ao mesmo tempo em que proviam sua sobrevivência por meio da prestação de serviços domésticos, viam suas experiências de emancipação serem estigmatizadas e restringidas ao espectro das liberdades possíveis, sempre ameaçadas pelo controle senhorial da mão de obra e cada vez mais pelo controle social do Estado. Trabalhadoras domésticas, como argumenta a autora, foram alvo de formas variadas de controle social sob a escravidão, e variantes ainda mais sistematizadas de controle foram inauguradas após a abolição.[55]

Fundamentalmente, porém, o quadro geral que indica que grande parte dos trabalhadores libertandos, agenciando com seus próprios meios a sua liberdade, estavam envolvidos com a prestação de serviços domésticos, parece coadunar com as reflexões de Espada Lima sobre a contratação de serviços como um expediente de solução de conflitos entre expectativas de liberdade e de

---

54 Graham, S. L. *Proteção e obediência...*
55 Telles, L. F. S. *Libertas entre sobrados...*, especialmente o capítulo "Liberdades Conquistadas", p. 73-77.

continuidade de dominação escravista na esfera da domesticidade.[56] Entende-se esta última não apenas como a referência a temas de afazeres domésticos propriamente ditos, mas como a expressão do controle senhorial sobre os escravos, que foi estendida aos libertandos. As soluções para as pressões pela liberdade deram-se, em larga medida, no campo dos interesses e negócios privados, sem que fossem encampadas ou efetivamente mediadas pelo Estado. Por conseguinte, a gestão dos assuntos da escravidão continuou, no que diz respeito aos contratos, submetida ao jugo paternalista e ao "mundo da casa".[57] O desempenho do trabalho doméstico colocava os sujeitos libertandos diretamente sob o controle senhorial de seus locatários credores, rarefazendo ainda mais o conteúdo palpável de sua liberdade e da afirmação de fato de sua nova condição de libertos e cidadãos de direitos.

Para além da solução "doméstica" e paternalista encaminhada para as demandas por liberdade na fórmula dos contratos de locação de serviços, outros aspectos que os distinguem fundamentalmente dos contratos em que não estão implicadas alforrias são os detalhamentos das condições de trabalho negociadas. Embora elaboradas de forma vaga, sendo muitas vezes enunciadas de maneira padronizada no registro notarial, as condições e cláusulas impostas para a prestação dos serviços locados descortinam os limites dos projetos de liberdade intencionados por libertandos e estabelecem respaldos para a continuada exploração de seu trabalho.

---

56   Lima, H. E. "Trabalho e lei para os libertos...", pp 17-28.
57   Aqui empregamos a definição de Ilmar Mattos sobre o espectro de controle e dominação da camada proprietária na organização social e política do XIX – tendo sido ela quem deu as cartas da gestão dos assuntos da escravidão até o momento em que Estado começa a encampar a gerência da economia política da escravidão, notadamente nas duas décadas anteriores à abolição (Mattos, Ilmar R. *O tempo saquarema: a formação do estado imperial*. São Paulo: Hucitec, 1990).

A tabela abaixo aponta as mais frequentes condicionantes da prestação dos serviços e a proporção em que estas aparecem nos contratos. Tais condicionantes dizem respeito aos seguintes pontos: a possibilidade de o libertando remir-se do tempo de trabalho, quitando o valor devido ao credor antes da duração estipulada para o contrato (remissão); a responsabilidade sobre o provimento da sobrevivência básica dos trabalhadores, a cargo dos locatários credores (obrigações do locatário); as restrições de mobilidade impostas aos trabalhadores (restrições de mobilidade); o direito assegurado aos locatários de transferir os contratos para outros locadores (direito de transferência); e a possibilidade de acréscimo de tempo sobre o prazo inicial do contrato (acréscimo de tempo).

Tabela 37. Caracterização geral dos contratos em São Paulo – cláusulas recorrentes (1830-1888)

Contratos (Total: 46)	Remissão	Obrigações locatário	Restrições de mobilidade	Direito de transferência	Acréscimo de tempo
	11	28	16	15	21
% do total de contratos	24	60,9	34,8	32,6	45,6

Fonte: 1º CNC, 2010.

É interessante notar que estas cláusulas parecem expressar um repertório comum de condições e restrições impostas ao agenciamento de trabalho de libertandos e egressos da escravidão. Henrique Espada Lima identifica entre os contratos de locação de serviços localizados em Desterro, referências à possibilidade de remissão de serviços, à restrição de mobilidade dos locadores e à obrigação de locatários proverem itens básicos de subsistência aos trabalhadores. Estudando contratos de trabalho de africanos livres em São Paulo, Enidelce Bertin igualmente refere-se à obrigação de que contratantes fornecessem a esses trabalhadores alimentação, vestuário e moradia.[58]

A possibilidade de remissão de serviços apontada na tabela incluía tanto as cláusulas que previam a apresentação do valor integral devido pelo libertando, descontada a soma equivalente ao tempo trabalhado, quanto aquelas que autorizavam o libertando a "entrar a qualquer momento com somas variadas" a serem abatidas do montante da dívida. Ainda que tais cláusulas apareçam em menos de um quarto dos contratos, as mesmas são bastante significativas das contradições inerentes à situação transitória vivida pelos libertandos.

Se, por um lado, a remissão indicava brechas para que os trabalhadores em trânsito para liberdade pudessem abreviar a dependência estabelecida pelos contratos, por outro, as chances de remissão dos serviços devidos estavam estritamente vinculadas às possibilidades de que dispunham os libertandos para acumular fundos. Essas possibilidades consistiam em contar com a solidariedade de amigos ou parentes que pudessem lhes ajudar ou engajar-se em ainda outros arranjos de trabalho, quando lhes fosse autorizado, prestando serviços além daqueles devidos aos credores. A alternativa ao contrato de locação de serviços, portanto, seria mais trabalho. Sendo assim, ainda que não se possa ignorar a importância para os libertandos de desvincularem-se dos contratos e tornarem-se efetivamente livres, é necessário problematizar as condições impostas a estes sujeitos para a consecução de seus projetos de liberdade e as circunstâncias em que, uma vez libertos, esses trabalhadores poderiam arranjar suas sobrevivências.

---

58 Lima, H. E. Sob o domínio da precariedade...; Bertin, Enidelce. *Os meia-cara: africanos livres em São Paulo no século XIX*. Tese (doutorado) – FFLCH-USP, São Paulo, 2006.

A esse respeito e tratando dos arranjos de locação celebrados em Desterro, Espada Lima argumenta que os contratos, embora estendendo o domínio escravista sobre trabalhadores determinados a deixar o cativeiro, constituíam uma alternativa para a precariedade da vida experimentada por homens e mulheres libertos.[59] Esta mesma asserção parece ser sugerida pelos contratos de locação de serviços desvinculados de alforrias, como demonstramos no início deste capítulo. A situação paradoxal vivida pelos libertandos é justamente essa: estão atrelados a arranjos de trabalho que dão fôlego à continuidade do domínio escravista e fomentam a precariedade das formas futuras de agenciamento de seu trabalho livre, ao mesmo tempo em que representam uma alternativa para sua sobrevivência no mundo pauperizado da liberdade que os aguarda.

As cláusulas que se referem às obrigações dos locatários, inclusas em quase 61% dos contratos estudados em São Paulo, reforçam esse argumento. Entre tais obrigações estão o provimento de casa, alimentação, vestuário, médico e botica em caso de moléstias, sendo que o tratamento de enfermidades estava sempre limitado a um número específico e pequeno de dias, variando de 5 a 15 ao ano, e repercutindo no acréscimo de tempo de serviços devido pelos locadores. O suprimento de necessidades básicas proporcionado pelo locatário não significava que libertandos pudessem comer fartamente, vestir-se com dignidade e conforto e receber tratamento médico adequado, como prova o contrato de locação dos serviços de Caetano lavrado em 1884:

---

59 A esse respeito, diz o autor: "Transformar a escravidão em um contrato para o pagamento de uma dívida poderia também significar a tentativa de garantir de algum modo a continuidade de uma ocupação que garantisse a subsistência e uma menor incerteza frente ao futuro". Lima, H. E. "Sob o domínio da precariedade...", p. 19.

> Pelo outorgado fica dito que aceitava o presente contracto e por sua parte de obrigava a fornecer ao mesmo Caetano moradia e roupa em harmonia com a posiçao social delle Caetano; fornecera tambem medico e botica quando estiver doente, não excedendo o tempo da doença oito dias (...).[60]

A compreensão das obrigações dos locatários estipuladas em contrato como um indício de prerrogativas conquistadas por libertandos no agenciamento de seu trabalho deve ser interpelada por uma leitura atenta do contexto em que se inseriam tais arranjos. Conquanto sejam, de fato, atestados de que os contratos pressupunham um jogo negociado de interesses e desejos de locadores e locatários, as condições que obrigavam locatários ao provimento de suprimentos básicos de vida para os locadores referiam-se a um contexto de precarização de formas de vida. Muito provavelmente, estes libertandos, trabalhando à exaustão e sem remuneração, não teriam outros meios de prover sua própria sobrevivência não fosse essa uma contrapartida da locação de seus serviços. Os poucos casos já comentados em que libertandos poderiam agenciar seu trabalho livremente, pagando aos credores em jornais, certamente pressupunham rotinas intensas de trabalho para que lhes fosse possível comprar sua liberdade e ao mesmo tempo sobreviver. Da mesma forma, nos casos raros em que libertandos recebiam alguma forma de remuneração por seus serviços, estes estavam atrelados à condição de que provessem sua própria subsistência, como comentado anteriormente.

As condições de acréscimo de tempo ao prazo originalmente acordado para o contrato reforçam esse desenho de pauperização

---

60   1º CNC, L93 F59 (23.04.1884).

e precariedade que delimita as liberdades construídas à duras penas por trabalhadores libertandos. Tudo era motivo para que se ampliasse o prazo de prestação de serviços original: a extrapolação do número de dias em que os libertandos tinham "o direito" de estarem doentes, eventuais faltas não autorizadas ao trabalho ou a concessão de qualquer soma extra de dinheiro aos locadores. O contrato do locador Manoel Anhanguera mostra o cúmulo a que o acréscimo de tempo poderia chegar. Tendo celebrado com seu locador um arranjo com prazo de dois anos, o qual poderia variar de acordo com eventuais dispensas de trabalho em domingos, dias santos, ou quando seu locatário dele não precisasse, Manoel estava obrigado a prestar tempo extra de serviços de acordo com o prazo em que conseguisse quitar os 800$000 réis de sua dívida. Nos termos do contrato, isso significava dizer o seguinte:

> Concluido que seja o pagamento da somma emprestada (...) continuará o locador a servir sob todas as condiçoes expressas por mais um anno se o pagamento total da somma se concluir dentro de dois annos da data desta Escriptura, por mais dois annos se o referido pagamento se concluir dentro de quatro annos, por mais três anno se o mesmo pagamento se concluir dentro de quatro annos, por mais quatro annos se o referido se concluir em seis annos (...) e assim por diante de sorte que por cada dois annos de demora no inteiro pagamento da somma emprestada terá o locador que servir por mais um anno, isso como indenisaçao do empate do dinheiro emprestado(...).[61]

---

61   1º CNC, L47 F56 (05.05.1851)

Da mesma forma, as restrições de mobilidade, implicadas em 34,6% dos contratos, sinalizavam um impedimento fundamental para a afirmação da condição de liberdade buscada por trabalhadores libertandos, qual seja a impossibilidade de ir e vir, deslocando-se sem admoestações e sem a anuência de seus credores ou a legitimação de sua presença. Estavam sinalizadas em proibições expressas, como a de não sair da companhia do locatário sem sua autorização, ou obrigações inegociáveis, como residir ou pernoitar na casa do locatário. De forma indireta, o trabalhador libertando estava também tolhido da possibilidade de transitar de maneira livre e autônoma por contratos que obrigavam sua presença junto de seu locatário em outras partes da província ou mesmo do Império, como diz o contrato de Antonia, obrigada a prestar "serviços pessoaes em casa do mesmo Major no Rio de Janeiro ou em qualquer outra parte desejada".[62]

O direito de transferência dos serviços dos locadores assegurado a 32,6% dos locatários era também indício de que, embora negociados, os contratos de locação de serviços instrumentalizavam credores locatários na extensão do domínio escravista. Garantiam aos credores a possibilidade de transferir ou sublocar os serviços dos libertandos, na maioria das vezes com o adendo de que poderiam fazê-lo "a quem lhes conviesse" e à revelia da vontade dos locadores.[63] Além da impossibilidade de manter o controle sobre o arranjo da prestação de seus serviços, locadores se viam sujeitos

---

62 1º CNC, L44 F89 (20.09.1847)

63 Apenas o contrato de Benedicto, lavrado em 1883, indica que o direito de transferência de serviços estava condicionado à anuência do locador. Diz o documento: "O presente contracto podera ser transferido com a annuencia do locador (...)". Uma situação de relaxamento do direito de transferência de serviços é sugerida no contrato do casal anteriormente citado, Eva e Antonio, que poderiam sublocar seus serviços a outros contratantes com a autorização de seu credor. 1º CNC, L92 F35 (30.07.1883) e L91 F50 (15.02.1883).

a mudanças inadvertidas que lhes impediam de estabelecer rotinas e vínculos de solidariedade, bem como de criar condições de confiança e familiaridade junto aos locatários que favorecessem as negociações cotidianas que envolviam tanto seu trabalho quanto as possibilidades de fruição de sua liberdade em disputa.

Todas as tendências aqui delineadas, porém, não expressam integralmente a complexidade do tecido caleidoscópico de relações de trabalho estabelecidas por meio dos contratos de locação de serviços. Sua utilidade está em apontar direções para compreender de que forma essa espécie de agenciamento de trabalho limitou experiências de liberdade e cimentou o solo sobre o qual homens e mulheres egressos da escravidão construiriam relações de trabalho livre.

Concordamos com Henrique Espada Lima ao afirmar que contratos de locação de serviços eram projetos de longo prazo em que o trabalho era o mediador fundamental do acesso ao sonho de liberdade.[64] Estes projetos de liberdade envolveram o empenho de longos anos de trabalho, a cooperação de famílias e redes de solidariedade, mobilizando esforços e economias amealhadas ao longo de vidas inteiras.

Neste sentido, é importante ressaltar que, se a prática das manumissões atreladas a contratos de locação de serviços integra um conjunto amplo de emancipações fracionárias e individualizadas, que previnem a generalização de pressões pela abolição, ao mesmo tempo possui um traço de compartilhamento. São homens e mulheres que trabalham arduamente por sua própria libertação, e são também mães que trabalham pela liberdade de seus filhos, homens e mulheres que trabalham pela liberdade de seus parceiros, famílias que trabalham pela liberdade de um de seus entes.

Tais trajetórias, compartilhadas ou não, implicam a necessidade de contemplar o caráter eminentemente cotidiano destas emancipações,

---

64   Lima, H. E. "Trabalho e lei para os libertos...", p. 23.

conquistadas por meio de investimentos diários na forma de trabalho, de negociações e oposições impostas a ele. As liberdades conquistadas por meio de locações de serviços são construídas paulatinamente e vividas como um exercício diário e em permanente elaboração. Os ofícios destes libertandos trabalhadores são, assim, ofícios de liberdade.

Compreendê-los implica reconhecer, em primeiro lugar, que a busca por emancipação conformou um horizonte fundamental nas vidas de homens e mulheres escravizados, libertandos ou forros. Implica, também, adotar uma perspectiva sobre as emancipações escravas que valorize não apenas a resistência beligerante, a oposição direta aos interesses da camada senhorial, mas também as estratégias aparentemente menos ameaçadoras empregadas na busca por libertação. Significa incluir no guarda chuva da agência escrava as saídas para a emancipação que negociam com estes interesses e arranjaram, em circunstâncias adversas, liberdades possíveis e plenas de contradições. Contradições estas que levaram estes homens e mulheres a circunstâncias de trabalho explorado e contingente, em que se assentavam vivências que se desdobrariam em cidadanias precárias e conformariam a inclusão perversa desses sujeitos na realidade do pós-emancipação.[65]

Além de projetos de liberdade, os contratos de locação de serviços parecem ter sido formas de encaminhamento da mão de obra libertanda ao mundo dos livres pobres e forros. Nele, estavam reservadas aos libertandos as fileiras do trabalho desclassificado e pauperizado, mas essencial para a manutenção dos fluxos e ritmos da cidade e da própria escravidão.

---

65   Walter Johnson discute criticamente os usos do conceito de agência escrava pela historiografia social da escravidão, iluminando a perspectiva de uma compreensão mais inclusiva do conceito de agência (Johnson, Walter. "On Agency". *Journal of Social History*, nº 37.1, 2003, p 113-124).

As prerrogativas dos locatários afirmavam o jogo de poderes desiguais nas negociações dos contratos de liberdade, resultando em arranjos de trabalho francamente desvantajosos para libertandos, que persistiam dependentes, tutelados e tolhidos em suas liberdades. É fato, entretanto, que as práticas sociais escapam às normas, e certamente as desvantagens dos arranjos firmados foram desafiadas e postas à prova por libertandos no cotidiano de trabalho.

Os contratos apresentam um amplo repertório de expressões de penalização de faltas dos locadores. Este repertório poderia incluir referências genéricas à legislação relativa a locações de serviços, como demonstrado na passagem do contrato do libertando Cazimiro Gomes que diz que "o locador sugeita-se a todas as dispoziçoes que regem contratos dessa ordem".[66] Ainda que as leis de locação de serviços de 1830 e 1837 não dispusessem especificamente a respeito do trabalho de libertandos, poderiam também ser explicitamente mencionadas e utilizadas como medidas para regulação dos acordos de locação de trabalho, incorporando a estes arranjos o conteúdo normativo e punitivo característico dessas leis.

Outras passagens que não mencionam leis, mas fazem alusões a punições e a eventuais litígios envolvendo locatários e libertandos, estalam aqui e acolá entre os contratos. Maria, que locava seus serviços em 1877, "se obriga a responder no fôro de domicilio do locatario em todas as acções que possam nascer deste cotracto, visto ser esse fôro considerado e escolhido como o fôro de seo domicilio". Da mesma forma, Cazimiro, em 1879, "sugeita-se a responder no fôro dessa cidade em que reside em quaes quer cauzas que possam nascer deste contracto". Candida, ex-escrava do Mosteiro de São Bento comprometia-se em 1865 a "não fugir (...) e quando o contrário faça (...) sugeita-se as penas da lei". Antonia era ameaçada de ver o tempo de prestação de

---

[66] 1° CNC, L88 F50 (04.04.1879)

serviços devidos ampliado mediante "fuga ou qualquer outra rasão". Maria, que em 1875 locou seus serviços para quitar a alforria do filho, é alertada de que deveria obedecer às normas estabelecidas em contrato sob o risco de se considerar "de sua parte meio doloso para imposiçao das penas aplicaveis no cazo".[67]

Menções a punições e regulações legais da prática dos serviços não devem ser lidas como argumentos meramente retóricos para afirmação da dominação dos poderes de locatários credores. Devem, isto sim, ser compreendidas como indícios de que locatários sentiam a necessidade de prevenir-se contra rebeldias de locadores ousados, que burlavam normas dos contratos e não estavam sempre dispostos a assentir na continuada exploração de seu trabalho, que teimava em afastar-lhes da desejada liberdade.

A história da busca da preta Carolina pela liberdade, ou a parte dela que podemos ler nas entrelinhas das três locações de seus serviços registradas nas notas do cartório, é um exemplo bastante claro de como mesmo diante das adversidades de sua sobrevivência e dos obstáculos impostos à sua emancipação, libertandos poderiam inverter a lógica do jogo. O primeiro registro que encontramos envolvendo Carolina é a escritura da locação de seus serviços a José Manoel d'Oliveira Serpa pelo valor de 650$000 réis e prazo de cinco anos e meio, lavrada no dia 22 de outubro de 1875.[68] Carolina dispunha de um pecúlio de valor não informado que entregou como parte do pagamento de sua liberdade, de modo que a soma devida inteirava um valor ainda maior de sua alforria. A libertanda obrigava-se a morar sob o teto de seu locatário por todo o tempo do contrato. Ao locatário cabiam as obrigações de fornecer roupa, médico e botica. Fora

---

67 1º CNC L62 F61 (07.05.1865); L85 F27 (16.11.1875); L86 F146v (08.06.1877) e L88 F70 (31.07.1879)

68 1º CNC, L84 F114 (22.10.1875)

acordada ainda a possibilidade de Carolina remir-se dos serviços devidos caso pudesse, em dinheiro, indenizar José Manoel d'Oliveira Serpa pelo tempo de trabalho ainda devido.

Cerca de um ano e três meses depois, no dia 27 de janeiro de 1877, Carolina retornava ao mesmo tabelionato para registrar uma segunda escritura, dando conta da transferência de seus serviços à Dona Maria Candida, a quem a liberta agora se fazia devedora do valor de 400$200 devendo prestar-lhe serviços sob as mesmas condições anteriormente acordadas e pelo tempo restante do prazo original de cinco anos e meio. O valor dos selos pagos pela nova locatária no ato do registro da nota, 600 réis, seria acrescido a divida de Carolina na forma de mais três meses de prestação de serviços, totalizando-se quatro anos e meio de tempo de trabalho.[69]

Passados pouco mais de três meses, Carolina voltava para deixar suas últimas pistas no mesmo cartório. Retornava agora para celebrar novamente a transferência de seus serviços, dessa vez passados ao domínio de Miguel de Negrão.[70] O valor devido por Carolina agora seria 446$000, incluídas aí despesas variadas e não especificadas "autorizadas pela locadora e realizadas a contento seo", e descontados 30$000 relativos aos serviços prestados à D. Maria Candida entre os meses de fevereiro e abril. Nas linhas finais do contrato, quem assina a rogo da locadora não é a mesma testemunha dos contratos anteriores: este vai assinado, a rogo da preta Carolina, por Luis Gonzaga Pinto da Gama.

Um balanço numérico das idas e vindas de Carolina resultaria na equação seguinte: tendo prestado serviços a dois locatários por cerca de um ano e seis meses, comprometia-se ao fim desses com outros dois anos de contrato, de modo que reduziu seu tempo de serviços de cinco anos e meio para um total de três anos e meio. O

---

69   1º CNC, L86 F73 (27.01.1877)

70   1º CNC, L86 F126 (02.05.1877)

valor reembolsado por ela ao fim desse período seria de 695$800, cerca de 50$00 a mais do que valor originalmente acordado. Objetivamente, portanto, Carolina reduziu o tempo de serviços devido e ampliou a valorização de seu trabalho, agenciando-se em melhores condições para alcançar a liberdade.

Todos os documentos envolvendo Carolina fazem referência à sua determinação em buscar novos acordos para a prestação de seus serviços, reforçando, por exemplo, "a proposta que fizera a dita Carolina" a José Manoel d'Oliveira de transferir seus serviços à Dona Maria Candida. É possível que estes dois locadores, de sobrenomes semelhantes, fossem em algum grau aparentados e que, entre si, tivessem também negociado a transferência. Mas é provável, também, que a própria Carolina, conhecendo Dona Candida da casa de João Manoel, lhe tivesse feito a proposta de locar seus serviços, antevendo nessa troca alguma vantagem. Embora não houvesse redução dos valores ou do tempo de serviço devido de uma locação para outra, talvez a libertanda soubesse de suas condições de agenciar a partir daí uma segunda e definitiva transferência.

As cláusulas contratuais impostas para a prestação dos serviços são mantidas na nas duas primeiras escrituras, mas é na terceira que os detalhes mais reveladores das tensões e ambiguidades da longa negociação da liberdade de Carolina são enunciados. É nesse documento que se afirma que o locador Miguel de Negrão dá plena quitação à transferente Dona Candida d'Oliveira "para não mais repetir", deixando clara a intenção de por fim às transferências dos serviços de Carolina. Afirma-se ainda a disposição do locatário em cumprir com suas obrigações, explicitadas nas escrituras anteriores, incluindo-se aí "as disposições coercitivas para os casos de infração de contracto". E, por fim, comenta-se a redução do tempo de serviços devido por Carolina nos seguintes termos:

(...) mediante a imprescindível condição de bem servi-lo a locadora liberta Carolina prestando-se de bom grado ao trabalho e com esforço próprio e natural, com inteligencia, diligencia e assiduidade, reduziu-se a dois anos o tempo de locação a contar de hoje, como remuneração a solicitude e dedicação da locadora.

No mesmo documento argumentos de autoridade e coerção que parecem querer encerrar as ousadias articuladas pela libertanda misturam-se à rememoração da subserviência por ela devida e à exaltação de sua docilidade e lealdade recompensadas com a redução de seu tempo de serviço, expressando a fórmula paternalista exata de um discurso que mistura proteção e obediência como afirmação de dominação.

É fato inegável que o intento paternalista afirma-se cabalmente nesse terceiro documento, explicitando o que advogamos ser uma das funções essenciais cumpridas pelos contratos de locação de serviços ao longo do XIX: o provimento da continuada exploração do trabalho dos egressos da escravidão pela camada proprietária. O paternalismo foi, sem dúvida, a fórmula que acomodou interesses e pressões entre essas categorias durante toda a experiência da escravidão. Entretanto, é vital perceber o nível de tensão e retesamento que Carolina foi capaz de provocar nessa estrutura quando buscou sua liberdade. Parece claro que Carolina, nas miudezas do cotidiano, costurava retalhos que lhe permitem enxergar, cada vez mais próximo e inteiriço, o tecido de sua liberdade. Sua capacidade de agenciar as circunstâncias da realidade num projeto diferente de vida afronta o domínio senhorial perpetuado pelos contratos e incomoda seus locatários.

A presença de Luís Gama no primeiro tabelionato de notas àquele dia dois de maio, subscrevendo a conquista de Carolina, sugere a dimensão de um projeto de liberdade que desafiou a inteligência senhorial e associou-se a forças candentes do movimento abolicionista. Trata-se de um indício importantíssimo, também, da aproximação cada vez maior a partir da década de 1870 dos trabalhadores cativos à conquista formal de suas liberdades, bem como da consolidação e organização de um movimento abolicionista em diálogo com as camadas populares cada vez mais ouriçadas pela causa do fim da escravidão.[71]

O caso de Carolina ilustra as dinâmicas de locação de serviços de libertandos que procuramos esclarecer neste capítulo, demonstrando os meandros da negociação e da prática em torno da formalização de arranjos de trabalho atrelados a alforrias no XIX, especialmente na cidade de São Paulo. A persistência e a afronta empenhadas pela libertanda em seu longo e tortuoso projeto de liberdade indicam que trabalhadores puderam desafiar os poderes estabelecidos e levar as disputas por sua liberdade às últimas consequências, resistindo à continuidade de seu cativeiro.

Exemplos dessa operação dos contratos como expedientes de processamento de alforrias condicionais e da resistência dos libertandos à continuidade do domínio da escravidão são o objeto de nosso próximo capítulo.

---

71 A esse respeito, ver o trabalho de Machado, Maria Helena P. T. *O plano e o pânico: os movimentos sociais na década da abolição*. Rio de Janeiro/São Paulo: Editora UFRJ/Edusp, 1994.

Capítulo 4
Cativeiros de fato

No dia 09 de agosto de 1884 o casal Francisco e Anna Helena Kruger comparecia ao tabelionato de notas à rua Dr. Quirino, na cidade de Campinas, para registrar o seguinte documento:

> Os abaixo assinados senhores da escrava Diamigia, crioula, tendo em attenção os serviços prestados por essa escrava rezolverão dar-lhe por esse facto plena e ampla liberdade, somente com uma clauzula, a condição especial de não assignar contracto com quem quer que seja sob pena de nullidade, isto para o fim de evitar que venha a cahir em novo Captiveiro de facto, pelos compromissos que fosse vir a tomar por esse contracto, pois nosso desejo é que seja completamente livre de facto e de direito, para poder assim gozar completamente de todos os direitos e favôres que as leis do Imperio garantem a pessoas libertas. Por firmeza e verdade pedimos ao advogado Doutor Luiz Silveira Alves Cruz que este mandasse fazer [a carta] que assignamos com satisfação e por estar a nosso contento e gosto (...).[1]

---

1 Primeiro Tabelionato de Notas de Campinas, livro 87 folha 20, 09 de agosto de 1883. As referências aos contratos localizados neste cartório serão feitas, daqui pra frente, da seguinte maneira: 1º TNC, L F (data). Os contratos localizados no Primeiro Cartório de Notas da Capital serão referidos de forma semelhante: 1º CNC, L F (data).

O documento, ao fim assinado pelos proprietários, é seguido pela repetição dos mesmos termos e declarações, desta vez destinados ao registro da alforria do escravo Benjamin, natural da Bahia. Os nomes de Francisco e Anna Helena Kruger não figuram entre os de abolicionistas ativos e declarados da província, e a afirmação surpreendente de seu reconhecimento de que contratos de locação de serviços prestavam-se à continuidade da exploração do trabalho de libertos nos mesmos moldes da escravidão ilustra incontestavelmente o argumento que temos sustentado de que a locação dos serviços de libertandos, forros e livres pobres foi usada ao longo do XIX como expediente para agenciamento de trabalho barato sob condições precárias. Mais ainda, as cartas referidas demonstram a consciência da camada proprietária de que esta forma de arregimentação de trabalho poderia ser um mecanismo para a extensão do domínio escravista diante das pressões por emancipação.

Contratos de locação de serviços foram frequentemente utilizados como saídas para a alforria compensatória e o agenciamento de trabalho de homens e mulheres despossuídos. Não se pode dizer, entretanto, que tenham sido as únicas ferramentas para formalização de arranjos desiguais de trabalho de libertandos – sujeitos em constante transgressão entre mundos de liberdade e escravidão – segurando com uma mão as rédeas curtas da expropriação de serviços ao mesmo tempo em que acenando, com a outra, para horizontes de liberdade. Os contratos foram certamente ferramentas dotadas de particularidades – sua vinculação à lei 2040, a famosa Lei do Ventre Livre, sugere que este expediente tenha ganhado importância suficiente para justificar a sua normatização. Apesar disso, com facilidade se confundem com outras fórmulas manumissórias atreladas à prestação de serviços e registradas nos livros de notas dos cartórios de Campinas e São Paulo.

No capítulo que segue, estabelecemos um panorama geral dos registros de locação de serviços relacionados à quitação de alforrias no cenário ampliado de processamento de manumissões condicionais e onerosas associadas ao trabalho, procurando sublinhar os significados da lei 2040 para a prática da locação de serviços de libertandos e buscando ressaltar o papel fundamental do empenho de serviços em projetos de liberdade de homens e mulheres no XIX.

Lidas, fainas e negócios no caminho da liberdade

Ao longo de toda a experiência da escravidão, o trabalho foi sempre o instrumento fundamental de acesso de cativos ao mundo da liberdade. A afirmação, que pode parecer banal dada a inexorável natureza das vidas impostas a homens e mulheres escravizados, ganha contornos ainda mais nítidos quando cotejada com a documentação que demonstra variadas formas de exploração de trabalho sob a promessa da libertação. Enidelce Bertin demonstrou como Cartas de Liberdade, portadoras de um discurso paternalista de fidelização do escravo, escamoteavam os verdadeiros sentidos do ingresso de cativos no mundo da liberdade, proporcionado exclusivamente pela expropriação e exploração continuada de seu trabalho.[2]

Contratos de liberdade foram prodigiosos no agenciamento de trabalho de cativos que almejavam tornarem-se livres, estabelecendo vínculos de trabalho em muito semelhantes à escravidão que retardavam o acesso de fato à liberdade e delimitando contornos precários para a cidadania experimentada por estes trabalhadores quando libertos. Acreditamos, porém, que a importância desse recurso como meio de arregimentação de trabalho barato

---

2   Bertin, Enidelce. *Alforrias em São Paulo do século XIX: liberdade e dominação*. Dissertação (mestrado) – FFLCH-USP, São Paulo, 2004.

nos cenários urbanos – especialmente diante das circunstâncias de esvaziamento da população escrava nas cidades a partir da segunda metade do século, e da acentuação das disputas em torno da liberdade de cativos com o avançar do XIX – não possa ser subestimada. A extensão de domínio escravista confunde-se com a arregimentação de trabalho a baixos custos nesse cenário de disputas.

Bons exemplos do que falamos são os casos que mencionam o Capitão Joaquim José Gomes, envolvido em diversos contratos de locação de serviços em São Paulo e também em Campinas. Em 1866 o dito Capitão figura como credor de Claudio Augusto Ferreira num contrato de locação de serviços por conta de uma dívida contraída com expensas de dispensa de guerra; onze anos depois, em 1877, é ele o locatário dos serviços de Marcolina da Conceição Gomes, no caso já relatado em que ela é devedora de quantias despendidas com seu parto. Nestes dois casos, as motivações das locações estão bastante bem delimitadas em contrato, e embora Marcolina leve o nome de seu locatário – donde podemos supor um vínculo anterior de escravização entre os dois – não há motivos para suspeitar que os contratos relacionem-se à compra de alforrias.[3] O mesmo não se pode dizer dos contratos firmados entre o mesmo Capitão e a preta Carolina Maria Jorge, entre os anos de 1875 e 1876.

O primeiro registro encontrado a envolvê-los, lavrado em São Paulo, data de 1875 e refere-se à transferência dos serviços da dita Carolina e seu marido Adão dos Santos Jorge, originalmente locados por conta de uma dívida de origem não especificada, no valor de 937$500 réis. Os locadores comprometiam-se a prestar serviços variados no Hotel Globo – cuja ligação com o Capitão Gomes não é esclarecida – em especial os serviços de cozinheiros, mediante

---

3   1º CNC, L65 F57 v (19.12.1866) e L86 F146 (08.06.1877).

o abatimento mensal de 25$000 réis. As condicionantes normalmente encontradas em contratos de locação atrelados a alforrias estão lá: obrigações do locatário com o provimento de condições básicas de subsistências aos locadores, possibilidade de remissão de serviços, observância às leis reguladoras da locação de serviços e o direito reservado ao locatário de transferir os serviços dos locadores segundo sua própria conveniência. A afirmação da ligação deste contrato com alforria, porém, não existe.

Algum tempo mais tarde, em 1876, Carolina Maria Jorge e o Capitão Gomes figuram numa escritura de reconhecimento de dívida passada a favor do mesmo Capitão. Tal escritura informa o acréscimo de 106$420 réis ao montante devido pela trabalhadora em função das despesas a que fora levado o Capitão para forçá-la ao cumprimento da primeira locação de serviços. Por deliberação do Juiz de Paz do Distrito Norte da Freguesia da Sé, Carolina estava obrigada a prestar-lhe serviços mediante o abatimento mensal de 10$000 réis do total de sua dívida até que essa fosse extinta. Por fim, cinco meses mais tarde no mesmo ano de 1876, uma outra escritura de locação, desta vez lavrada em Campinas, informa a transferência dos serviços de Carolina a José Américo de Godoy. A dívida, que consistia agora num montante de 368$420 réis, seria abatida com parcelas mensais de 20$000 réis, e, uma vez terminada, Carolina se encontraria com "inteira liberdade de se contratar a quem melhor lhe convier".[4]

Um derradeiro contrato envolvendo o Capitão Gomes está indubitavelmente relacionado à aquisição de alforrias. Lavrado em 1879 em São Paulo, diz respeito aos serviços de Cazemiro Gomes, a quem o capitão emprestara a quantia de 350$000 réis para "libertar-se do captiveiro em que se achava". O libertando obrigava-se,

---

4   1º CNC, L84 F 83 (16.03.1875) e L85 F77 (20.02.1876). 1º TNC, L68 F23 (13.06.1876).

assim, a prestar serviços não especificados "compativeis com sua idade maior de sesenta annos" por mais de cinco anos. Ao final do documento, a repetição da fórmula paternalista de fidelização encontrada em outros contratos:

> O locador declara que tomou o apellido – Gomes – do locatário como signal de reconhecimento por ter o mesmo facilitado o meio pecuniario de sahir do captiveiro na ocasiao em que hia pasar para o poder de outro senhor, o que aqui consignava por não ter outro meio de manifestar a sua gratidão.[5]

Ao longo de quase catorze anos, o nome do Capitão Joaquim José Gomes aparece em seis contratos diferentes, dois deles envolvendo locações de serviços desvinculadas da aquisição de alforrias, três relacionados a uma intrincada tramitação em torno dos serviços de uma possível libertanda e um, o derradeiro, definitivamente vinculado à compra de alforria. Sob uma série de silêncios que não permitem qualificar precisamente a relação entre o locatário e seus locadores, fica claro que as locações consistiram num meio recorrente de agenciamento de trabalho para o dito Capitão. Isso ocorria mesmo quando resistências ao controle e exploração do trabalho característicos desse tipo de agenciamento de serviços eram impostas, como parece ser o caso da trabalhadora Carolina Maria Jorge.

A presença entre estes contratos do arranjo de trabalho de Cazemiro ilustra o argumento de que serviços de homens e mulheres despossuídos, entre os quais estavam os libertandos, sujeitos de vidas intermediárias e transigentes, eram agenciados por meio dos contratos de locação. Não pretendemos, com isso, diluir as

---

5   1º CNC, L88 F50v (04.04.1879).

diferenças entre contratos ligados ou não à aquisição de alforrias e tampouco afirmar que vidas sob cativeiro fossem indistintas de vidas em liberdade entre as camadas populares. A conquista da liberdade seguia sendo um elemento determinante para a formalização de vínculos de trabalho contingente entre os libertandos, e é apenas no contrato de Cazemiro que encontramos enunciada a tônica paternalista de gestão das relações sociais da escravidão, caracterizando a extensão do domínio escravista. Nossa intenção é situar o trabalho de libertandos num campo ampliado da história social do trabalho que auxilie a compreensão dos quadros do pós-emancipação, demonstrando que, entre os arranjos de serviços baratos por meio da locação, o agenciamento do trabalho de libertandos proporcionava saídas ainda mais precarizadas para a vida em liberdade.

Nesse sentido, arranjos de serviços ligados à aquisição de alforrias e envolvendo mais de um locador são demonstrações interessantes de como os contratos puderam ser utilizados para agenciar trabalho barato de diversos sujeitos a propósito de um mesmo projeto de liberdade. Em 1842 o casal de cativos Lourença e Ignacio firmava em Campinas um contrato da locação de seus serviços ao Sargento mor Francisco José de Andrade, credor de suas alforrias. Segundo o contrato, devedores da quantia de 550$000 réis adiantada pela liberdade de ambos, Lourença e Ignacio estavam obrigados a prestar serviços no sítio de seu locatário por cerca de cinco anos e meio, abatendo-se de sua dívida o valor de 50$000 réis anuais para cada um dos trabalhadores (o que equivaleria a um abatimento mensal de pouco mais de 4$000 réis). Os locadores estavam, além disso, obrigados a não deixar a companhia de seu credor sem expresso consentimento, podendo entregar somas variadas a qualquer momento para serem abatidas do montante da dívida.[6]

Quase 30 anos depois, em São Paulo no ano de 1870, dois outros casais comprometiam conjuntamente seus serviços como forma de quitar dívidas contraídas pelo adiantamento de quantias para aquisição de alforrias. O que diferencia estes casos daquele descrito acima é o fato de que apenas as mulheres de cada casal eram cativas, o que fazia de seu projeto de liberdade uma empreitada familiar. Em 16 de fevereiro daquele ano, Gabriel de Jesus e sua mulher Joanna de Jesus Barboza obrigavam-se a trabalhar como criados para o credor da liberdade da mesma Joanna, comprada pelo valor de 700$000 réis. Do valor total da dívida, seriam abatidos 23$000 réis mensais, o que resultaria em pouco mais de três anos de prestação de serviços – com o detalhe de que, em caso de morte do casal, seu fiador João Pedro Baptista responderia pelos trabalhos devidos. Alguns meses depois, em 20 de setembro do mesmo ano, Fernando José Rodrigues e sua mulher Joaquina Rodrigues assentiam num contrato semelhante, locando serviços "de toda e qualquer espécie daquelles em que se empregão pessoas livres" abatendo-se de sua dívida de 1: 100$000 réis a quantia mensal de 30$000 réis também por cerca de três anos.[7] O mesmo se repete em 1883, quando Antonio e Eva alugam seus serviços ao credor que lhes adiantara 300$000 para inteirarem o pecúlio de que dispunham e com o qual comprariam a liberdade de Eva.[8]

Separados por décadas, os contratos mencionados estão entre os poucos localizados nas escrituras de Campinas e São Paulo a dar conta de arranjos de locação de serviços atrelados à liberdade, em

---

6   1º TNC, L30 F 126 (01.04.1842).
7   1º CNC, L76 F20 (20.08.1870) e L76 F144 (20.09.1870).
8   1º CNC, L91 F59 (05.03.1883).

que as solidariedades das camadas subalternas, apontadas anteriormente como vínculos fundamentais para a sedimentação das experiências de liberdade no XIX, estão claramente enunciadas. O primeiro ponto importante que sua leitura ilumina é a preservação dos vínculos familiares sob arranjos de aluguel de serviços. Lourença e Ignacio, Gabriel e Joanna, Fernando e Joaquina, Antonio e Eva embarcam juntos no mesmo projeto de liberdade, impedindo o fracionamento de laços de reconhecimento e sociabilidade frequentemente ocasionado pela escravidão. No caso de Gabriel e Joanna, a menção a um fiador que arcaria com as responsabilidades sobre a dívida abre caminho para duas interpretações possíveis: a de que ele fosse mais um elo na corrente de sociabilidades e solidariedades do casal locador, disposto a colaborar com seus planos, ou a de que fosse um segundo credor, a quem Gabriel e Joanna terminariam prestando serviços.

Os casos de Gabriel, Fernando e Antonio são ainda mais claros quanto às dimensões ampliadas que estes projetos de liberdade poderiam atingir. Sendo forros ou livres e podendo agenciar seus trabalhos sem restrições para o pagamento das alforrias de suas companheiras, atrelavam-se a vínculos de trabalho assemelhados à escravidão que poderiam revogar suas prerrogativas de homens livres ou forros, fazendo-os recuar de sua condição de trabalhadores despossuídos para a condição de trabalhadores despossuídos e também tolhidos em sua liberdade.

A ressalva no contrato de Fernando e Joaquina, admitindo seu emprego em quaisquer serviços adequados a pessoas livres, é simbólica das amplas contradições sobre as quais se acomodavam contratos de locação de serviços, comportando o emprego de sujeitos livres, libertos e cativos num patamar intermediário de acesso à liberdade formal em que estruturas de exploração do trabalho afinadas à escravidão poderiam ser mantidas. É justamente essa multiplicidade que parece fazer com que Fernando e Joaquina precisem reafirmar de todas as formas a liberdade a que dedicam suas vidas. Além disso, o envolvimento de sujeitos livres, forros e libertandos num mesmo contrato de locação de serviços é significativo das coincidências entre os mundos de trabalho livre e escravo, e reforça a percepção de que o expediente dos contratos era empregado de forma ampla para arregimentação de trabalho barato entre as camadas populares do XIX.

Um outro contrato, celebrado em 1854 e envolvendo a libertanda Roza Maria do Rozario, é particularmente expressivo do empenho de solidariedades em projetos de liberdade atrelados a contratos de locação de serviços.[9] Por conseguinte, espelha a possibilidade de agenciamento de diversos trabalhadores por meio de um único contrato. Naquele ano, Roza recebera do credor Domingos Azevedo a quantia de 187$000 "para inteirar a quantia que tem que dar para sua liberdade", dívida que seria acrescida do prêmio de 1% ao mês, devendo ser paga em serviços prestados na casa do locatário por Roza, Benedicta Maria do Rozário, sua mãe, e Caciano Hypolito da Silva. Da relação de Caciano e Roza, pouco sabemos. Porém, nada nos impede de supor que fossem amásios, amigos ou parentes; o contrato afirma, porém, que estavam os três comprometidos com a mesma dívida e, assim, com a liberdade de Roza.

Como alternativa à prestação de serviços domésticos, os três poderiam abonar o valor em parcelas mensais: "e não querendo [prestar serviços na casa do locatário] dará o jornal de doze mil reis mençaes reembolsando de todo o principal mais os premios que houverem vencido". Entretanto, havendo qualquer falta por qualquer motivo de parte do pagamento, Roza e sua mãe estariam

---

9   1º CNC, L51 F06 (09.11.1854).

obrigadas ao cumprimento de todas as determinações do locador, ao passo que Caciano continuaria responsável pelo pagamento mensal dos 12$000 réis:

> por eles foi dito perante as testemunhas que se obrigavam igualmente por suas pessoas e bens a cumprir este contrato dando ao credor os doze mil reis mençaes a que todos os tres ficam obrigados para não haver a menor falta se por qualquer motivo todos os tres, ou um por todos deixe de pagar a quantia mençal de 12 mil reis a primeira outorgante e sua mãe se sugeitarão a cumprir quaisquer determinações do credor que sejão em benefício de seu pagamento, continuando sempre como devedor desta quantia elle Caciano (...) até o completo pagamento.

As ambiguidades das experiências sociais de liberdade e escravidão entre as camadas populares são exemplarmente expressas no documento. O valor exigido pela liberdade de Roza era relativamente baixo se comparado a outros contratos e estava acordada ainda a possibilidade de que ela, Caciano e Benedicta pagassem jornais mensais ao credor. Este arranjo de trabalho certamente lhes permitiria mais autonomia do que aqueles em que os trabalhadores se viam obrigados a viver junto dos locatários, embora exigisse também trabalho muito duro. Ademais, o contrato criava possibilidades para que os três locadores permanecessem juntos, desfrutando vínculos familiares e outras formas de solidariedade que certamente tornavam a experiência do trabalho menos árida, além de dividirem entre si a responsabilidade sobre o montante a ser pago mensalmente. Seria possível, assim, que Roza vivesse sobre si, em companhia de sua mãe e seu possível amásio, no gozo de alguma liberdade, trabalhando nas ruas ou empregando-se em serviços domésticos em outros fogos, pagando sua dívida e mantendo certa distância e autonomia em relação à Domingos de Paiva Azevedo.

Entretanto, há de se colocar em questão quais seriam os motivos que fariam com que três pessoas se comprometessem com um valor que correntemente era pago com o trabalho de apenas uma nos contratos de locação estudados. O contrato não previa a remissão da dívida mediante o adiantamento de seu valor, admitindo apenas o abatimento do débito em parcelas mensais e fixas, de modo que o empenho conjunto de trabalho não seria uma estratégia para tornar Roza liberta mais rapidamente. Podemos aventar que a divisão da responsabilidade sobre o pagamento tornasse o fardo menos pesado a Roza, contando com a solidariedade de seus próximos, e que os locadores pudessem se contratar em ainda outros serviços para prover sua subsistência. Entrementes, é possível também afirmar que os locadores soubessem de sua impossibilidade de arcar individualmente com o pagamento do abono mensal, o que poderia indicar que as condições de trabalho disponíveis fossem bastante precárias. Não dispomos de informações sobre a idade e eventuais ofícios especializados que permitissem supor o valor praticado para os serviços prestados por Caciano, Roza e Benedicta. Reportando-nos às considerações sobre os patamares de avaliação dos serviços locados em contratos, notamos que estes serviços poderiam ser avaliados de formas bastante distintas, a depender das condições de negociação de que dispunham os trabalhadores.

São todas conjecturas, hipóteses que se estabelecem nos quadros alargados das disputas em torno da liberdade e da continuidade do domínio senhorial. O que sabemos concretamente é que o valor devido, caso fosse pago em parcelas mensais, representaria um investimento de quase 16 meses da vida dos locadores. Sendo pago em serviços, poderia representar o mesmo tempo ou mais, já que não há acordos a respeito do tempo de duração do contrato. Sabemos também que a mínima infração dos termos de pagamento poderia acarretar severas sanções à Roza, Benedicta e Caciano, sanções essas que colocariam mãe e filha sob o arbítrio direto e não mediado do locatário Domingos Azevedo e possivelmente as fariam retroceder, na prática, a condições de trabalho e de vida muito distantes da liberdade almejada. Quanto à Caciano, lhe restaria o ônus solitário da dívida, cujo valor, acrescido de juros, não seria abatido pelo trabalho das duas.

O contrato, aparentemente vantajoso, associado a uma dívida pequena e que admitia três locadores aparentados, mostra-se assim contraditório, carregado de detalhes que poderiam significar grandes revezes aos planos de liberdade dos locadores. As razões efetivas do assentimento dos locadores às condições acordadas para a prestação dos serviços não podem ser de fato esclarecidas por meio da leitura do documento. Mas as vantagens do acordo de trabalho para o credor, que arregimenta serviços de três trabalhadores para o pagamento de uma dívida relativamente pequena, é um fato. Na história de Roza, Caciano e Benedicta, um projeto de liberdade se mistura à realidade do trabalho vivida por sujeitos despossuídos, e as ambivalências determinantes da experiência da escravidão parecem espraiar-se também para o mundo da liberdade.

O contrato da liberta Maria, comentado anteriormente, é também preciso ao ilustrar as ambivalências e os variados interesses envolvidos na elaboração de arranjos de locação de serviços com vistas à liberdade. Em 1875, ela contraiu uma dívida no valor de 1:100$000 réis para obter a alforria de seu filho Paulo, de dez anos. A soma, que não era pequena, deveria ser quitada por Maria no prazo de um ano, o que significa que deveriam ser entregues ao proprietário de seu filho algo como 90$000 réis mensais, valor que em muitos dos casos estudados não poderia ser atingido nem mesmo em um ano de trabalho por outros locadores. Diante da impossibilidade de quitar seu débito, a dívida seria paga por uma fiadora-credora a quem Maria estaria obrigada a prestar serviços por tempo e sob condições não especificadas. A mesma fiadora, inclusive, era credora de parte dos 400$000 réis entregues pela liberta ao proprietário de seu filho antecipadamente, de modo que era somente por meio de uma sucessão de endividamentos que Maria poderia comprar a liberdade de Paulo.[10] É possível imaginar que, ao assumir uma dívida dessa monta, ela soubesse ter boas condições de agenciar seus serviços nas ruas de São Paulo de modo a comparecer mensalmente com a quantia devida a seu primeiro credor. Contudo, parece-nos bastante plausível que a anuência de Maria aos termos do contrato, que pressupunham jornadas extenuantes de trabalho para amealhar o valor devido e prover a sobrevivência de sua família, se desse pela total falta de meios alternativos para libertar seu filho.

Para além de retratar exemplarmente as dinâmicas de solidariedade envolvidas nas locações de serviços e nos projetos de liberdade a elas atrelados, a história de Maria e seu filho Paulo nos mostra que o expediente de contratação e aluguel de trabalho para fins de aquisição de alforrias tomou ares de negócio ao longo do XIX. As disputas subliminarmente anunciadas em torno da liberdade de Paulo ganham traços de uma verdadeira negociata do trabalho de Maria, em que a alforria de seu filho é comprada com o agenciamento de seu trabalho.

A cobrança de juros eventualmente verificada sobre as dívidas contraídas, indicando a possibilidade de ampliar os ganhos com

---

10   1º CNC, L85 F27 (16.11.1875).

os contratos, bem como as menções a transferências de serviços, sustentam a ideia de que locações realizavam-se em alguns casos como negócios entre homens e mulheres da camada proprietária. Três dos dez contratos de locação de serviços localizados em Campinas são, na realidade, transferências de locações anteriores; em São Paulo, são cinco as escrituras de transferência, geralmente repetindo cláusulas e condicionantes da prestação de serviços anteriormente acordada. Cerca de 30% dos contratos localizados em São Paulo indicam o direito do credor de transferir ou sublocar os serviços contratados segundo sua própria conveniência. Embora transferências de locações pudessem ser brechas exploradas por libertandos para o agenciamento de melhores condições de trabalho para si, como nos mostra o caso discutido da libertanda Carolina, podem também ser evidências de que locações e sublocações de serviços tenham conformado fluxos de circulação de capitais por meio do crédito nas cidades de Campinas e especialmente de São Paulo, onde pequenos proprietários escravistas eram também sujeitos pobres, muitas vezes arranjando suas sobrevivências com o aluguel dos serviços de seus escravos.[11]

As negociações em torno dos contratos – por vezes indicando somas de vulto para a época, como no caso dos arranjos na casa dos contos de réis – e as dívidas implicadas nas negociações de liberdade por meio de locação de serviço podem ser consignadas às dinâmicas ampliadas de crédito, marcantes na cidade de São Paulo. Maria Luiza Ferreira de Oliveira aborda a existência de um mercado de crédito na cidade envolvendo predominantemente a circulação de baixos valores na compra de gêneros fundamentais

---

11 Mais uma vez, reportamo-nos aqui ao trabalho clássico de Dias, Maria Odila Leite da Silva. *Quotidiano e poder em São Paulo no século XIX*. 2ª ed. São Paulo: Brasiliense, 2001.

e também na prestação de pequenos serviços.[12] Entre hipotecas, títulos e letras encontradas em inventários na cidade, em que constavam obrigações simples indicando créditos e débitos de pequena monta assinadas por sujeitos comuns no cenário da cidade, as dinâmicas de crédito em São Paulo firmaram-se prioritariamente na esfera da informalidade.

Os contratos de locação de serviços, embora não apresentados necessariamente como hipotecas ou letras, e conquanto não respondessem a estatutos formalizados de aquisição de crédito, parecem compor esta mesma configuração de trânsito de pequenos capitais na cidade e descortinam tangencialmente a ampla participação de libertandos nestes quadros.[13] Proprietários e locatário de serviços de libertandos envolviam-se em negociações de crédito ao agenciar trabalho e promover alforrias condicionais. Por sua vez, embora não fossem possuidores de sua força de trabalho, os libertandos eram partícipes da dinamização do mercado de créditos como devedores em empréstimos de pequena monta; mais do que isso, sua situação transigente remetia a um processo de circulação de bens móveis ao mesmo tempo em que apontava na direção da liberdade conquistada por meio do trabalho.

---

12 Oliveira, Maria Luiza Ferreira de. *Entre a casa e o armazém: Relações sociais e a experiência da urbanização em São Paulo*. São Paulo: Alameda, 2005.

13 A respeito do alto grau de informalidade e da multiplicidade dos negócios de crédito na cidade, diz Oliveira: "Ao lado de um empréstimo hipotecário, estava outro feito na confiança, um terceiro como vale, e assim por diante. Não se tratava de um mercado regulado por leis, tampouco a prática estava afinada com o mundo abstrato e regular das normas, mas sim com os arranjos diversos relativos às necessidades de cada situação. Havia um predomínio das relações pessoais, eram elas que ditavam qual tipo de acordo que seria feito, por isso aparecem soluções tão variadas". Oliveira, M. L. F. *Entre a casa e o armazém...*, p. 167.

Os contratos de locação de serviços, entretanto, não foram os únicos meios de arregimentação de trabalho de libertandos sob o aceno da liberdade definitiva. Ao examinar as páginas dos livros de notas do XIX guardados nos referidos cartórios de São Paulo e Campinas deparamo-nos com diversos exemplos de expedientes de formalização de liberdade condicionada à prestação de serviços. Os contratos de locação de serviços atrelados à aquisição de alforrias, nosso recorte fundamental nessa pesquisa, compõe uma das variações encontradas nos livros de acordos de trabalho associados à manumissão. Embora dotados de particularidades – quais sejam o estabelecimento de vínculos de trabalho melhor qualificados e delimitados, esboçando um princípio de monetarização do trabalho de sujeitos em condição ambígua entre a escravidão e a liberdade sem, contudo, transformá-lo em trabalho efetivamente capitalizado – os contratos de locação de serviços frequentemente podem ser confundidos com outras fontes documentais.

Diante desse universo de arranjos variados e assemelhados envolvidos na disputa da força de trabalho de sujeitos dispostos a tornarem-se livre, adotamos parâmetros rígidos para a definição do conjunto dos contratos de locação de serviços. Estes contratos – podendo também ser chamados escrituras de locação de serviços, escrituras de reconhecimento de dívida e locação de serviços, ou ainda apresentados com nomes semelhantes a estes – estabeleciam-se no mais das vezes acordando o pagamento das alforrias de cativos em serviços devidos a um credor que quitava o valor das manumissões junto aos proprietários e passava a ser o beneficiário dos serviços devidos como indenização. Raros casos (apenas dois, na cidade de Campinas) envolviam a locação dos serviços do trabalhador para seu próprio senhor, e tanto nessas circunstâncias quanto naquelas envolvendo um credor, os trabalhadores libertandos estavam obrigados a prestar serviços pelo tempo determinado em contrato. Este mecanismo de promoção de alforrias pagas "em prestações" ou em longo prazo pelos libertandos confunde-se frequentemente com outras formas de processamento de manumissões condicionadas a indenizações em forma de trabalho, sendo as alforrias condicionais e onerosas, de que temos vários exemplos entre as escrituras registradas nos cartórios pesquisados, o paralelo mais frequente que podemos estabelecer com os contratos.

A escrava fula Manuella, de cerca de 40 anos de idade e residente à cidade de São Paulo, recebia em 1877 sua carta de alforria sob a condição expressa de seguir prestando serviços por cinco anos a seu proprietário, após ter-lhe adiantado a quantia de 127$000 réis, "producto de suas economias" e sob a ressalva de que "si em qualquer tempo a mesma Manuella me der [a seu proprietário] a quantia de dusentos mil reis ficara reduzida a quatro annos o tempo que ella tem que prestar-me serviços".[14] Na cidade de Campinas, em 1880 a preta Roza, solteira de 21 anos e com boa aptidão para o trabalho na cozinha, recebia de seus proprietários Ana Francisca e Salvador Barboza a carta de liberdade sob a condição de indenizar-lhes em serviços a metade do valor de sua alforria. Alguns anos mais tarde, ao dia 23 de fevereiro de 1885, ao pardo Ignacio, de 34 anos, era concedida carta de liberdade em atenção aos bons serviços prestados aos seus senhores, sob a exclusiva condição de que o então cativo, agora liberto, seguisse prestando serviços por outros quatro anos àqueles que, no papel, haviam se tornado seus ex-proprietários, recebendo por seu trabalho a remuneração de 240$000 réis anuais.

Estes três exemplos, pequena amostra das muitas cartas de alforria condicionais e onerosas com que nos deparamos ao longo da pesquisa, ajudam-nos a alumiar o caminho tortuoso que separava

---

14   1º CNC, L86, F49 (11.05.1876).

trabalhadores cativos de sua liberdade e também os limites tênues que separavam contratos de locação de serviços de outros expedientes de processamento de manumissões condicionais.[15] As cartas de liberdade condicionais e onerosas, embora sejam comumente fontes ainda mais sucintas do que os contratos de locação no que diz respeito às formas de avaliação e pagamento da alforria dos cativos, evidenciam que não era prerrogativa exclusiva destes contratos a imposição da prestação de serviços à consecução da liberdade, tampouco a subordinação de alforrias a indenizações pecuniárias. São documentos que carregam discursos paternalistas de fidelização dos cativos, referindo-se às condições para o gozo da liberdade – como a prestação de serviços por tempo determinado pelo proprietário – ou ao valor da indenização a ser paga pelos escravos sem esclarecer os vínculos de trabalho implicados na negociação.[16]

---

15 Como argumentado anteriormente, parece-nos evidente que estes contratos se inserissem numa lógica ampliada de alforrias pagas e condicionadas a prestação de serviços, como outros autores já demonstraram para as cidades de Campinas e Desterro: Lima, Regina Célia Xavier. *A conquista da liberdade: Libertos em Campinas na segunda metade do século XIX*. Campinas: Área de Publicações CMU/Unicamp, 1996; Lima, Henrique Espada. "Sob o domínio da precariedade: escravidão e os significados da liberdade no século XIX". *Topoi*, v. 6, nº 11, jul-dez, 2005, p. 289-326; Penna, Clemente Gentil. *Escravidão, liberdade e os arranjos de trabalho na Ilha de Santa Catarina nas últimas décadas de escravidão (1850-1888)*. Dissertação (mestrado) – Centro de Filosofia e Ciências Humanas, UFSC, Florianópolis, 2005.

16 Para maior aprofundamento acerca das alforrias e seu discurso de fidelização, ver os trabalhos já citados: Bertin, Enidelce. *Alforrias em São Paulo do século XIX: liberdade e dominação*. Dissertação (mestrado) – FFLCH-USP, São Paulo, 2004; Grinberg, Keila. "Alforria, direito e direitos no Brasil e nos Estados Unidos". *Estudos Históricos*, Rio de Janeiro, nº 28, 2001; Monti, Carlo Guimarães. *O processo da Alforria: Mariana (1750-1779)*. Dissertação (mestrado) – FFLCH-USP, São Paulo, 2001; Silva, Patrícia Garcia Ernando da. *Últimos desejos e*

A diferença fundamental dos contratos de locação de serviços em relação às cartas de liberdade onerosas e condicionais, a nosso ver, reside numa tradução do valor das alforrias pleiteadas (eventualmente assomado por outras quantias) em termos explícitos de trabalho devido. Os contratos apresentam uma relação direta entre o valor da alforria transformada em dívida e o empenho de serviços necessário para quitá-la, especificando com maior ou menor detalhamento condições e regulamentos das relações de trabalho incluídas no arranjo. Além disso, os contratos de locação de serviços têm a particularidade de serem também expedientes de agenciamento de trabalho livre, flagrantemente utilizados como regulamentação de serviços entre as camadas despossuídas. O princípio da locação de serviços, portanto, não está apenas atrelado à lógica da escravidão ou das manumissões indenizatórias, o que, a nosso ver, simboliza exemplarmente esse lugar transitório, entre a escravidão e a liberdade, ocupado por trabalhadores libertandos locadores de serviços.[17]

É fato, porém, que tanto escrituras de locação de serviços quanto cartas de liberdade estão inseridas num contexto maior de promoção de alforrias condicionais e onerosas, sendo por vezes utilizadas como ferramentas complementares na realização da lógica indenizatória de expropriação do trabalho, como nos

---

promessas de liberdade, os processos de alforrias em São Paulo (1850-1888). Dissertação (mestrado) – FFLCH-USP, São Paulo, 2010.

17 As leis que regulamentam a prática da locação de serviços até a década de 70 não se referiam especificamente ao trabalho de cativos ou libertandos, como comentado no capítulo dois deste trabalho. Tratavam do trabalho de nacionais livres e intentavam fomentar a imigração de força de trabalho, tendo sido, apesar disso, frequentemente utilizadas como indicativos das sanções impostas aos locadores libertandos ao longo do XIX. Para uma síntese dessas leis, ver, além do segundo capítulo dessa dissertação: Lima, Henrique Espada. "Trabalho e lei para os libertos de Santa Catarina no século XIX: arranjos e contratos entre a autonomia e a domesticidade". *Cadernos AEL*, v. 14, nº 26, 2009.

mostra o caso de Sonia, parda de 35 anos de idade.[18] Em 1876, ela recebia de seu senhor a carta condicional de sua liberdade de acordo com a qual se fazia devedora, junto de Manoel Jorge, com quem pretendia se casar, da quantia restante de 1:200$000 réis para inteirar os 800$000 réis adiantados por sua alforria. A carta indica que a dívida deveria ser paga em serviços e que Sonia e Manoel deveriam "passar em separado documento desta obrigação que é a condição da liberdade", indicando o estabelecimento de um vínculo contratual de prestação de serviços em que certamente se detalhariam condições de trabalho como prerrogativa para a celebração do acordo.

Outros documentos deixam ainda mais evidentes os nós estreitos atando alforrias condicionais e onerosas a contratos de locação de serviços. Em 1884 é registrada no 1º cartório de notas de São Paulo uma escritura de transferência de serviços do liberto Francisco, 40 anos, realizada entre seu antigo senhor e aquele que vem a ser seu novo locatário. A escritura indica que Francisco recebera de seu proprietário carta de liberdade condicional, ao que tudo indica exigindo a prestação adicional de serviços.[19] O requesito de prestação de serviços do cativo ao seu próprio senhor, todavia, fora envolvido numa negociata com um terceiro interessado e reelaborado como contrato de locação de serviços – demonstrando cabalmente que contratos e alforrias condicionais eram fórmulas simbióticas de expropriação e alienação do trabalho de homens desejosos de viver em liberdade.

Em Campinas, a carta de liberdade passada ao mulato também chamado Francisco em 1857 indicava que o cativo entregara a seu proprietário a soma de 683$000 réis, devendo-lhe ainda por sua

---

18 1º CNC, L85 F148v (10.06.1876).
19 1º CNC, L 96 F06 (17.03.1886).

alforria o valor de 217$000 réis a serem quitados com a prestação de seus serviços, avaliados em $500 réis diários. De forma parecida, a preta Josepha, de 29 anos, escrava de serviço doméstico, recebe de seu senhor a sua carta de alforria condicional em 1871 na mesma cidade; as condições antepostas à sua alforria eram a indenização de seu preço em serviços pelo prazo de dois anos, podendo o proprietário alugar os mesmos serviços a quem desejasse. Em 1875, Mecia, de 28 anos, após ter entregado 1:000$000 réis a seu proprietário por sua alforria, ficava a dever-lhe ainda outros 700$000 réis, a serem pagos em serviços avaliados em 20$000 réis mensais, após cuja quitação "ficara completamente livre".[20]

Num exemplo quase inverso, 50 anos depois, em 1885, o proprietário de Silvana, filha da liberta Maria, desistia de seus serviços uma vez que tinha recebido da mãe de sua cativa a quantia de 400$000 réis. O título que leva o documento é sintomático da íntima relação entre alforrias e serviços. Embora o registro apresente-se como uma carta de liberdade onerosa, é identificado como "Escriptura de dezistência de prestação de serviços de Silvana filha de Maria, liberta, que fazem a Luiz Quirino dos Santos".[21] Todos estes documentos, que por um lado tornam árdua a tarefa de discernir entre contratos de locação de serviços e alforrias condicionais, indicam que a ampla identificação entre alforrias e prestação de serviços era realidade corrente nas cidades de Campinas e São Paulo no período pesquisado.

Além de contratos e cartas de liberdade, muitos outros tipos de escrituras encontradas nos livros de notas pesquisados imiscuem-se na barafunda de expedientes de aparelhamento de alforrias atreladas

---

20   1º TNC, L47 F02v (08.01.1857); L65 F33 (23.02.1874); L67 F92 (01.07.1875); L 85 F01 (01.12.1883).
21   1º TNC, L90 F65 (16.10.1885).

à prestação de serviços no XIX, reforçando o paradoxo cruel apontado no início deste capítulo: a conquista das liberdades de homens e mulheres escravizados esteve correntemente subordinada à continuidade da exploração de seu trabalho. Assim, escrituras de desistência de serviços, recibos de pagamento de parcelas de alforrias, escrituras de vendas temporárias e condicionais de escravos, recibos de empréstimos e escrituras de quitação demonstram a extensão de traduções e aplicações possíveis para aquela que foi a lógica fundamental a articular a passagem da escravidão à emancipação.

É o caso das escrituras de vendas condicionais de escravos encontradas em São Paulo, obrigando os novos proprietários dos cativos a comprometerem-se com sua manumissão ao final de um prazo estipulado. Gabriel, escravo crioulo de 24 anos de idade, era vendido por sua proprietária em 1870 por um prazo de oito anos, "com a condição porem de que findo o prazo estipulado (...) ficara o escravo dito Gabriel livre e gozando plenamente de sua liberdade". Acordos muito semelhantes são a venda dos serviços do escravo José, de 20 anos, por sua senhora em 1869 – sob a condição de que seu novo proprietário lhe manumitisse após 12 anos de serviços prestados – e também a venda condicional dos serviços de Joaquina em 1877. O caso de Joaquina tem ainda tintas específicas, mostrando que ela procurava agenciar para si saídas para a condição cativa. Joaquina movia uma ação de liberdade contra sua senhora na Primeira Vara Cível da capital, alegando não ter sido matriculada em tempo hábil.[22] O contrato advertia que, caso Joaquina

---

22 A lei 2040 previa também a obrigatoriedade de que proprietários matriculassem seus escravos, indicada no artigo 8º da seguinte maneira: "O Governo mandará proceder à matrícula especial de todos os escravos existentes do Império, com declaração do nome, sexo, estado, aptidão para o trabalho e filiação de cada um, se fôr conhecida". No parágrafo 2º do mesmo artigo, consta a disposição sobre a libertação compulsória de cativos não matriculados a partir de então: "Os escravos

viesse a ser declarada liberta na dita ação, a proprietária vendedora de seus serviços estaria obrigada a indenizar a compradora.[23]

Além das negociatas explícitas da liberdade e dos serviços de cativos, alusões variadas ao agenciamento de trabalho figuram em documentos relacionados a alforrias no período estudado. O primeiro documento entre os livros pesquisados a fazer referência à prestação de serviços como indenização pelo valor de alforria, datando de 1833, em São Paulo, é o "papel de declaração" passado por Dona Maria da Cruz de Jesus que inclui recibos atestando o pagamento a prazo e em diversas "espécies" pela liberdade de Vicência.[24] Vicência havia pago à sua proprietária parte de valor de 679$200 réis em que fora avaliada sua alforria, entregando-lhe uma soma de dinheiro e um potro. O restante da quantia devida deveria ser paga em serviços "naquilo que for mister na caza", ou em somas que Vicência pudesse amealhar com outros trabalhos realizados fora da casa de sua proprietária.

Em contraposição a tantos registros apontando a sistemática associação entre liberdade e continuada exploração de trabalho, algumas poucas escrituras indicam que os trabalhadores cativos tiveram sucesso em sua empreitada de tornarem-se livres. A locatária dos serviços de Lourença desiste dos 15 anos de prestação de trabalhos a que teria direito por um contrato de locação de serviços assinado no mesmo ano, 1866; por razões que podemos apenas

---

que, por culpa ou omissão dos interessados não forem dados à matrícula, até um ano depois do encerramento desta, serão por êste fato considerados libertos". Cf. Lei n° 2040 de 28 de setembro de 1871, art. 8° parágrafo 2°. *Colecção de Leis do Império do Brasil de 1871*. Tomo XXXIV, Parte II. Rio de Janeiro: Typographia Nacional, 1871, p. 147-151.

23   1° CNC L75 F12 (24.11.1869); L76 F127 (20.08.1870); L86 F111 (28.03.1887).

24   1°CNC, L34 F140 (03.10.1833).

fantasiar, dada a vagueza da escritura, a desistência dava-se de comum acordo entre locadora e locatária, e Lourença tornava-se efetivamente liberta:

> (...) de suas livres vontades, e sem constrangimento de pessôa alguma, concordarão em defazer o dito contracto, ficando elle sem nenhum effeito. E por esta Escriptura declarão sem vigor a dita Escriptura de Locação de Serviços, podendo livremente a Locadora ser serviços dispor de sua pessôa como livre que é e seguir o destino que muito bem lhe convier (...).[25]

Anos mais tarde, Joaquim, ex-escravo do Seminário Episcopal de São Paulo, manumitido "com a condição de ganhar servindo à caza os novecentos mil reis que tinha custado e assim alcançar sua liberdade" era declarado "perfeitamente livre" após ter quitado sua dívida.[26] Ainda que as histórias de Joaquim e Lourença pareçam trazer um alento de redenção aos muitos casos de libertandos envolvidos em desvantajosos arranjos de trabalho, elas devem ser compreendidas como exemplos minoritários numa coleção de registros que demonstram a precariedade e transigência das vidas construídas sob a égide de contratos de locação de serviços e formas similares de agenciamento de trabalho que funcionaram como plataformas para alçar voos frágeis e acidentados de liberdade.

A escritura de distrato da carta de liberdade condicional passada por Dona Maria Benedita do Carmo à sua escrava Theresa é altamente ilustrativa do que falamos; alforriada sob a condição de prestar serviços a sua senhora enquanto esta fosse viva, Theresa

---

25   1º CNC, L64 F 36v (16.06.1866).
26   1º CNC, L85 F24 (03.011.1875).

via-se então novamente reduzida ao cativeiro por ter ousado cruzar os limites estabelecidos e desafiar as barreiras impostas à sua liberdade: "(...) a mesma Escrava logo que vio a escriptura de alforria (...) não quis obedecer mais, querendo sahir para ganhar jornal, e lhe tem desobedecido sempre (...)".[27]

O fato, constantemente reiterado pelas muitas escrituras relacionadas à prestação de serviços de cativos e libertandos nas páginas dos quase 200 livros grossos e empoeirados examinados ao longo dessa pesquisa, é que a liberdade foi experimentada por cativos às expensas da exploração de seu trabalho árduo. Não se pode incorrer no erro de supor que a escravidão tenha sido substituída pelo trabalho livre, antes ou após a abolição, nas áreas escravistas. O aumento dos contratos de locação de serviços ao longo das décadas do XIX, e notadamente após a lei 2040 de 1871, parece um sintoma da generalização de um recurso de continuidade do domínio escravista diante de um quadro de incremento das tensões em torno da manutenção das instituições da escravidão. Da mesma forma, a escravidão igualmente não se encerra mediante a generalização do trabalho livre – os arranjos de trabalho precários apontados no segundo capítulo, derrubando muitas vezes a frágil fronteira entre liberdade e escravidão, igualmente tencionam a assunção de uma transição massiva a fomentar a formação de um mercado de trabalho livre no XIX. À escravidão se seguiram, em realidade, diversas formas de trabalho dependente, em que fórmulas de exploração do trabalho e de extensão do domínio escravista foram reelaboradas sob a chave da tutela. A mesma lei 2040, deliberando acerca da liberdade do ventre escravo – que, na prática, implicava a manutenção do controle dos filhos e filhas de mães escravas por

---

27   1º TNC, L52 F50 (06.10.1862).

seus proprietários até os 21 anos – é mais um elemento que dá suporte a essa compreensão.[28]

Neste cenário, contratos de locação de serviços foram instrumentos privilegiados de alienação do trabalho de libertandos e da solução tutelar para os dilemas impostos pelo fim da escravidão. Sua vocação para a transferência massiva de rendas de libertandos para senhores escravistas, ainda que pequenos, é inequívoca. Ao mesmo tempo, fomentaram um processo lento e indenizatório de abolição da escravidão, em que trabalhadores pagaram com seus serviços o preço alto de sua liberdade; acalmaram tensões e agitações em torno de expectativas de libertação de escravos e mesmo de setores organizados do abolicionismo – como sugere o envolvimento de Luís Gama em alguns dos contratos estudados – fracionando e adiando a formação de movimentações mais abrangentes de pressão pela abolição. Criaram saídas domésticas para a substituição do trabalho escravo por vínculos de trabalho dependente, afinados à cultura paternalista de administração de modos de ser, viver e produzir. Em definitivo, atuaram para subverter a potência emancipadora da agência de homens e mulheres que procuravam arranjar para si formas de escapar à escravidão.

Os projetos de liberdade, entretanto, não seriam abandonados com facilidade por estes libertandos trabalhadores. Não nos parece uma grande coincidência ou detalhe que a lei Rio Branco, medida emancipacionista que crava as unhas do Estado sobre a gestão da escravidão, disponha sobre a formalização dos arranjos de locação

---

28 Cf. Lei nº 2040 de 28 de setembro de 1871, art. 1º parágrafo 1º. *Colecção de Leis do Império do Brasil de 1871*. Tomo XXXIV, Parte II. Rio de Janeiro: Typographia Nacional, 1871, p. 147-151. A esse respeito, ver o importante trabalho de Maria Aparecida Papali: Papali, Maria Aparecida. *Escravos, libertos e órfãos: a construção da liberdade em Taubaté (1871-1895)*. São Paulo: Annablume/Fapesp, 2003.

de serviços praticados desde a década de 1840 nesta província. A busca pela emancipação por vezes perturbou desejos senhoriais e levou escravos e proprietários às últimas consequências e às barras dos tribunais.

As locações e a politização da prática

Já era madrugada quando a liberta Bárbara conseguia finalmente burlar a guarda do criado designado para vigiá-la e escapar da residência de Francisco dos Santos Pinto pulando os muros da propriedade. Desde há muitas horas, permanecia presa na casa, com um ferimento no rosto que não havia sido tratado até então. Caminhou pelas ruas de Campinas até chegar a rua Regente Feijó, onde moravam seus ex-senhores, o cocheiro João Phillipe de Almeida e sua mulher Anna Rita Clara de Almeida.[29]

O motivo da fuga de Bárbara havia sido uma agressão sofrida pela criada e desferida por seu empregador. Enfurecido enquanto esta lhe servia o jantar, ele atirara um prato contra ela, deixando-lhe um corte e um estilhaço de louça no rosto, como mostra seu depoimento:

> O Autor confessou-lhes ter quebrado a cabeça da Ré, com um prato, e mais circunstancias, como que mais não queria a Ré em sua casa, e que a mesma se alugasse dando lhe um aluguel mensal.[30]

---

29 Arquivo do Tribunal de Justiça de Campinas, sob a guarda do Centro de Memória da Unicamp. Cf. *Acção Summaria para o fim de compellir e obrigar a prestar serviço*, 1º OF CX 95 (1666). Doravante as referências aos documentos localizados nesse arquivo serão feitas pela sigla TJC, seguida da notação da fonte pesquisada.

30 Cf. *Acção Summaria para o fim de compellir e obrigar a prestar serviço*. CMU – Unicamp, TJC, 1º OF CX 95 (1666), (11.03.1884), F 17.

Já o motivo da Ação Sumária instaurada com o processo encaminhado ao Juízo Municipal de Órfãos no dia 11 de março de 1884 era a firme intenção de Francisco Pinto de obter junto à justiça o direito de compelir Bárbara a continuar a prestar-lhe serviços após sua fuga.

A história violenta de Bárbara põe a descoberto aspectos importantes sobre a prática da prestação de serviços de libertos e libertandos no XIX, revelada também pelas outras contendas judiciais examinadas nessa pesquisa. Além de explicitar a violência das relações de trabalho doméstico para que muitos libertandos se encaminharam, ilustra as resistências destes trabalhadores à realidade hostil que enfrentavam e o cenário confuso da afirmação dos direitos e liberdades envolvidos nas locações de serviços.

O primeiro aspecto que abordamos a partir do caso de Bárbara é a forma como contratos de locação de serviços se inseriram de maneira confusa nas disputas por trabalho e liberdade instrumentalizadas pela lei de 1871. Segundo os autos do processo e a carta de liberdade passada a 25 de abril de 1883 e nele transcrita, Francisco Pinto teria comprado Bárbara do casal Almeida, concedendo-lhe alforria condicional sob a condição de que ela lhe prestasse serviços pelo prazo de quatro anos:

> Eu abaixo assignado declaro que concedo liberdade a minha escrava Barbara, crioula, de 26 annos, matriculada na Collectoria desta cidade de Campinas (...). Concedo-lhe, liberdade com a condição de continuar a bêm servir-me por espaço de quatro annos a contar da data desta carta de liberdade condicional. Si entretanto a referida ex-escrava não continuar a condusir-se convenientemente durante este

prazo, me ficara o direito de alugal-a a qualquer pessoa, ate o completar aquelle prazo de quatro annos de serviço.[31]

Embora não haja transcrição ou menção a um contrato de locação de serviços firmado entre Bárbara e Francisco Pinto, não sendo informado o valor por que fora avaliada a alforria em disputa, ao longo dos autos a concessão condicional da manumissão vai sendo identificada a um acordo de prestação de serviços de forma a validar os argumentos da ré e do autor da ação. A acusação do autor do processo, embora não se referisse à existência de um contrato do tipo, reforça a todo momento a dívida em serviços contraída por Bárbara, os direitos do manumissor Pinto de transferir os mesmos serviços a outrem caso estivesse com eles insatisfeito e a recusa da libertanda em arcar com as responsabilidades devidas:

> Diz Francisco dos Santos Pinto que:
> 1º) Elle supplicante, tendo comprado a escrava Barbara a d. Rita de tal, casada com João Felipe de Almeida, concedeu-lhe liberdade em 25 de abril de 1883; com a clausula de lhe prestar por quatro annos seus serviços, que o supliccante poderia transferir a terceiro caso não sejam bêm prestados;
> 2º) A supplicada ausentou-se da casa do supplicante e, a pretexto de haver soffrido offensa physica, tem recusado os seus serviços ao

---

31 Cf. *Acção Summaria para o fim de compellir e obrigar a prestar serviço*. CMU – Unicamp, TJC, 1º OF CX 95 (1666), (11.03.1884) F23.

supplicante directamente ou por meio do aluguel a terceiro.³²

Já a defesa da ré, procurando provar a isenção dos serviços reclamados por Pinto, baseia sua argumentação na inexistência de um contrato de locação de serviços, nos termos da lei 2040, que obrigasse Bárbara a trabalhar para o autor da ação. Diz o curador da ré o seguinte:

> O Autor alforriando a Ré com clausula de serviços entende que isso lhe basta para coagir a Ré a serviços seos, ainda maltratando-a mais do que um senhor faz a seus escravos; é um perfeito engano jurídico. *Nenhuma definição regulamentar da Lei de 28 de setembro o favorece a respeito*. O contracto de serviços não podia ter logar enquanto a Ré era captiva, e não teve logar depois e alforriada com intervenção da authoridade competente, nomeando-se-lhe um curador que defende seus interesses legitimos. O *onus* só tem, em tal caso, uma responsabilidade moral, e talvez pecuniária contra a Ré, *que jamais se poderá transformar em real obrigação de serviços sob pena de prisão*. Acresce que subordinada mesmo a Ré à obrigação de servir a penalidade he inexequivel, pois nenhuma lei providenciou acerca de sua execução.³³

---

32 Cf. *Acção Summaria para o fim de compellir e obrigar a prestar serviço*. CMU – Unicamp, TJC, 1º OF CX 95 (1666), (11.03.1884) F25v.

33 Cf. *Acção Summaria para o fim de compellir e obrigar a prestar serviço*. CMU – Unicamp, TJC, 1º OF CX 95 (1666), (11.03.1884) F32, grifos nossos.

Três interpretações acerca da regulamentação legal da prática de locação de serviços são centrais na defesa proposta pelo curador de Bárbara. Primeiro, ele argumenta que não havendo a formalização de um contrato de locação de serviços, como definido pela lei de 1871, não existiria o ônus da prestação de serviços por parte da ré. Diante do processamento de uma alforria condicional, como era o caso da manumissão de Bárbara, as únicas obrigações imputadas ao liberto seriam o ressarcimento financeiro ou a dívida de gratidão para com o seu manumissor, mas nunca o desempenho compulsório de trabalho. Em seguida, o curador destaca que a própria situação civil de Bárbara impediria a afirmação de um vínculo contratual de trabalho, que não poderia existir enquanto ela ainda fosse escrava e não se realizou quando se tornou liberta. Além disso, de acordo com o advogado, mesmo que a obrigação de serviços alegada por Pinto se mostrasse verdadeira, a pena de prisão não estaria prevista em lei, e, portanto, não poderia ser utilizada para coagir a curatelada ao trabalho.

O discurso do curador certamente não consistia numa interpretação unânime da lei 2040, tendo sido contra argumentado pelo advogado de acusação ao longo dos autos. Entretanto, é um indício importante de que os contratos de locação de serviços inscreveram-se de forma ambígua no contexto das alforrias no XIX. Em primeiro lugar, fica patente nos argumentos dos advogados de defesa e acusação que as locações de serviços recorrentemente se confundiram a outras formas de alforrias compensatórias. Além disso, se por um lado a sua normatização em 1871 disse respeito ao enquadramento de uma prática de alforrias previamente estabelecida, como argumentamos ao longo da pesquisa, por outro parece que as mesmas definições legais criaram brechas para a afirmação de direitos dos trabalhadores pleiteantes à liberdade. A própria indeterminação da situação civil dos libertandos locadores de serviços, transigindo entre a liberdade e a escravidão, é usada pelo curador de Bárbara como um argumento para contradizer a existência de um vínculo contratual de obrigações.

Assim, ao mesmo tempo em que os contratos afirmaram uma política de extensão da dominação escravista, deram margens para a consolidação de argumentos legais a favor da liberdade de trabalhadores escravizados. O que podemos ler nas entrelinhas do discurso do curador de Bárbara é que a formalização dos contratos de locação de serviços ensejou a formulação de uma linguagem de direitos dos libertandos locadores, esgrimida por seus curadores nas barras dos tribunais. A politização da interpretação da legislação relativa à escravidão é fundamental nesse contexto. Altercações legais como a de Bárbara envolviam senhores, escravos e juízes numa dimensão formal das disputas cotidianas em torno da liberdade em que o encaminhamento de jurisprudências estava fortemente atrelado a posicionamentos políticos dos atores em jogo.

De acordo com Maria Helena Machado, a década de 1870 observou o surgimento de uma movimentação organizada de libertação de escravos,

> (...) movimento este que teve seu epicentro nas barras de tribunais paulistanos onde advogados e rábulas começaram a interpor ações de liberdade em favor de escravos provenientes dos mais diferentes pontos da província.[34]

---

34 Machado, M. H. P. T. "Sendo cativo nas ruas: a escravidão urbana na cidade de São Paulo". In: PORTA, Paula (org.). *História da Cidade de São Paulo*. São Paulo: Paz e Terra, 2004, p. 52.

Desse modo, o recurso a ações de liberdade e o envolvimento de escravos, por meio de seus curadores, em formas variadas de pelejas jurídicas por sua libertação cumprem um papel importante na construção de uma movimentação ampliada pela abolição.

A apelação cível interposta pelo Comendador Joaquim Bonifácio do Amaral contra os libertandos Manoel Mandú e Miguel igualmente interpela os significado dos contratos de locação de serviços mediados pela lei.[35] Libertados em 1869 no testamento de seu ex-senhor sob a condição de prestar serviços aos inventariantes deste pelo prazo de oito anos, Manoel e Miguel tiveram seus serviços envolvidos na negociação de 181 locações de serviços de libertandos pelo Comendador, fazendeiro de Campinas. Cerca de cinco anos depois, em 05 de janeiro de 1874, estes dois libertandos pediam por meio de seu curador, o advogado João Gabriel de Moraes Navarro, que o Juiz de Órfãos do município citasse o locador de seus serviços para que ele avaliasse o valor a ser pago por sua remissão.

Seguiu-se a isso uma longa contenda em torno do arbitramento do valor devido pelas alforrias de Manoel Mandú e Miguel. Os libertando propunham o pagamento de 600$000 réis pelo conjunto de suas alforrias, valor superior àquele contratado na locação de seus serviços, avaliada em 222$000 réis para cada trabalhador. Indignado com a proposta, o Comendador Bonifácio de Almeida clamava por seus direitos contra "a espoliação que [estava] soffrendo a sua propriedade com o miseravel peculio exhibido pelos escravos", requerendo que o Juiz Municipal fizesse cumprir o disposto no artigo 81, parágrafo 1º do decreto 5135 de 1872, que dispunha sobre a obrigação de que manumitidos envolvidos em litígios

---

35 Cf. *Appelação* Cível. Aesp, Lote 201006004029 (05.01.1874).

acerca de sua liberdade contratassem seus serviços ao longo do pleito, sendo os rendimentos destinados a quem o vencesse.[36]

Toda a querela parecia ser resolvida em 14 de fevereiro do mesmo ano, quando o Juiz Municipal deliberou pelo pagamento da indenização de 1:080$000 réis angariados por meio da prestação dos serviços de Miguel e Manoel a Rafael Luiz Pereira da Silva, atendendo às exigências do decreto de 1872. Contudo, nem mesmo a aquiescência de curatelados e curador à sentença desfavorável do Juiz foi suficiente para encerrar a contenda.

Por meio de seu advogado, o Comendador Bonifácio de Almeida desta vez dirigiu-se ao Tribunal da Relação da Província alegando que a sentença proferida pelo Juiz Municipal favorecia, em realidade, ao locador Rafael da Silva. É neste momento que a trama se complica. De acordo com o Comendador, a sentença oferecia ao novo locador dos serviços de Manoel e Miguel a possibilidade de aliciar trabalho a custos abaixo da média praticada, incorrendo em duas graves injustiças: o deslocamento de sua mão de obra para as fazendas de outros locatários e o desvirtuamento do espírito original da disputa judicial. De acordo com o suplicante, todo arbitramento dava conta da remissão dos serviços devidos por Manoel Mandú e Miguel, e não deveria ser entendido pelo Juiz Municipal como uma ação interposta para a locação dos serviços dos trabalhadores com vistas à sua alforria:

> Sabe tambem o appelante que como dispôem o artigo 4º parágrafo 3º da lei [de 1871], é permittido ao escravo, em favôr de sua liberdade contractar com terceiro a prestação de

---

36 Cf. Decreto 5135 de 13 de novembro de 1872, art. 81 parágrafo 1º. *Colecção de Leis do Império do Brasil de 1872.* Tomo XXXV, Parte II. Rio de Janeiro: Typographia Nacional, 1872.

> serviços futuros, por tempo não excedente de sete annos uma vez que haja consentimento do senhor e approvação do Juiz de Orphãos. Reconhece o appelante que não se trata nesta cauza de alforria de escravos mas de remissão de serviços e por isto não se pode fazer appelo aquelle principio.[37]

O Comendador entendia, portanto, que o arbitramento do valor dos serviços devidos pelos libertandos, originado pela transferência de uma alforria condicional, teria se prestado equivocadamente à facilitação da locação dos mesmos serviços com fins de manumitir os escravos. O dispositivo legal que afirmava a possibilidade de que Manoel e Miguel agenciassem sua liberdade por meio de seu trabalho seria, assim, uma excrescência na visão do Comendador, para quem os únicos interesses em disputa eram os seus e os do Estado. Para ele, a grande questão em jogo era o suprimento de mão de obra que lhe estava sendo descaradamente surrupiado por outro fazendeiro, num contexto de carência de trabalhadores escravizados em que "a agricultura luta com a falta de braços".[38] Diz o final da apelação interposta por seu advogado:

> Pretender-se privar o appelante d'os trabalhos destes libertandos pôr tão insignificante quantia não é só violar seus direitos, é perturbar tambem as relações e obrigações contractadas entre o locatário e os locadores de serviços, principalmente quando, como neste processo, (depois de ser ter arredado de uma lavoura os vinte libertos appelados em outra

---

37 Cf. *Appelação* Cível. Aesp, Lote 201006004029 (05.01.1874), F 47v e 48.
38 Cf. *Appelação* Cível. Aesp, Lote 201006004029 (05.01.1874), F 268v.

cauza) se revela o propozito de se beneficiar a outrem com serviços dos mesmos.[39]

Do ponto de vista senhorial do Comendador Bonifácio de Almeida, portanto, a liberdade de Miguel e Manoel Mandú não estava em questão, mas sim a disponibilidade de sua força de trabalho. Os autos parecem reforçar sua opinião, consistindo de poucos depoimentos e longos embates entre o curador dos libertandos e o advogado do autor. Trata-se de um imbróglio em que a concessão de uma alforria condicional ensejou disputas acirradas entre membros da camada proprietária, disputas essas implantadas num cenário ampliado de instalação da crise da escravidão em que o Estado paulatinamente encampa as tarefas de gestão da escravidão. Porém, mesmo no cenário do enfrentamento entre o Estado e o poder senhorial, em que as forças em disputa parecem querer minorar o peso da participação de trabalhadores libertandos na consecução de sua emancipação, homens e mulheres determinados a tornarem-se livres continuam sendo agentes importantíssimos das disputas judiciais.

Embora não saibamos os detalhes da negociação da alforria condicional de Miguel e Manoel, bem como de sua transferência após a morte de seu senhor, a história contada nos autos dá conta ainda de um terceiro contrato em que os serviços dos libertandos foram engajados. Além disso, há o próprio pedido de arbitramento do valor dos serviços dos libertandos que ocasiona a interposição da apelação pelo Comendador. Dessa forma, mesmo que Miguel e Manoel Mandú estivessem envolvidos num emaranhado amplo de interesses acerca da negociação de serviços e do provimento de mão de obra, estes interesses não puderam se manter alheios a seu projeto de liberdade,

---

39 Cf. *Appelação* Cível. Aesp, Lote 201006004029 (05.01.1874), F 269.

tendo de lidar e negociar com os desejos de emancipação dos escravos na conformação de novos vínculos de trabalho.

Voltemos à história de Bárbara, com que iniciamos essa discussão. No depoimento dado pela libertanda em audiência sobre a ação proposta pelo locatário de seus serviços, diz ela:

> Allega a ré que retirou-se do serviço do Autor por que este no dia 1º de Fevereiro, do corrente anno, as nove horas e meia, mais ou menos da manhã, atirou-lhe á cara um prato da mesa de que resultou ferimentos, cujas cicatrises são visiveis, e lhe trazem defformidade. Após esse acto do Autor o mesmo não lhe deo tratamento algum, e, ao contrario, a prendeo todo o dia em sua casa, sob a vigilancia de um criado; e so no dia seguinte, pela madrugada conseguio a Ré evadir-se pelos muros, procurando a casa do cocheiro João Philipe de Almeida e sua mulher, onde recebeo curativo, sendo tratada pelo Dr. Guilherme da Silva, que extrahio, das feridas, um pequeno fragmento de prato que lhe foi atirado á cara.[40]

As palavras de Bárbara, registradas nos autos, nos mostram que as violentas circunstâncias vividas na casa de seu locador significavam para ela ofensa suficiente para recusar-se à prestação de seus serviços. Embora a ação localizada diga respeito à intenção do locatário Francisco Pinto de reaver a posse sobre os mesmos serviços, Bárbara não capitulou diante da ameaça de prisão. Representada por seu curador, ela angariou testemunhas que depuseram a seu

---

40 Cf. *Acção Summaria para o fim de compellir e obrigar a prestar serviço*. CMU – Unicamp, TJC, 1º OF CX 95 (1666), (11.03.1884, F 23.

favor, submeteu-se a um exame de corpo de delito na delegacia para comprovar a injúria sofrida e, orientada pelo médico, guardou o fragmento de louça retirado de seu rosto para apresentá-lo no processo. Mais ainda, ao longo dos depoimentos, a libertanda mostrou-se resoluta quanto à decisão de não mais submeter-se ao domínio de seu locatário. Na defesa apresentada por seu curador, sua inconformidade com a injustiça sofrida e a determinação de arranjar-se meios de vida melhores estão claramente expressas:

> Nem a Ré pretendia mais voltar para casa do Autor, em vista do ocorrido; sendo que não há lei, mesmo em face de um contrato legal, que obrigue á serviços á pessoas, em casas que não offerecem garantias de segurança individual, como no caso entre o Autor e a Ré. Eis quanto aos fatos que exonerão completamente a Ré de servir ao Autor e ir para sua casa, mesmo quando houverem entre ambos um contracto, ou accordo para serviços domésticos, o que não existe.[41]

A causa termina deferida a favor do autor, e Bárbara seguiu obrigada a continuar devedora de serviços a Francisco Pinto. Apesar do desfecho desfavorável, sua história nos mostra que a despeito da precariedade das vidas de trabalhadores libertandos, fossem arranjadas sob contratos formalmente estabelecidos ou não, estes homens e mulheres cotidianamente confrontados aos limites de suas liberdades também inverteram o jogo e determinaram limites para os poderes e desmandos senhoriais sobre seus corpos, seus modos de viver e seu trabalho. Alguns deles o fizeram ignorando

---

41 Cf. *Acção Summaria para o fim de compellir e obrigar a prestar serviço*. CMU – Unicamp, TJC, 1º OF CX 95 (1666), (11.03.1884), F 23.

normas instituídas e negando-se a prestação de contratos previstos por lei e registrados em cartório, corajosamente desfiando as armadilhas dos contratos de locação de serviços, como veremos a seguir.

Comprando brigas e liberdades

No dia 30 de setembro de 1875, o liberto José Villela vinha ao Ilustríssimo Conselheiro Presidente do Tribunal da Relação da Província interpor um pedido. Ele, que fora escravo do Capitão Manuel Vicente de Araujo Cintra, havia sido libertado mediante a indenização no valor de 1: 700$000 réis que em favor de sua liberdade dera o português Antônio Villela Vieira, falecido há cerca de quatro meses. Após a morte de seu benfeitor, porém, José andava sentindo-se ameaçado; João Antunes Baptista Rodrigues, testamenteiro de Vieira, insistia que José deveria continuar pagando-lhe jornais, e como o liberto se recusava a fazê-lo, via-se agora perseguido por um soldado pelas ruas de São Paulo e ameaçado de prisão. Por este motivo, pedia José que lhe fosse concedido um habeas-corpus, comprometendo-se a apresentar sua carta de liberdade e solicitando que o mesmo Baptista Rodrigues comparecesse àquele Tribunal para "dar-lhe rasão do seu inqualificavel procedimento".[42]

O documento apresentado por José e assinado a seu rogo é seguido de uma cópia de sua carta de liberdade, passada nos seguintes termos:

> "No anno de Nascimento de Nosso Senhor Jesus Christo, aos vinte e cinco dias do mez de julho de mil oitocentos e setenta e três (...) compareceu presente o Capitão Manuel Vicente de Araujo Cintra, morador deste districto, lavrador (...) e por elle foi dito que sendo

---

42   Cf. *Pedido de Habeas-Corpus*. Aesp, Lote 20100700773, (30.09.1875) F 01.

senhor e possuidor de um escravo de nome José, idade quarenta annos mais ou menos, cor preta, official de carapina, cujo escravo houve por compra a Dona Maria Francisca de Oliveira, e tendo elle dito Cintra recebido nesta data do Sr Antonio Villela Vieira a quantia de um conto e setescentos mil reis em favor da liberdade do dito escravo então o dito Sr. Capitão Manuel Vicente de Araujo Cintra dá liberdade ao dito escravo acima declarado (...)".[43]

O conselheiro presidente do Tribunal da Relação acaba por indeferir o pedido de José, avaliando que não haveria perigo de que o impetrante sofresse "constrangimento corporal". A partir de então cessam as pistas sobre o desenrolar do caso de José, o liberto perseguido pela ordem pública e pelo interesse senhorial. Os autos de seu pedido de habeas corpus têm poucas páginas e não encontramos notícias de processo crime envolvendo seu nome.

Somente reencontramos José nas páginas do inventário e do testamento de seu manumissor. O testamento de Antonio Villela Vieira, lavrado em cartório no dia 12 de maio de 1875, declara que entre suas posses estavam "os serviços do preto José, a quem libertei com contracto de indenizar-me o seo valor".[44] No inventário iniciado a 10 de junho do mesmo ano, entre os bens arrolados constam cavalos, um cão, alguns móveis, uma loja de fazendas, uma casa à rua São José e dois escravos, os itens mais valiosos de espólio de Vieira. Eram eles a preta Basilia, de trinta e um anos de idade e solteira, avaliada em 900$000 réis, e José Villela, cujos serviços, avaliados em 1: 466$666, estariam contratados ao inventariado pelo

---

43 Cf. *Pedido de Habeas-Corpus*. Aesp, Lote 20100700773, (30.09.1875) F 4v.
44 Cf. *Testamento*. Aesp, Lote 201006003343 (12.03.1875).

prazo restante de três anos e oito meses. A partir de então, a disputa entre o inventariante Baptista Rodrigues e José Villela anuncia-se ao longo das páginas do inventário na transcrição de documentos e na interposição de pedidos ao Juizado de Órfãos.

A transcrição nos autos de inventário do contrato de locação dos serviços de José, datado de 5 de março de 1874, é solicitada por Rodrigues para reafirmar a posse dos mesmo serviços pelos inventariantes de Antonio Vieira:

> Pelo dito Antonio Villela Vieira foi dito que contracta os serviços do referido José Villela, obrigando-se a fornecer-lhe, habitação em sua companhia, alimentos, vestuário, tratamento medico em enfermidades e a quantia de três mil reis mensalmente durante o praso de cinco annos em que o referido José Villela obrigava-se a locar os seus serviços á elle contratante como indenisação da quantia de dois contos de reis que a elle devia pelo preço de sua liberdade e por dinheiro emprestado (...). Disse mais o mesmo Antonio Villela Vieira que se obriga a dar este contracto como rescindido desde que o mesmo José Villela em qualquer tempo pague o seu debito com o desconto proporcopnal aos seus serviços prestados na rasão de 3$333 reis por cada mês, sem direito algum a multas e quaesquer outras indenisações.[45]

A necessidade de reiterar o que já estava anunciado no testamento e no próprio inventário certamente indica que José vinha resistindo à prestação dos serviços devidos e criava dificuldades para

---

45   Cf. *Autos de Inventario*. Aesp, Lote 201007000798 (10.06.1875) F 56.

os inventariantes de seu ex-locatário. Mas a querela não parou por aí. Após um longo silêncio nas páginas do mesmo inventário, no dia 04 de setembro de 1875 o mesmo Rodrigues Baptista vem ao Juízo de Órfãos reclamar os serviços de José como parte de herança do finado Vieira, e cujo contrato de locação permanecia até então descumprido. Validando sua reclamação, Baptista Rodrigues cita a "solenidade das leis" 2040, do decreto 5235 de 1872 e da lei de locação de serviços de 1837 como constrangimentos legais obrigando José à prestação dos serviços formalizada em contrato. Por fim, atesta cabalmente a recusa de José ao cumprimento do contrato:

> Acontece que, sem ter havido a menor falta do locatario, e dos que o tem representado depois de sua morte, o locador recusa-se á cumprir o contracto, e ultimamente até está oculto nesta cidade. O suplicante quer compelli-lo á observar o convencionado (...) mas teme que qualquer passo que dê nesse sentido só sirva para fazer o supplicado retirar-se para mais longe; prefere pois, visto que está foragido, pedir a salutar medida preventiva da prisão (...) no que, longe de haver violência, só se dá observância, pura e fiel, do que permitte o artigo 83 parágrafo 1º do Decreto número 5135 de 13 de novembro de 1872.[46]

É a essa intervenção que reponde o pedido de habeas corpus de José que inicia a nossa discussão. O contrato por ele firmado com o falecido Antonio Villela Vieira insere-se claramente no conjunto dos outros tantos contratos de locação de serviços atrelados à compra de alforrias avaliados nessa pesquisa. Certamente, não eram de

---
46 Cf. *Autos de Inventario*. Aesp, Lote 201007000798 (10.06.1875) F 205.

desconhecimento de José as obrigações por ele assumidas para o financiamento de sua liberdade. Apesar de não sabermos dos desdobramentos da disputa, importa observar nessa contenda como o mesmo José agiu como arguidor consciente da causa de sua liberdade, aproveitando-se da morte de seu locatário para recusar-se por meses à prestação dos serviços devidos, e apelando à proteção do Tribunal contra a iminência de sua prisão.

Embora não tenhamos à nossa disposição depoimentos de José ou testemunhos dados a seu favor, interpretar as fontes da disputa pelos seus serviços implica, necessariamente, nos deparar com demonstrações de que o mesmo libertando reconhecia-se como um sujeito de direitos, com a prerrogativa de escusar-se de trabalhar para alguém que não fosse seu manumissor e de não ceder às pressões opostas pela lei e pelo interesse senhorial. Mais do que polêmicas legais em torno da sucessão e herança de Antonio Vieira, os registros exibem a oposição das interpretações da camada proprietária e dos trabalhadores libertandos acerca dos significados dos contratos de locação de serviços como expedientes para a alforria. As demandas de Baptitsa Rodrigues e a resistência de José significam apropriações diferentes acerca da prática das locações de serviços, funcionando como aliciamento de trabalho e reserva de capitais para um, e como agenciamento de liberdade para o outro.

A história da preta Esperança Luiza da Gama, de 28 anos, é a mais intrincada disputa judicial pesquisada e também exemplifica essa oposição. A primeira notícia que temos de Esperança é o contrato de locação de seus serviços, registrado no Primeiro Tabelionato de Notas da Capital. Em 27 de novembro de 1879, ela comparecia ao cartório junto de José Joaquim de Oliveira para formalizar a locação de seus serviços como pagamento ao valor de 1:300$000 réis que o mesmo Oliveira lhe adiantara por sua liberdade.

Os serviços deveriam ser prestados pelo prazo de cinco anos e seis meses, correspondendo a um abatimento mensal da dívida no valor de 20$000 réis. Era obrigação do locatário, prevista em contrato, o provimento de casa, cama, mesa e também de médico e botica no caso de moléstias, contanto que elas não ultrapassassem três dias. A locadora, por sua vez, estava obrigada a prestar serviços domésticos e boa obediência ao locatário e seus filhos, "benfazejos patronos" de sua liberdade:

> (...) Primeiro: Ella locadora obriga-se a prestar seus serviços ao locatário (...) a contar da data da escritura, consistindo taes serviços em cusinhar, lavar, engommar e tudo o mais que for necessário à casa do locatário e compatível com as forças della locadora: Segundo: Ella locadora se obriga a prestar serviços com boa vontade ao locatraio e seos filhos como criada doméstica, não dando passo algum fora de casa, sem consentimento do locatário, a quem se obriga a obedecer em quaisquer outros casos, visto que reconhece que tanto quanto elle faz, é com critério e boa intenção.[47]

Os pilares fundamentais da prática de locação de serviços estão enunciados no curto documento: a alforria onerosa e o endividamento, a continuidade do domínio escravista, a exploração do dependente do trabalho libertando e o jugo paternalista. Tomado sozinho, poderíamos supor que o contrato mediasse relações entre um membro da camada proprietária, interessado em locar serviços baratos, e uma libertanda agenciando com seu trabalho a busca de sua emancipação. Entretanto, nos deparamos novamente com

---

47   1º CNC, L88 F87 (27.11.1879).

Esperança nos autos do Tribunal da Relação, e então a trama se complica e o contrato mostra ser apenas uma pequena fresta para relações sociais muito mais complexas.

No dia 10 de fevereiro de 1881, o locador Alexandre da Silva Villela, residente em Guaratinguetá, interpunha por meio de seu advogado uma ação cível ordinária contra Esperança. Alexandre Villela era o beneficiário da transferência dos serviços de Esperança locados por Joaquim José de Oliveira, celebrados no primeiro tabelionato de Guaratinguetá em 18 de novembro do ano anterior. Vieira alegava que a ré, desde o momento de ser transferida a seu domínio, "ausentara-se da casa do dito Oliveira, morando em várias partes d'esta Capital e se tem recusado à prestação dos serviços contractados". Dessa forma, o novo locatário vinha ao tribunal pedir que a ré fosse condenada a restituir-lhe o adiantamento feito à Oliveira pela transferência e também que lhe servisse gratuitamente até esgotar-se o prazo do contrato.

Uma informação fundamental é omitida nessa petição, revelando-se aos poucos ao nos autos: Alexandre Villela era justamente o proprietário de quem Esperança havia sido libertada pouco mais de um ano antes pelo empréstimo de Joaquim Oliveira e retornava ao seu domínio após o dito Oliveira transferir seus serviços pelo valor de 1:000$000 réis.

Na defesa apresentada pelos curadores de Esperança contra a ação proposta por Villela os nós da história continuam a se embaraçar. De acordo com a contrariedade oferecida por seus curadores, Esperança não teria recebido qualquer dinheiro de Oliveira para a compra de sua alforria, tendo financiado sua liberdade "com seus próprios trabalhos e agências". A própria carta de liberdade lavrada no Cartório de Guaratinguetá atestaria tal fato, já que o nome de José Joaquim de Oliveira constava apenas como testemunha, e não como depositário de seus serviços.⁴⁸ O contrato de locação de serviços seria, na realidade, um astucioso artifício de Oliveira para explorá-la, enganada que tinha sido à ir com ele ao cartório de notas da Capital naquele 25 de novembro:

> Que a instancias de José Joaquim de Oliveira (...) foi com o mesmo Oliveira ao cartório do tabelião Elias Machado, sem saber qual o fim do convite do referido Oliveira. Que accedeu a este convite por que nelle não via mal algum, nem que lhe pudesse prevír, pois que morando com Oliveira, a quem servia, e de quem era concubina teuda e manteuda como e publico e notorio, nenhuma desconfiança lhe pudesse surgir em tal convite, quando outros tinha o mesmo Oliveira feito a ré.⁴⁹

O documento de defesa de Esperança segue alegando que, sendo a libertanda "rústica", não sabendo ler nem escrever, assinara o contrato a pedido de Oliveira e por depositar nele integral confiança. Assim, após assinado o contrato, o dito Oliveira "tocou-a pela porta fóra duas ou trez vezes", tendo Esperança sido obrigada a sair de sua casa por ser demitida sem justa causa. A esse cenário que mistura intimidades da relação senhorial, alforria e locação de serviços, segue-se uma longa contenda. As acusações de Esperança, dizendo-se ludibriada por aquele que fora seu amásio, são misturadas à argumentação dos curadores de que a transferência do contrato seria ilegal, pois este teria caducado diante da demissão da libertanda. Alexandre Villela e José Joaquim de Oliveira, por seu lado, afirmam a legitimidade de seus direitos sobre os serviços disputados.

---

48 Cf. *Acção Ordinaria*. Aesp, Lote 201007000530 (10.02.1881) F 63 e 63v.
49 Cf. *Acção Ordinaria*. Aesp, Lote 201007000530 (10.02.1881) F14 e 14v.

Nos depoimentos, as testemunhas reunidas para a defesa de Esperança, criados e criadas domésticas de sua rede de solidariedades, esforçam-se por atestar que por meio de árduo trabalho a libertanda teria amealhado o pecúlio com que comprou sua liberdade. A acusação de Villela argumenta que para comprar sua liberdade, Esperança teria de ter sido autorizada por ele a trabalhar fora de sua casa e assim formar economias, o que não teria acontecido.

Entre idas e vindas de depoimentos de Esperança, Oliveira e Villela, o cenário que se pode reconstituir é sempre ambíguo. De acordo com Alexandre Villela, ele era morador da Capital e proprietário de Esperança, a quem mantinha alugada a José Joaquim de Oliveira. Quando resolveu mudar-se para Guaratinguetá, informou a Oliveira que levaria consigo sua escrava, que por sua vez passou a insistir com ambos para que pudesse voltar à Capital. Uma séria de cartas trocadas entre Esperança e Oliveira são entregues por ele ao juízo de Órfãos, de modo a integrarem os autos como provas de que a contratação dos serviços de Esperança teria sido motivada por sua própria vontade. Em 15 de abril de 1878, Esperança teria remetido a Oliveira a seguinte carta:

> Senhor,
> Estimando muito que encontre vosmecê que esteja bom de saude, quando esta sua escrava tanto lamentando a minha sorte só quem me pode valler e vosmecê eu lhe peço a vosmecê que me valha nesta occazião eu prometo lhe servir muito e muito bem a ponto que vosmecê não ade ter queixa (...) cá não venha mais vosmecê sabe que não posso sahir de cá sem vosmecê decidir o negocio lhe peço que não faça questam que eu me obrigo lhe pagar tudo do

melhor agrado, em horas vagas ganharei em serviço para lhe fazer o seu Dr em pregado.
Eu lhe peço que me tenha compaixão de mim como tem de seus filhos a quem eu muito estimo. Rogo mais que me responda qualquer de atenção (...) pondo a carta no correio com o sobescripto Ramalho para ele me entregar aqui na fazenda.
Eu lhe peço mais que veja tudo quanto e meu vosmecê tomará conta pois em vosmecê espero a minha volta a essa Cidade. Eu não mais posso escrever mais agora (...) vosmecê não faz idea de como tenho chorado por sua falta.
Sua Criada,
Esperança Luiza da Gama.[50]

Embora integrada aos autos como prova da intenção da libertanda de retornar à capital comprometendo-se à prestação de serviços para com Oliveira, a carta se mostra um registro bastante ambivalente da relação estabelecida entre ambos. Ao mesmo tempo em que explicita a subserviência de Esperança à Oliveira, a missiva demonstra que havia entre ambos intimidade. Oliveira é tratado carinhosamente por Esperança como cúmplice de seu projeto de retorno à cidade e depositário de seu afeto e confiança. Outras cartas endereçadas pela libertanda a Oliveira estão transcritas nos autos, e relatam a insistência de Esperança para que seu interlocutor tomasse as devidas providências. O tom usado por Esperança é sempre de proximidade, alternando momentos afetuosos a outros em que demonstra impaciência e insatisfação.

---

50   Cf. *Acção Ordinaria*. Aesp, Lote 201007000530 (10.02.1881) F 76 e 76v.

Curiosamente, nos autos não está transcrita nenhuma das respostas de Oliveira às cartas de Esperança, fazendo parecer que a libertanda insistia numa comunicação unilateral e irrespondida com o mesmo. É possível que a ausência destas cartas justifique-se exatamente pela intenção de fazer parecer que os pedidos de Esperança não consistiam senão em teimosia, que o dito Oliveira teria satisfeito somente por cansaço ou para ver-se livre de amolações.

Mas Esperança afirmava que era concubina de Oliveira, e que o fato era de conhecimento público. Relações entre senhores e suas escravas (via de regra marcadas pelo abuso e a violência) muitas vezes transcenderam os limites dos códigos sociais e se estabeleceram no terreno pantanoso da intimidade e ambiguidade das relações sociais criadas sob a escravidão. Embora acreditemos que o que moveu Esperança de uma cidade a outra, de um arranjo de trabalho a outro, tenha sido o seu trabalho e o seu desejo de tornar-se livre, não nos parece fantasioso ou absurdo que ela e José Joaquim de Oliveira tenham de fato vivido como amásios. Tampouco seria disparatado supor que essa relação existisse antes mesmo da mudança da libertanda para Guaratinguetá, e que fosse essa uma das motivações de seu retorno à Capital. É necessário, porém, atentar para os limites de uma relação de afetos em que Esperança permaneceu criada, devedora e desprovida de sua liberdade.

De qualquer forma, como amásia, criada ou ambos, o longo processo em torno da disputa dos serviços de Esperança nos mostra que ela resistiu à realidade que lhe foi imposta, comprando brigas para viver como e onde queria. Os motivos para a "devolução" dos seus serviços a Alexandre Villela não são esclarecidos convincentemente. Os depoimentos a favor de Oliveira informam que Esperança criava conflitos na casa de seu locatário, e que o ponto culminante para a sua expulsão seria um furto não comprovado. Em carta endereçada ao mesmo Villela em 30 de maio de 1880, diz Oliveira:

> Estando eu perdoado de que já não me e possível ser indenisado em serviços da quantia que dei para a liberdade da Sélebre Esperança, por isso que tenho esgotado a paciência para atura-la, acceito seu offerecimento para transferir mencionado contrato de locação de serviços que tenho e que junto lhe envio com a competente procuração, assim também a conta corrente que tenho com ella, por onde se vê que ainda me deve um conto noventa e tres mil tresentos e trinta reis.
>
> Faça V.S. o negocio como entender, ficando eu serto de que zelará de meus interesses pois bem sabe que so tenho feito beneficio a essa ingrata e entretanto veja que paga me da! São uns infelizes os escravos...[51]

As pequenas rebeliões do cotidiano provocadas por Esperança e as suspeitas sobre a profundidade de seu relacionamento com Oliveira colaboram para tornar mais rico nosso entendimento acerca dos contratos de locação de serviços. Registros breves e áridos, estes contratos são acordos formais que por vezes projetam imagens instantâneas das relações sociais complexas ali disputadas. As disputas judiciais aqui relatadas apresentam cenários intrincados em que esses expedientes de alforrias compensatórias estão inseridos, e demonstram que os contratos firmados em cartório poderiam espelhar enredos desconhecidos e desdobrar-se de formas imprevistas na prática. A ordem social almejada nas notas dos

---
51 Cf. *Acção Ordinaria*. Aesp, Lote 201007000530 (10.02.1881) F 78.

tabelionatos era fruto de realidades dinâmicas e negociadas e poderia ser subvertida na experiência vivida. Os contratos de locação de serviços foram interpretados e ressiginificados nas agências do dia a dia de homens e mulheres a caminho da liberdade.

Muitas outras Bárbaras, Josés e Esperanças certamente enfrentaram a lei e a norma dos contratos de locação de serviços para conduzirem suas vidas como julgavam melhor, peitando rotinas árduas de trabalho, sobrevivências precárias e a subserviência ao jugo paternalista e senhorial. Recontar suas histórias e as de seus pares, como ao longo dos anos vêm fazendo os historiadores, é fundamental para que se faça justiça às vidas de homens e mulheres cuja luta e trabalho por muito tempo permaneceram silenciados nos livros e esquecidos nas prateleiras dos arquivos.

Considerações finais

A história social do trabalho produzida até cerca de duas décadas atrás primou pela exclusão dos trabalhadores cativos e libertos de seus quadros. Fundada na concepção de que o trabalho escravo foi substituído pelo trabalho livre no Brasil, essa historiografia defendeu um cenário de transição que teria mecanicamente eliminado os trabalhadores egressos da escravidão e a experiência do cativeiro das dinâmicas do trabalho no pós-abolição. Parte dessa compreensão equivocada acerca de uma substituição de formas de trabalho escravo por formas de trabalho livre deve-se, segundo historiadores sociais interessados em reabilitar a história de trabalhadores escravos, libertos e libertandos, a uma recorrente incompreensão acerca dos trânsitos estabelecidos entre liberdade e escravidão.

Diferentes autores têm demonstrado que os limites fluidos que separavam escravidão e liberdade foram redefinidos na prática social a partir de experiências que legitimavam a liberdade vivida por homens e mulheres escravos, forros e libertandos. As experiências de liberdade desses sujeitos dependiam de marcadores sociais como a mobilidade espacial, a classificação racial e a conformação de vínculos de solidariedade e reconhecimento, que permitiam que os sujeitos fossem reconhecidos como livres. Em todos os casos, o trabalho ocupou um papel determinante no ingresso de homens e mulheres cativos no mundo da liberdade.

Libertandos locadores de serviços compunham uma categoria de trabalhadores que expressava de forma particularmente nítida as transigências entre mundos da escravidão e da liberdade. A locação de serviços por meio de contratos originou-se como forma de arregimentação de trabalho livre entre sujeitos das camadas populares e foi alvo de regulamentações legais ao longo do século XIX. Embora nenhuma disposição legal a respeito do trabalho de libertandos tenha sido formalizada até 1871, com a Lei do Ventre Livre, os contratos de locação de serviços foram frequentemente utilizados ao longo do século como saídas para alforrias compensatórias. A mesma lei parece ter sido importante para o enquadramento de uma prática social recorrente nos domínios da norma e do controle social, encampados pelo Estado na administração da escravidão.

Assim, homens e mulheres escravizados, dispostos a deixar para trás a escravidão, locavam seus serviços em troca do adiantamento do valor de suas alforrias, atrelando-se a arranjos de serviços que proporcionavam a continuada exploração de seu trabalho e o prolongamento dos laços da escravidão. Da mesma maneira que outras formas de alforrias compensatórias, os contratos de locação de serviços inseriam-se numa lógica de emancipação indenizatória levada a cabo no processo de construção da abolição no Brasil. Foram os próprios libertandos, por meio de seu trabalho, que indenizaram a seus proprietários pela perda de capital acarretada pelas manumissões.

Os contratos de locação de serviços pesquisados nas cidades de Campinas e São Paulo dividem-se entre contratos de trabalho livre e contratos de trabalho estabelecidos para o financiamento da liberdade. Na cidade de Campinas, onde os contratos pesquisados somam um número pequeno, foi localizado um número maior de contratos desligados de processos manumissórios. Já em São Paulo, o número de contratos associados à aquisição de alforrias supera o número de escrituras desvinculadas de manumissões.

Nessa cidade, a análise dos contratos indicou que os universos do trabalho livre e do trabalho de libertandos referiam-se a experiências de precariedade vividas por sujeitos das camadas populares. No entanto, os contratos de locação de serviços atrelados a alforrias apresentavam condições ainda mais desfavoráveis de trabalho, já que impunham prazos maiores e valorações menores para o trabalho de libertandos. Outra diferença importante entre estes contratos diz respeito aos tipos de serviços locados. Entre os contratos de trabalho livre, a maior parte das escrituras que especificam o serviço contratado aponta a prestação de serviços de lavoura. Entre os contratos associados à compra de manumissões, notamos o agenciamento prioritário de serviços domésticos.

No conjunto de contratos de trabalhadores libertandos, notamos haver diferenças entre os arranjos de trabalho feminino e masculino. De forma geral, o trabalho de mulheres libertandas era menos valorizado do que o dos locadores homens, embora os arranjos com estes trabalhadores tendessem a incluir prazos mais longos para a prestação de serviços. O quadro geral dos contratos de trabalho de libertandos pesquisados indica que a locação de serviços utilizada como expediente para a promoção de alforrias arregimentou especialmente mulheres, encaminhando-as às fileiras do trabalho doméstico tutelado.

Contratos de libertandos homens e mulheres apontavam condicionantes para a prestação de serviços que estreitavam ainda mais seus vínculos com o trabalho escravo. Impuseram condições como a restrição de mobilidade, os direitos de transferência do contrato de locação garantidos ao locador ou a sujeição a restrições e penalidades das leis de locação de serviços caso os libertandos incorressem em faltas na prestação de seus serviços.

Embora tenham sido prodigiosos no agenciamento de trabalho de sujeitos em egressão da escravidão, os contratos de locação de serviços não foram os únicos instrumentos utilizados na continuidade da exploração escravista destes trabalhadores. Muitas vezes, estes contratos se confundiram com outras formas de alforrias condicionais calcadas na prestação de serviços. Além disso, apesar de os contratos terem se mostrado mecanismos eficientes para o adiamento da emancipação dos libertandos, homens e mulheres atrelados a arranjos de locação de serviços opuseram resistências ao intuito de estender a gestão escravista sobre suas vidas.

Libertandos recusaram-se à prestação dos serviços locados em diferentes circunstâncias, levando membros da camada proprietária às barras dos tribunais para disputar as prerrogativas em torno de sua liberdade. Essas disputas demonstraram que as leis de locação de serviços e a lei do Ventre Livre, em especial, foram compreendidas pela camada proprietária como ferramentas para restringir a autonomia e a liberdade almejada pelos locadores de serviços. Por outro lado demonstram também que os libertandos se compreendiam como sujeitos portadores de direitos pelos quais estavam dispostos a lutar. Finalmente, essas mesmas disputas esclarecem que os contratos de locação de serviços eram formalizações que apresentavam apenas uma face de relações sociais complexas, e que seus sentidos precisaram ser esgrimidos no cotidiano de negociações e trabalho que opunha libertandos, senhores e locatários.

Fontes e bibliografia

Fontes impressas

Collecção de Leis do Imperio do Brasil de 1850. Tomo XI, Parte I. Rio de Janeiro: Typographia Nacional, 1851.

Collecção de Leis do Imperio do Brasil de 1837. Parte I, Volume I. Rio de Janeiro: Typographia Nacional, 1861.

Colecção de Leis do Império do Brasil de 1871. Tomo XXXIV, Parte II. Rio de Janeiro: Typographia Nacional, 1872.

Colecção de Leis do Império do Brasil de 1872. Tomo XXXV, Parte II. Rio de Janeiro: Typographia Nacional, 1873.

Collecção de Leis do Imperio do Brazil de 1830. Parte Primeira. Rio de Janeiro: Typographia Nacional, 1876.

Collecção de Leis do Imperio do Brazil de 1879. Parte I, Tomo XXVI. Rio de Janeiro: Typographia Nacional, 1880.

Fontes manuscritas

Primeiro Cartório de Notas da Capital de São Paulo. Livros de Notas: 32, 33, 34, 35, 37, 38, 39, 40, 41, 42, 43, 44, 45, 46, 47, 48, 49, 50, 51, 52, 53, 54, 55, 56, 57, 58, 59, 60, 61, 62, 63, 64, 65, 66, 67, 68, 69, 70, 71, 72, 73, 74, 75, 76, 77, 78, 79, 80, 81, 82, 83, 84, 85, 86, 87, 88, 89, 90, 91, 92, 93, 94, 95, 96, 97, 98, 99.

Primeiro Tabelionato de Notas de Campinas. Livros de Notas: 22, 24, 25, 26, 27, 28, 32,33, 34, 35, 37, 38, 40, 41, 42, 43, 44, 45, 46, 47, 48, 49, 50, 51, 52, 53, 54, 55, 57, 58, 59, 60, 61, 62, 63, 64, 65, 66, 67, 68, 69, 70, 71, 72, 73, 74, 75, 76, 77, 78, 79, 80, 81, 82, 83, 84, 85, 86, 87, 88, 89, 90, 91, 92, 93, 94.

Arquivo Público do Estado de São Paulo (Aesp)

Tribunal de Justiça do Estado de São Paulo (TJSP). *Acção Ordinaria*. Lote 201007000530.

Tribunal de Justiça do Estado de São Paulo (TJSP). *Appelação* Cível. Lote 201006004029.

Tribunal de Justiça do Estado de São Paulo (TJSP). *Autos de Inventario*. Lote 201007000798.

Tribunal de Justiça do Estado de São Paulo (TJSP). *Pedido de Habeas-Corpus*. Lote 20100700773.

Tribunal de Justiça do Estado de São Paulo (TJSP). *Testamento*. Lote 201006003343.

Arquivo Histórico CMU- Unicamp

Tribunal de Justiça de Campinas (TJC). *Acção Summaria para o fim de compellir e obrigar a prestar serviço*. TJC, 1° OF CX 95 (1666).

Bibliografia

ABRAHÃO, Fernando Antonio. *As ações de liberdade de escravos do Tribunal de Campinas* In: Coleção Instrumentos de Pesquisa, Campinas: Centro de Memória da Unicamp, 1992.

ABREU, Martha. "Slave mothers and freed children: emancipation and female space in debates on the free womb law, Rio de Janeiro, 1871". *Journal of Latin American Studies*, Cambridge, 28, p. 567-580, 1996.

ALGRANTI, Leila Mezan. *O feitor ausente. Estudo sobre a escravidão urbana no Rio de Janeiro, 1080/1821*. Petrópolis: Vozes, 1988.

ANDREWS, George Reid. *Negros e brancos em São Paulo (1888-1988)*. Bauru: Edusc, 1998.

AZEVEDO, Célia Maria Marinho de. *Onda negra, medo branco: o negro no imaginário das elites – século XIX*. São Paulo: Paz e Terra, 1987.

AZEVEDO, Elciene. *Direitos dos escravos: lutas jurídicas e abolicionistas na Província de São Paulo na Segunda metade do século XIX*. Tese (doutorado) – Unicamp, Campinas, 2003.

BASTIDE, Roger & FERNANDES, Florestan. *Negros e brancos em São Paulo (1880-1890)*. São Paulo: Global, 2008.

BERTIN, Enidelce. *Alforrias em São Paulo do século XIX: entre a conquista escrava e o paternalismo senhorial*. Dissertação (mestrado) – FFLCH-USP, São Paulo, 2001.

_____. *Os meia-cara: africanos livres em São Paulo no século XIX*. Tese (doutorado) – FFLCH-USP, São Paulo, 2006.

BEIGELMAN, Paula. *A formação do povo no complexo cafeeiro*. São Paulo: Pioneira, 1968.

BOURDIEU, Pierre. *Outline of a theory of practice*. Cambridge: Cambridge University Press, 2007.

CASTILHO, Fábio Francisco de Almeida. "A transição da mão de obra no Sul de Minas: cultura política na imprensa local (1879-1988)". *Revista Eletrônica Cadernos de História*, v. VI, ano 3, n° 2, dez. 2008.

CASTRO, Hebe Maria Mattos de. *Das cores do silêncio: significados da liberdade no sudeste escravista, séc. XIX*. Rio de Janeiro: Editora do Arquivo Nacional, 1995.

CHALHOUB, Sidney. *Trabalho, lar e botequim: o cotidiano dos trabalhadores na belle* época. Campinas: Editora da Unicamp, 2001.

_____. *Visões da liberdade: uma história das últimas décadas da escravidão na corte*. São Paulo: Companhia das Letras, 2003.

CONRAD, Robert. *Os últimos anos da escravatura no Brasil, 1850-1888*. Rio de Janeiro: Civilização Brasileira, 1975.

COSTA, Emília Viotti da. *Coroas de glória, lágrimas de sangue: a rebelião dos escravos de Demerara em 1823*. São Paulo: Companhia das Letras, 1996.

_____. *Da senzala à colônia*. São Paulo: Editora Unesp, 1998.

CUNHA, Maria Manuela Carneiro da. "Sobre os silêncios da lei: lei costumeira e lei positiva nas alforrias de escravos no Brasil do século XIX". In: *Antropologia do Brasil: mito, história, etnicidade*. Brasiliense/Edusp, São Paulo, 1986, p. 123-144.

DAMÁSIO, Adauto. *Alforrias e ações de liberdade em Campinas na primeira metade do século XIX*. Dissertação (mestrado) – IFCH-Unicamp, Campinas, 1995.

DEAN, Warren. *Rio Claro. Um Sistema Brasileiro de Grande Lavoura, 1820-1920*. São Paulo: Paz e Terra, 1977.

DIAS, Maria Odila Leite da Silva. *Quotidiano e poder em São Paulo no século XIX*. São Paulo: Brasiliense, 1984.

_____. Nas Fímbrias da Escravidão Urbana: negras de tabuleiro e de ganho. *Estudos Econômicos*, São Paulo, n° 15 (n° especial), p. 89-109, 1992.

_____. "Sociabilidades sem história: votantes pobres no império, 1824-1881". In: FREITAS, Marcos Cezar de (org.). *Historiografia brasileira em perspectiva*. São Paulo: Contexto, 1992.

_____. "Hermenêutica do quotidiano na historiografia contemporânea". *Projeto História*, São Paulo (17), nov. 1998, p. 237-2.

DRESCHER, Seymour. *From slavery to freedom: Comparative Studies in the Rise and Fall of Atlantic Slavery*. Nova York: New York University Press, 1999.

EISENBERG, Peter L. "A mentalidade dos fazendeiros no Congresso Agrícola de 1878". In: LAPA, José Roberto do Amaral. *Modos de produção e realidade brasileira*. Petrópolis: Vozes, 1980.

_____. *Homens esquecidos: escravos e trabalhadores livres no Brasil, séculos XVIII e XIX*. Campinas: Editora da Unicamp, 1989.

FERNANDES, Florestan. *A integração do negro na sociedade de classes*. 5ª ed. São Paulo: Globo, 2008.

_____. *O negro no mundo dos brancos*. São Paulo: Global, 2001.

FERRAZ, Lizandra Mayer. *Entradas para a liberdade: formas e frequência da alforria em Campinas no século XIX*. Dissertação (mestrado) – IFCH-Unicamp, Campinas, 2010.

FERREIRA, Roberto Guedes. *Egressos do Cativeiro: trabalho, família, aliança e mobilidade social (Porto Feliz, São Paulo, c. 1798 – c. 1850)*. Rio de Janeiro: Mauad X/Faperj, 2008

_____. "A resistência da escravidão: Porto Feliz, São Paulo, séc. XIX". *Quarto Encontro Escravidão e Liberdade no Brasil Meridional*. Curitiba, 2009.

FIELDS, Barbara. "Ideology and Race in American History". In: KROUSSER, J. M. & MCPHERSON, J. M. (ed.). *Region, race and reconstruction*. Nova York: Oxford University Press, 1982.

FLORENTINO, Manolo. "De escravos, forros e fujões no Rio de Janeiro imperial". *Revista USP*, São Paulo, nº 58, jul.-ago. 2003, p. 104-116.

FONER, Eric. *Nada além da liberdade: a emancipação e seu legado*. Rio de Janeiro: Paz e Terra, 1988.

FRAGA FILHO, Walter. *Encruzilhadas da liberdade: histórias e trajetórias de escravos e libertos na Bahia, 1870-1910*. Tese (doutorado) – Unicamp, Campinas, 2004.

FRANCO, Maria Sylvia Carvalho. *Homens livres na ordem escravocrata*. São Paulo: Editora Unesp, 1996.

_____. "As ideias estão em seu lugar". *Cadernos de Debate*, nº 1, 1976.

FREIRE, Jonis. *Escravidão e família escrava na Zona da Mata Mineira oitocentista*. Dissertação (mestrado) – IFCH-Unicamp. Campinas, 2009.

FRENCH, John. "As falsas dicotomias entre escravidão e liberdade: continuidades e rupturas na formação política e social do Brasil moderno". In: LIBBY, Douglas C. & FURTADO, Júnia Ferreira (orgs.). *Trabalho livre, trabalho escravo: Brasil e Europa, séculos XVIII e XIX*. São Paulo: Annablume, 2006.

FREYRE, Gilberto. *Casa-grande e senzala: formação da família brasileira sob o regime de economia patriarcal*. Rio de Janeiro: José Olympio, 1943.

_____. *Sobrados e mucambos: decadência do patriarcado rural no Brasil*. São Paulo: Companhia Editora Nacional, 1936.

GEBARA, Ademir. *O mercado de trabalho livre no Brasil (1871-1888)*. São Paulo: Brasiliense, 1986.

GENOVESE, Eugene. *A Terra Prometida: o mundo que os escravos criaram*. Rio de Janeiro/Brasília: Paz e Terra/CNPq, 1988.

GINZBURG, Carlo. *Mitos, emblemas, sinais*. São Paulo: Companhia das Letras, 1989.

GODELIER, Maurice. *O Enigma do Dom*. Rio de Janeiro: Civilização Brasileira, 2001.

GOMES, Flávio dos Santos & REIS, João José (orgs.). *Liberdade por um fio: história dos quilombos no Brasil*. São Paulo: Companhia das Letras, 1996.

GRAHAM, Sandra Lauderdale. *Proteção e obediência: criadas e seus patrões no Rio de Janeiro (1880-1910)*. São Paulo: Companhia das Letras, 1992.

_____. *Caetana diz não: história das mulheres da sociedade escravista brasileira*. São Paulo: Companhia das Letras, 2005.

GRINBERG, Keila. *Liberata: a lei da ambiguidade – as ações da Corte de Apelação no Rio de Janeiro no século XIX*. Rio de Janeiro: Relume Dumará, 1994.

_____. "Alforria, direito e direitos no Brasil e nos Estados Unidos". *Revista Estudos Históricos*, v. 1, nº 27, 2001, p. 63–83.

HARTMAN, Sayidia. "Seduction and the ruses of power". *Callaloo*, 19.2, 1996, p. 537-560.

IANNI, Octavio Ianni. *Raças e classes sociais no Brasil*. 3ª ed. São Paulo: Brasiliense, 2004.

JESUS, Alysson Luiz Freitas de. *No sertão das Minas: escravidão, violência e liberdade 1830-1888*. São Paulo: Annablume, 2007.

JOHNSON, Walter. "On Agency". *Journal of Social History*, nº 37.1, 2003, p. 113-124.

KARASCH, Mary. *Slave Life in Rio de Janeiro (1808-1850)*. Princeton: Princeton University Press, 1985.

KLEIN, Herbert S. "Os homens livres de cor na sociedade escravista". *Dados*, Rio de Janeiro, n° 17, 1978, p. 3-27.

KOWARICK, Lúcio. *Trabalho e vadiagem: a origem do trabalho livre no Brasil*. São Paulo: Brasiliense, 1987.

LAMOUNIER, Maria Lucia. *Da escravidão ao trabalho livre: a lei de locação de serviços de 1879*. Campinas: Papirus, 1988.

LAPA, José Roberto do Amaral. *A cidade: os cantos e os antros*. São Paulo/Campinas: Edusp/Editora da Unicamp, 1995.

_____. "Leis e História do Trabalho no Brasil: uma base de dados". *4° Encontro Escravidão e Liberdade no Brasil Meridional*, 2007.

LARA, Silvia Hunold. *Campos da violência*. São Paulo: Paz e Terra, 1998.

_____. "Escravidão, cidadania e história do trabalho no Brasil". *Projeto História*, São Paulo (16), fev. 1999, p. 25-38.

LARA, Silvia Hunold; MENDONÇA, Joseli; NUNES, Maria (orgs.). *Direitos e Justiças no Brasil: ensaios de história social*. Campinas: Editora da Unicamp, 2006.

LEITE, Miriam L. Moreira. *Livros de viagem (1803-1900)*. Rio de Janeiro: Editora UFRJ, 1997.

LIMA, Henrique Espada. "Sob o domínio da precariedade: escravidão e os significados da liberdade no século XIX". *Topoi*, v. 6, n° 11, jul.-dez. 2005, p. 289-326.

_____. "Trabalho e lei para os libertos de Santa Catarina no século XIX: arranjos e contratos entre a autonomia e a domesticidade". *Cadernos AEL*, v. 14, nº 26, 2009.

LUNA, Francisco Vidal. *Escravos e senhores*. São Paulo: IPE/USP, 1981.

LUNA, Francisco Vidal & COSTA, Iraci del Nero da. "Posse de escravos em São Paulo no início do século XIX". *Estudos Econômicos*, São Paulo, 113 (1), 1983.

LIBBY, Douglas C. & FURTADO, Júnia Ferreira (orgs.). *Trabalho livre, trabalho escravo: Brasil e Europa, séculos XVIII e XIX*. São Paulo: Annablume, 2006.

MACHADO, Maria Helena P. T. "Em torno da autonomia escrava: uma nova direção para a história social da escravidão". *Revista Brasileira de História*, São Paulo, v. 8, nº 16, mar./ago. 1988, p. 143-160.

_____. *Crime e escravidão: trabalho, luta e resistência nas lavouras paulistas (1830-1888)*. São Paulo: Brasiliense, 1987.

_____. *O Plano e o pânico: os movimentos sociais na década da abolição*. Rio de Janeiro/São Paulo: Editora UFRJ/Edusp, 1994.

_____. "História e Historiografia da Escravidão e da Abolição em São Paulo". In: FERREIRA, Antonio Celso; LUCA, Tania Regina de; IOKOI, Zilda Grícoli (orgs.). *Encontros com a História: percursos históricos e historiográficos de São Paulo*. São Paulo: Editora Unesp, 1999.

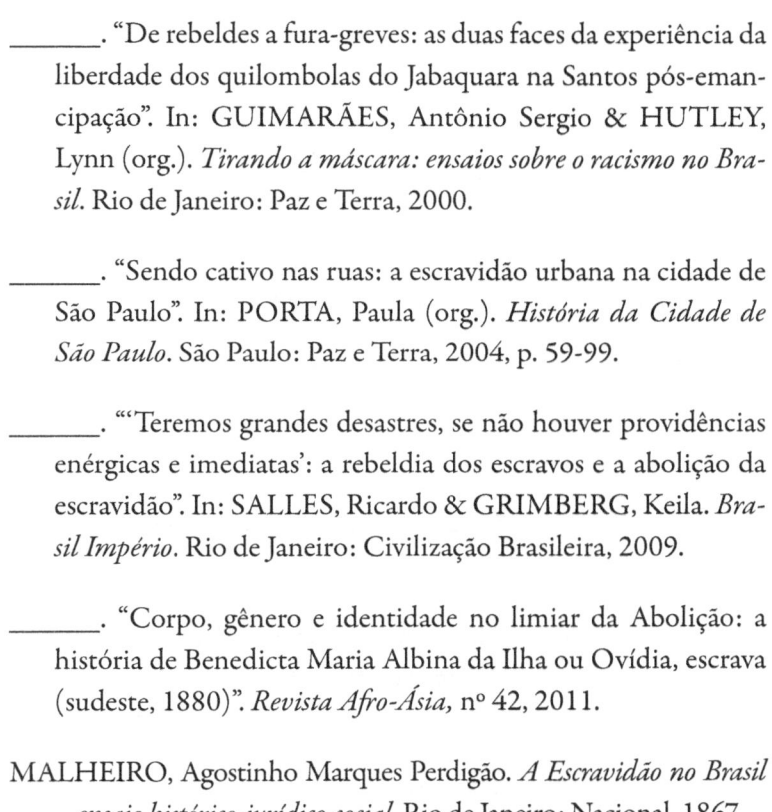

_____. "De rebeldes a fura-greves: as duas faces da experiência da liberdade dos quilombolas do Jabaquara na Santos pós-emancipação". In: GUIMARÃES, Antônio Sergio & HUTLEY, Lynn (org.). *Tirando a máscara: ensaios sobre o racismo no Brasil*. Rio de Janeiro: Paz e Terra, 2000.

_____. "Sendo cativo nas ruas: a escravidão urbana na cidade de São Paulo". In: PORTA, Paula (org.). *História da Cidade de São Paulo*. São Paulo: Paz e Terra, 2004, p. 59-99.

_____. "'Teremos grandes desastres, se não houver providências enérgicas e imediatas': a rebeldia dos escravos e a abolição da escravidão". In: SALLES, Ricardo & GRIMBERG, Keila. *Brasil Império*. Rio de Janeiro: Civilização Brasileira, 2009.

_____. "Corpo, gênero e identidade no limiar da Abolição: a história de Benedicta Maria Albina da Ilha ou Ovídia, escrava (sudeste, 1880)". *Revista Afro-Ásia*, nº 42, 2011.

MALHEIRO, Agostinho Marques Perdigão. *A Escravidão no Brasil – ensaio histórico-jurídico-social*. Rio de Janeiro: Nacional, 1867.

MATTOS, Marcelo Badaró. "Trabalhadores escravizados e livres na cidade do Rio de Janeiro na segunda metade do século XIX". *Revista Rio de Janeiro*, nº 12, jan.-abr. 2004, p. 229-25.

_____. "Experiências comuns: escravizados e livres no processo de formação da classe trabalhadora no Brasil". *XXIV Simpósio Nacional de História*, 2007.

MATTOS, Ilmar R. *O tempo saquarema: a formação do estado imperial*. São Paulo: Hucitec, 1990.

MATTOSO, Kátia de Queirós. *Ser escravo no Brasil*. São Paulo: Brasiliense, 2003.

MAUSS, Marcel. *Ensaio Sobre a Dádiva*. Lisboa, Edições 70, s/d.

MENDONÇA, Joseli Maria Nunes. *Entre a mão e os anéis: a Lei dos Sexagenários e os caminhos da abolição no Brasil*. Campinas: Editora da Unicamp, 2008.

MONTI, Carlo Guimarães. *O processo da Alforria: Mariana (1750-1779)"*. Dissertação (mestrado) – FFLCH-USP, São Paulo, 2001.

MOUTINHO, Laura. *Razão, "cor" e desejo*. São Paulo: Editora Unesp, 2003.

NEGRO, Antonio Luigi; GOMES, Flávio. "Além das senzalas e fábricas: uma história social do trabalho". *Tempo Social – revista de sociologia da USP*, v. 18, nº 1, 2006, p. 217-240.

OLIVEIRA, Maria Inês Côrtes de. *O Liberto: o seu mundo e os outros. Salvador 1790-1890*. São Paulo: Corrupio, 1998.

OLIVEIRA, Maria Luiza Ferreira de. *Entre a casa e o armazém: relações sociais e a experiência da urbanização em São Paulo*. São Paulo: Alameda, 2005.

PAIVA, Eduardo França. *Escravos e Libertos nas Minas Gerais do séc. XVIII: estratégias de resistência através dos testamentos*. São Paulo: Annablume/Faculdades Integradas Newton Paiva, 1995.

PAPALI, Maria Lúcia. *Escravos, libertos e órfãos: a construção da liberdade em Taubaté (1871-1895)*. São Paulo: Annablume/ Fapesp, 2001.

PENNA, Clemente Gentil. *Escravidão, liberdade e os arranjos de trabalho na Ilha de Santa Catarina nas últimas décadas de escravidão (1850-1888)*. Dissertação (mestrado) – Centro de Filosofia e Ciências Humanas, UFSC, Florianópolis, 2005.

PINTO, Maria Inez Machado Borges. *Cotidiano e sobrevivência: a vida do trabalhador pobre na cidade de São Paulo (1890-1914)*. São Paulo: Edusp, 1994.

PORTA, Paula (org.). *História da cidade de São Paulo*. 1º v. São Paulo: Paz e Terra, 2004.

QUEIROZ, Suely Robles Reis de. *Escravidão negra em São Paulo: um estudo das tensões provocadas pelo escravismo no século XIX* (2 vols.). Rio de Janeiro: Brasiliense, 1977.

_____. *Escravidão negra no Brasil*. São Paulo: Ática, 1987.

SCOTT, Rebecca J. *Emancipação escrava em Cuba: a transição para o trabalho livre, 1860-1899*. Rio de Janeiro: Paz e Terra, 1987.

SCHWARCZ, Lilia K. M. *Retrato em branco e negro: jornais, escravos e cidadãos em São Paulo no final do século XIX*. São Paulo: Companhia das Letras, 1987.

SCHWARTZ, Stuart. *Escravos, roceiros e rebeldes*. Bauru: Edusc, 2001.

SCHWARZ, Roberto. "As ideias fora do lugar". In: *Ao vencedor as batatas*. 4ª ed. São Paulo: Duas Cidades, 1992.

SILVA, Patrícia Garcia Ernando da. *Últimos desejos e promessas de liberdade, os processos de alforrias em São Paulo (1850-1888)*. Dissertação (mestrado) – FFLCH-USP, São Paulo, 2010.

SLENES, Robert W. *Na senzala, uma flor: esperanças e recordações da família escrava – Brasil, sudeste, século XIX*. Rio de Janeiro: Nova Fronteira, 1999.

_____. "Senhores e subalternos no Oeste Paulista". In: ALENCASTRO, Felipe (org.). *História da Vida Privada no Brasil*. V. 2: *Império: a corte e a modernidade nacional*. São Paulo: Companhia das Letras, 1997.

SOARES, Márcio de Sousa. "A dádiva da alforria: uma proposta de interpretação sobre a natureza das manumissões antes da promulgação da Lei do Ventre Livre". *II Encontro Escravidão e Liberdade no Brasil Meridional*, 2001.

_____. "'Para nunca mais ser chamado ao cativeiro': escravidão, desonra e poder no ato da alforria". *IV Encontro Escravidão e Liberdade no Brasil Meridional*, Porto Alegre, 2005.

STEIN, Stanley. *Origens e evolução da indústria têxtil no Brasil, 1850-1950*. Rio de Janeiro: Campus, 1979.

_____. *Grandeza e decadência do café no Vale do Paraíba com referência especial ao município de Vassouras*. São Paulo: Brasiliense, 1960.

STEPAN, Nancy Leys. *A Hora da Eugenia: raça, gênero e nação na América Latina*. Rio de Janeiro: Editora Fiocruz, 2005

TELLES, Lorena da Féres da Silva. *Libertas entre sobrados: cotidiano e trabalho doméstico (1880-1900)*. Dissertação (mestrado) – FFLCH-USP, São Paulo, 2011.

THOMPSON, E. P. *Senhores e Caçadores: a origem da lei negra*. Rio de Janeiro: Paz e Terra, 1987

_____. *Costumes em Comum*. São Paulo: Companhia das Letras, 2010.

_____. *A formação da classe operário inglesa*. Rio de Janeiro: Paz e Terra, 2010.

VELLASCO, Ivan de Andrade. *As seduções da ordem: violência, criminalidade e administração da justiça. Minas Gerais – século 19*. Bauru: Edusc, 2004.

XAVIER, Regina Célia Lima. *A conquista da liberdade: libertos em Campinas na segunda metade do século XIX*. Campinas: Área de Publicações CMU/Unicamp, 1996.

WISSENBACH, Maria Cristina. *Sonhos africanos, vivências ladinas: escravos e forros em São Paulo (1850-1880)*. São Paulo: Hucitec, 1998.

Agradecimentos

Por mais pessoal e introspectivo que possa ser o trabalho intelectual, não acredito que ele se realize sem as inúmeras colaborações que amealhamos pelo caminho. Este livro nasceu de minha pesquisa de mestrado, e ao longo dos anos de imersão que envolveram idas aos arquivos e à universidade, leituras, debates, escritas e reescritas, contei com o apoio de muitas pessoas a quem preciso agradecer devidamente.

Começo agradecendo ao CNPq (Conselho Nacional de Desenvolvimento Científico e Tecnológico) e à Fapesp (Fundação de Amparo à Pesquisa do Estado de São Paulo) pelo financiamento que permitiu o desenvolvimento da pesquisa de mestrado que deu origem a este livro.

À professora Maria Helena P. T. Machado devo muito pelas preciosas lições sobre o ofício do historiador e os significados da história. Desde os primeiros anos da graduação tenho enorme admiração pela intelectual sensível, combativa e responsável que é. Agradeço pela orientação ao mesmo tempo rigorosa e generosa, pelos muitos ensinamentos e pela aposta na formação de uma nova historiadora.

Agradeço também aos professores Maria Cristina Cortez Wissenbach, Enidelce Bertin, Flávio dos Santos Gomes e Robert Slenes, autores fundamentais em minha formação e cujo trabalho é sempre um farol para minhas reflexões. Membros das bancas de qualificação e defesa de mestrado, ofereceram-me valiosas críticas e apontamentos que procurei incorporar na revisão deste trabalho.

A pesquisa em cartórios é uma tarefa árdua para os historiadores, e por isso agradeço a solicitude e as gentilezas de Micheline

Machado, Eliana Viana e Roberto Stoler, funcionários do Primeiro Cartório de Notas da Capital, que fizeram tudo a seu alcance para facilitar minha vida.

Sou grata às colegas da pós-graduação, as "valentonas" que me ensinam e desafiam: Maíra Chinelatto, Débora Mattos, Maria Clara Sampaio, Luciana Brito e Fabiana Beltramin. À Maíra devo agradecimentos especiais, pela parceria nos arquivos e pela leitura de parte dos originais deste livro.

Devo agradecer também a meus amigos de faculdade, pelos tempos idos, nunca esquecidos, que trazem saudade ao recordar. Alessandra Barbosa, Mainá Prada, Bela Megale, Joana Arari, Flávio Tito, Diego Blanco, Elton Marçal, Ricardo Arashiro, Cezar Cruz, Eduardo Capello, Lucas Avelar, Tiago Machado de Jesus, Flávio Bueno Marcondes: nossa história é tremendamente importante para a historiadora que procuro ser. Guardem consigo, junto de nossas inenarráveis memórias, esse afeto imenso que trago no peito.

Renato de Mattos foi um incentivador permanente desta pesquisa e de qualquer outra empreitada a que me meti desde que nos conhecemos (e lá se vão os anos...). A ele sou grata pela paciência e generosidade que sempre me ofereceu, e pela amizade franca e inconteste que já tem estrada.

Luciana Martin Ferraz esteve no quarto ao lado durante boa parte da redação deste livro, e a ela devo milhares de agradecimentos pelo empréstimo da cadeira, pela doação de paciência e pelos esforços por tornar minha vida menos atarefada naqueles tempos. Por toda a cumplicidade e o afeto inesgotável, sou-lhe profundamente grata.

Júlia Favaretto tem sido já há bem mais de uma década minha grande interlocutora e fiel companheira. Com ela tenho dividido todos os episódios da vida desde a adolescência, e com ela também compartilhei os percalços e contentamentos da vida acadêmica desde que começamos, juntas, a faculdade de História. Sua amizade leal e solidária e seus sábios conselhos serão sempre fundamentais em qualquer travessia. Aqui está, Juju: era só mais uma de nossas muitas inquietações, e acabou virando este modesto livrinho.

Agradeço também ao Daniel Lovizio, que foi cada vez mais amigo e mais presente com o passar dos anos, e que desfez aquela minha desconfiança besta com a sua doçura.

À Flávia Aranha, companheira de toda a vida, sou grata pelos estímulos de sempre e os exemplos de sensibilidade e valentia que me dá. Há vinte e cinco anos nos tornamos irmãs e desde então nada deixou de ser intensamente compartilhado com ela. Há um pedaço seu em tudo o que faço, Flá.

Agradecimentos devidos também à Thaisa Senne, pela identificação sem fim, as conversas de sempre, os almoços intermináveis e as risadas infinitas que embalaram os últimos anos. Aos demais membros da família Senne, que me acolheram carinhosamente em sua casa e em suas festas. À Cíntia Bendazzoli, pelo nosso companheirismo e nossa amizade sincera. Ao Paulo Bio, pela parceria que vem de longe (*maktoub*, Pabli). À Bianca Ventura e Marta Lisli, tão queridas, que estão perto em toda distância. À Renata Cabral Bernabé, pela dança e pelas lições de disciplina e delicadeza.

Meus irmãos, Francisco, Otávio e Miguel Ariza, são sempre a maior das alegrias. Vê-los crescer, amadurecer e tornarem-se pessoas sensíveis, solidárias e críticas me faz profundamente feliz. Sua companhia é um refúgio contra toda preocupação, e na convivência com eles me resguardei sempre que as energias deram sinais de falhar. Agradeço por todo o carinho, e pela tolerância com meus ataques de amor de irmã mais velha.

Meus pais, Francisco e Thais Ariza, são meu esteio e meu norte em qualquer parte. Foi somente por seu apoio irrestrito e seu amor incondicional que me permiti viver os riscos das escolhas que me trouxeram até aqui. Com a firmeza, o afeto e a liberdade com que sempre nos cercaram, eles acompanharam todos os passos e tropeços desta pesquisa, tornando mesmo os momentos mais difíceis menos árduos e solitários. A gratidão e o amor que lhes tenho jamais caberiam numa simples dedicatória. Ainda assim, fica a eles dedicado este trabalho.

As últimas linhas destes agradecimentos foram guardadas para o Fábio Senne, meu José. Ele foi o parceiro infalível ao longo de todo o trabalho que se transforma agora neste livro. Ele me ensinou a fazer tabelas dinâmicas no computador e a ter a calma necessária nos momentos de desatino. Ele trouxe o café e clareou os pensamentos. Ele me fez, enfim, ouvir aquele disco do Jards Macalé, aquele que nunca mais parou de tocar em mim. Por estes motivos, e por outros tantos que continuam surgindo desavisadamente, todas as manhãs, a ele agradeço, ofereço este pequeno parágrafo e também o meu coração.

Esta obra foi impressa em São Paulo no inverno de 2014. No texto foi utilizada a fonte Garamond Premier Pro em corpo 11,5 e entrelinha de 16 pontos.